외식사업과 창업론

외식사업과 창업론

정봉원 | 정성휘 공저

형설출판사
www.hyungseul.co.kr

머리말

유태인 상술을 보면, 장사해서 돈을 많이 벌 수 있는 사업은 여성용 물품을 '제1의 상품'으로, 입에 넣는 상품을 '제2의 상품'으로 취급하라고 하였다. 유태인들은 여성용 물품을 취급한다. 그것도 고부가가치를 취급한다. 유태인에 버금가는 상재(商材)를 가졌다는 화교들 중에는 제2의 상품을 취급하는 사람이 많다. 제2상품은 먹는 상품이다. 입에 넣는 상품은 과학적으로도 설명되고 있다. 먹는 것은 반드시 소화되고 배설된다. 라면을 먹든, 비싼 와인을 마시든 몇 시간 후에는 소화되어 찌꺼기는 배설된다. 다시 말해 입에 들어간 상품은 계속해서 소모되고 몇 시간 후에는 새 상품이 필요하게 된다. 그래서 식당 창업은 괜찮은 사업이 분명하다. 그렇다고 모든 식당들이 돈을 버는 것은 아니다.

창업은 말 그대로 돈을 투자하여 영업하는 것이다. 식당 창업은 내가 하고 싶은 아이템, 내가 자신 있는 메뉴를 가지고 수익을 발생시켜 내 삶의 궁극적인 목표를 달성하는 사업이다.

창업은 누구나 할 수 있지만 성공은 쉽지 않다. 창업은 창업자의 역량과 마음가짐이 중요하다. 창업자는 기업가 정신을 가지고 있어야 한다. 기업가 정신은 '다른 분야에 대한 상식과 포용을 갖추고, 소통 능력과 긍정적으로 생각하고, 끊임없이 공부하면서 자신의 한계를 극복'하여 행동으로 실천할 수 있어야 한다.

성공의 기회는 누구에게나 열려 있고, 노력 여하에 따라서는 엄청난 부를 쌓을 수도 있다. 무엇보다도 조직으로부터 받는 스트레스가 없고, 고생한 결과가 내 것이라는 것이 가장 큰 매력으로 꼽고 있다.

전쟁의 궁극적인 목적은 승리하는 것이다. 영토를 빼앗기기 위하여 전쟁을 벌이는 사람은 아무도 없다. 마찬가지로 자본을 잃기 위하여 창업하는 사람은 아무도 없다. 외식시장 전체를 석권한다는 궁극적 목표로 가능한 돈을 많이 버는 것이다. 그러나 돈에 지배당하지 않고 돈을 지배하며, 돈을 잘 버는 것보다 잘 쓰는 슬기를 갖추어야 할 매우 중요한 기본 덕목이면, 인간적 냄새와 강한 정신력이 있어야 한다. 무엇보다도 식당 창업은 꿈을 가지고 사업에 뛰어 들어야 한다.

식당은 경쟁이 엄청난 업종이다. 항상 남보다 빨리 달릴 준비가 돼있어야 하고, 5분이라도 멈춰 섰다간 영원히 뒤처질 수 있다. 식당은 점포 내적 특성(입지력, 점포력, 상품력, 서비스력, 브랜드력)을 차별화 시켜야 한다.

본서의 목표는 식당 창업자를 위해 '창업 프로세스, 외식사업의 특성, 프랜차이즈 성공전략, 마케팅 전략, 인적자원관리, 위생관리, 구매 관리, 서비스 전략, 손익계산서 작성 법, 번성점포 만들기'으로 외식경영 나침판 역할을 할 수 있도록 구성하였다.

많은 학자들의 교재와 기업 사례를 참고하였고, (주)홍두당 브랜드, 대구근대골목단팥빵 사업 시나리오를 사례로 활용하였다.

자료 수집과 원고의 정리에 많은 수고를 해준 분들에게 진심으로 고마움을 전하고, 마지막으로 이 책을 위해 열심히 애써주신 형설출판사 장지익 회장님을 비롯한 편집부 여러분들에게 감사드립니다.

오사카 번성의 신, 복신(福神), 에비스(えびす),
장이 열리는 곳을 맡은 신(神),
이 책을 읽고 장사의 신, 기운을 받으세요.

차례

제 1 장

식당 창업, 산모의 진통

제 1 절 식당 창업 알아야 면장

한국 전래동화의 욕심꾸러기 주인공 놀부, 이 이미지를 현대적으로 해석해 한식체인점의 신화를 이룩한 ㈜놀부NBG, 1987년 신림동 허름한 골목집에서 시작한 놀부보쌈, 지금은 거대 기업인 한식 프랜차이즈로 성장시켜 모건스탠리에게 ㈜놀부 1,200억 원에 지분 51% 이상을 매각하였다. 김 회장은 1987년 서울 신림동 신림극장 뒤편에 5평짜리 보쌈 가게인 '골목집'을 열면서 사업을 시작했다. 입소문을 타고 김 회장의 손맛이 알려지면서 5개월 만에 가게를 확장한 뒤 이름도 '놀부집'으로 바꿨다. 1989년에는 '놀부보쌈'이라는 브랜드로 첫 가맹점을 냈다. <그림 1－1>과 같이, 현재 700여개의 직영·가맹점을 운영하고 매출은 1,113억원이다.[1)]

1) 경향신문, 놀부, 2011. 11. 7.

그림 1-1 (주)놀부NBG

자료 : www.nolboo.co.kr

<그림 1-2>와 같이, 최초의 맥도날드 매장에서 전 세계에서 수만 개 넘는 점포를 가지고 40만 명 넘는 고용하고 있다. 식당 창업은 황금 알을 낳는 거위와 같은 매력을 가지고 있다.

그림 1-2 최초의 맥도날드 매장

자료 : 맥도날드 홈페이지

창업은 말 그대로 돈을 투자하여 영업하는 것이다. 식당 창업은 내가 하고 싶은 아이템, 내가 자신 있는 메뉴를 가지고 수익을 발생시키고 그것을 통해 내 삶의 궁극적인 목표를 이룰 수 있다는 것이 가장 큰 매력이다.

창업은 누구나 할 수 있지만 성공은 쉽지 않다. 식당 창업자는 한 분야의 전문가보다는 다방면에서 지식과 상식이 풍부한 것이 훨씬 유리하다.

성공의 기회는 누구에게나 열려 있고, 노력 여하에 따라서는 엄청난 부를 쌓을 수도 있다. 무엇보다도 조직으로부터 받는 스트레스가 없고, 고생한 결과가 내 것이라는 것이 가장 큰 매력으로 꼽고 있다.

권순만 원장(한국창업능률개발원)은 "태어날 때부터 창업을 계획한 사람은 없다. 살다 보니, 인생의 흐름이 창업으로 가게 되는 경우가 대부분이다. 대학을 갓 졸업한 이들부터, 은퇴 후 제2의 인생을 준비하는 이들까지 창업을 준비하는 이들의 연령대는 다양하다. 한 가지 공통점은 이들 모두 저마다의 사연과 목표를 가지고 창업을 꿈꾸고 있다. 대한민국 창업 후 생존율 17%, 하지만 창업을 성공으로 이끌기 위해선 목표와 다짐만으로는 부족하다. 냉철한 판단과 판단을 실행에 옮길 과감함이 필요하다고" 하였다.[2)]

창업은 '상품 및 서비스를 생산, 판매하기 위해 현재까지 존재하지 않은 새로운 기업이나 조직을 설립하는 것'[3)], '인간이 보다 나은 경제적 생활을 위해 필요한 상품을 만들어 판매하고 서비스로 조직을 만드는 일'[4)], 중소기업창업지원법은 '창업자와 아이디어 자본의 결합으로 시작한다.'라고 하였다.

창업은 '기업을 만들기 위한 시스템을 구축하는' 것이다.

창업계획은 기업을 만들기 위해 아이디어부터 오픈 전까지 프로세스이다. 시스템은 '마케팅 전략, 재무전략, 조직전략, 점포전략, 서비스전략'을 매뉴얼 하는 작업이다.

식당 창업이란 자본, 아이템, 상권분석, 인력, 설비시설, 식자재 등 필요자원을 투입하여 시스템을 매뉴얼 하여 창업자가 변환과정을 통해 이

2) 초이스경제, 창업, '어디서' 해야 성공하나, 2017. 9. 19.
3) 백남길 외 1, 외식창업경영, 지식인, 2014, pp. 18-19.
4) 임현철 외 2, 외식창업실무지침서, 한올출판사, 2012, p. 21.

윤을 창출하는 것이다. 즉 식당의 가장 중요한 기능은 '메뉴개발, 서비스 개발, 교육훈련, 지도, 판매촉진, 금융, 정보, 경영관리' 등 개개의 기능을 유기적으로 통합하여 프랜차이즈 상품(일명, 프랜차이즈 패키지)을 만들어 내는 일이다.

창업은 기회형 창업과 생계형 창업이 있다. 기회형 창업은 시장의 기회를 잡아 사업화 하는 것으로 위험부담이 높은 업종이다. 생계형 창업은 진입이 용이하지만 경쟁이 심하고 부가가치가 낮은 업종이다. 창업자는 '기회형, 생계형' 중에서 선택하여야 한다.

식당 창업의 4요소는 <그림1－3>과 같이, '창업자, 아이템, 자본, 상권'이다. 식당 창업의 4요소를 계획 전, 가장 중요한 요소는 창업자의 마음가짐이다. 즉 창업자의 기업가정신이다.

그림 1-3 창업의 4요소

I. 창업자

가. 창업자의 마음가짐

창업은 누구나 할 수 있지만 창업자가 누구인가에 따라 성공할 수도 실패할 수도 있다. 같은 장소에서 같은 업종으로 장사를 하더라도 누가 운영하느냐에 따라 그 결과는 다르게 나타난다.

창업자는 점포를 직접 운영하는 당사자다. 창업에 있어서 창업자의 마음가짐 가장 중요함에도 불구하고 대부분의 창업자들은 창업을 너무 쉽게 생각한다. 즉 자기 자신에 대한 반성이나 성찰이 부족하다는 말이다.

대부분 '하면 되지 뭐' '돈 버는 일인데, 왜 못해' 이런 식으로 생각한다. 틀린 이야기는 아니다. 하지만 시간과 돈이 문제다.

먼저 창업자는 자신이 창업을 해도 되는지, 무엇을 해야 하는지에 대한 계획이 필요하다. 남이 하니까 나도 한다는 식의 창업은 실패 확률이 높다.

가맹점을 창업한 경우, 프랜차이즈 본사에서 충분한 교육을 받았지만 실제로 영업시작 1개월 만에 점포 운영을 포기한 사례도 많다. 이유는 가맹점을 운영 할 창업자 자신에 대한 분석이 부족한 데서 오는 현상이다.

창업은 돈만 있다고, 기가 막힌 아이템이 있다고 되는 것도 아니다. 창업자 자신이 창업을 할 수 있는 마음의 준비가 되어 있는지를 점검하고 준비해야 한다.

<표 1-1>은 창업 후 발생하는, 혹은 겪어야 하는 당혹스러운 상황 10가지에 대한 질문이다. 솔직하게 답해보고, 이 중 7가지 이상 '예'라고 자신 있게 대답할 수 있어야 창업자로서의 자세가 준비된 것으로 보면 된다.

표 1-1 창업자로서의 준비 자세

Q1	나는 손님의 냄새 나는 신발을 즐거운 마음으로 정리할 수 있다.
Q2	나는 창업을 결심 후, 어떤 파격적인 조건의 취업 제의가 들어와도 거절할 수 있다.
Q3	나는 밤과 낮이 180도로 바뀌게 되는 생활환경에 즐겁게 적응할 수 있다.
Q4	나는 손님에게 따귀를 맞아도 겉으로는 웃을 수 있다.
Q5	나는 가게 문을 내가 먼저 열고 종업원을 맞이할 수 있다.
Q6	나는 영업시간 중 10년 만에 연락 온 친구와의 만남도 거절할 수 있다.
Q7	나는 창업 준비를 위해 다른 가게의 종업원으로 취업할 수 있다.
Q8	나는 라이벌 친구에게 자신 있게 내 창업 사실을 알리 수 있다.
Q9	나는 친구의 권유로 하게 된 창업이 실패하더라도 친구를 원망하지 않는다.
Q10	나는 어떤 상황에서도 '예'라고 할 수 있다.

자료 : 김갑용, 소자본창업, 김영사, 2005, p. 105.

창업자는 지적(기술적) 자질과 감성적 자질을 가지고 있어야 한다.

첫째, 지적(기술적) 자질은 문제해결 능력, 명료한 사고, 해박한 업무 지식, 창의적 사고

둘째, 감성적 자질은 열정과 넘치는 에너지(체력), 자만하지 않음, 경험의 활용, 올바르게 일을 처리하려는 의지, 갈등관리 능력, 강한 유대감과 동기부여, 긍정적 태도, 추진력, 성실성과 도덕성, 커뮤니케이션 기술

무엇보다 가장 중요한 자질은 인간적 냄새와 기업가 정신을 가지고 있어야 한다.

천승호 대표[5]는 기업가 다섯 가지 마음가짐을 설명하였다.

첫째, 다른 분야에 대한 상식과 포용력을 갖추어라. 유럽을 제패한 나폴레옹은 군사 분야뿐 아니라 법률, 문화 분야에도 다양한 지식이 있었다.

둘째, 소통능력을 길러라. 손정의 사장은 일본 CEO 중 소통능력 1위에 선정되었다. 자신이 전자미디어라고 할 만큼 트위터를 통해 적극적으로 소통하면서, 등록된 글에 대해서는 긍정적인 댓글을 올리고 이를 소프트뱅크 공약이라고 할 정도로 소통에 적극적이다.

셋째, 긍정적으로 생각하라. 꿈꾸는 사람들 뎃벤 오오시마 대표, 40평 매장과 술, 그리고 몇 가지 안주로 1억 원 매출을 올리고 있다. 그는 긍정적인 말을 사용할 때, 감정이 즐거우면 긍정적인 사고를 하고, 적극적인 행동을 만든다고 하였다.

넷째, 끊임없이 공부하라. 잡스는 IT 뿐 아니라 인문학과 디자인 분야를 끊임없이 공부함으로써 애플을 굴지의 기업으로 키울 수 있었다.

다섯째, 나의 한계를 극복하라. 샌더스는 68세의 나이에 개발한 치킨양념 비법을 3년간 1,008개의 식당에서 거절당했으나 실망하지 않고 1,009번째 투자자를 만나 KFC를 창립하였다.

후한서, 유지자사의성(有志者事意成)은 뜻을 지니고 있는 사람은 아무리 어려운 이라도 해낼 수 있다.

5) 천승호, "청년창업아카데미 : 기업가정신", 중소기업진흥공단, 2018, pp. 267-269.

<표 1-2>와 같이, 성공한 식당경영자들이 강조하는 창업자의 마음가짐이다.

표 1-2 창업자의 마음가짐

창업자의 마음가짐	식당 명 경영자
혁신적이고 창의적이어야 한다.	(주)신천 박진환대표
죽을 각오로 창업하라	서화순간바지 서화순 대표
창업은 스스로에 대한 질문과 대답의 연속이다.	호텔 르 메르디앙 랩 24 오너쉐프 에드워드권 대표
외식의 매순간을 가장 소중하게 생각하라. 다시 돌아오지 않을 경험이다.	도레도레 김경하 대표
식재료는 거짓말을 하지 않는다. 식재료에 정직하라	훈남닭발 김지훈 대표
외식업 성공의 열쇠는 시스템, 스스로가 살아 잇는 시스템이 되자	몬스타피자 남민수 대표
겸손한 마음으로 죽을 각오로 일하라	삼수장어 장영진 대표

나. 식당 창업자에게 필요한 상식

1) 부업이 아닌 전업으로 시작하라

식당 창업은 쉽다. 누구나 할 수 있다. 하지만 함부로 덤벼들 수 없는 까다로운 업종이다. 식당을 창업하면, 10명 중 1명 미만이 생존한다.

식당 창업자 중에 '은행에 저금하여 이자 받는 것보다 식당에 투자하여 이익을 창출하면 은행 이자보다 몇 배 벌 수 있다고 계산하여 부업하는 사람, 남편이 돈이 있어 집에 있으면 심심하니까 식당 창업하는 주부, 돈만 투자하면 동업해서 이익을 나누자는 제의로 창업하신 분, 기타 등등', 만약 부업으로 생각하고 시작하면, 망할 확률이 높다.

아프리카의 사자가 먹이를 잡기 위해서 질주하는 모습을 생각하면 된다. 식당 창업자는 죽을 각오로 운영할 때 성공한다.

2) 수치개념을 가져라

식당 창업자는 수치개념이 있어야 한다. 수치개념이 없는 창업자는 망한다. 전국 음식점 중에 0.6%만 매출액의 15% 이상 이익을 내고 있다. 이 정도 수익은 직원 한 명당 하루 매출 30만원을 올려야 한다. 월세는 총매출의 8%를 이내이고, 재료비는 매출의 30% 이다. 이렇게 손익을 분석해야만 성공 해법을 찾을 수 있다.

투자 대비 수익성을 생각해 보자. 예를 들면, 5,000만원 투자해서 500만원 벌려고 하면, 식당 창업을 하지 말아야 한다. 대박 집을 만드는 창업자도 존재한다.

기대 수익성과 현실 수익성을 보면, 첫 월급에 +@로 인식하면 된다. 창업자의 87%은 점포형이다. 1억 투자 시 월 3.5%(350만원, 본인 인건비 제외)로 계산하면 된다. 3.5% 이상이면, 식당사업이 재미를 느낀다.

업종업태에 따라 다르겠지만 전문가들은 한 달 매출을 30일이라고 가정하고, '12일 수입은 식자재 원가, 5일 매출은 인건비, 3일 매출은 임대료, 2일 매출은 수도광열비, 8일 매출은 수익금(금리)' 지출한다.

3) 메뉴 브랜드 가치를 창출하라

메뉴는 최대한 간단해야 한다. 손님이 가게에 들어와 메뉴판을 보면서 '뭘 먹을까?' 고민하게 만들면 안 된다. 식당 상호만 보아도 메뉴가 생각나도록 만들어라.

창업자는 한 가지 메뉴를 보고 고객들이 '음식점 브랜드'를 떠오르게 만들어야 한다. 음식점 브랜드는 메뉴가치와 연관 있다.

브랜드 파워는 존재만으로 식당 가치를 상승시킨다. 이를 브랜드 자산(brand equity)이라고 하고, 브랜드 가치라 한다.

브랜드 가치는 고객이 특정 브랜드에 대해 호감으로 메뉴 가치의 증가를 의미한다. 쉽게 말하면, 브랜드 위력이 있는 상품과 없는 상품 간에 나타나는 이익 차이가 브랜드 자산이다. 브랜드 자산이 클수록 식당 무형자산이 증가하고, 자산가치도 커지게 된다.

외식시장의 선두 브랜드와 유사한 브랜드 때문에 외식시장의 혼란은

극에 달했다. 이 때문에 외식사업은 동일 브랜드간의 상품출하 시, 상품간에 관계를 재정립하고, 식당칼라를 명확히 하려면 브랜드 아이덴티티(BI, brand identity)를 도안하여야 한다.

브랜드 아이덴티티(BI)는 기업이 자사 브랜드와 관련해서 소비자의 마음속에 심어주고 싶어 하는 이미지를 말하고, 브랜드를 구성하고 있는 모든 요소들을 전략적으로 통합한 이미지를 의미한다.

식당 상호는 무조건 특허청에 특허를 내야 한다.

4) 음식을 팔지 말고 서비스를 판매하라

식당은 인적서비스의 의존도가 높다. 만약 삼계탕 10,000원 음식을 판매할 때, 음식만을 제공한다면 단골고객을 창출하기 어렵다. 소문난 집들을 보면, 직원 서비스의 질이 높다.

서비스란 고객에게 제공할 수 있는 행위 또는 편익이 무형적이며, 사물의 소유가 수반되지 않는다. 일상적으로 서비스는 '덤 또는 공짜'를 연상시킨다. 예를 들어 "음료수는 서비스입니다"라고 할 때, 이는 무료로 음료수를 제공한다는 뜻이다.

"식당 종사원은 서비스가 만점이다."라는 경우, 음식점에 대한 고객의 태도를 결정하는 것은 종사원의 서비스이다.

따라서 종사원의 서비스 질은 바로 식당의 질인 동시에 매출을 좌우하는 경쟁적 요소이다. 음식점 품목 중 가장 중요한 상품은 바로 서비스이다.

식당서비스는 여러 가지가 있다.

첫째, 좋은 자리(몫)에 위치해서 고객이 편리하게 이용할 수 있는 입지서비스
둘째, 분위기가 있어서 찾아오는 손님들이 '나도 이만한 곳에 드나 들 수 있는 사람이다.'라는 분위기나 시설서비스
셋째, 분위기와 어울리는 접시·나이프·포크·젓가락 등 사용하는 집기 비품에 어울리는 기물서비스

5) 소문난 식당을 벤치마킹하라

- 소문난 식당은 무엇이 다른가?
- 누가 어떻게 운영하는 식당인가?
- 맛은 어떠한가?
- 직원들의 서비스는 어떠한가?
- 분위기는 어떠한가?

이와 같이 소문난 식당에서 배우는 것이다. 무엇인가 배울 것이 있다면, 이것이 콜럼버스의 발견이다.

외식사업은 독점할 수 없는 특성을 가지고 있다. 식당을 창업하기 전 성공한 경영자를 만나 한 수 배우고 시작하여야 한다. 또한 창업자가 계획한 메뉴아이템이 결정되면, 메뉴가 같은 업종에 취직해서 1년 이상 경험하면, 실패 확률이 적다.

6) 작게 시작하라

먼저 작게 시작하고, 경험을 쌓으세요. 16~20㎡(5~6평)짜리 실내 포장마차나 김밥 집 크기면 충분하다. 만약 작은 점포에서 대박이면, 평생 동안 먹고 살 수 있다. 인테리어 투자도 처음에는 많이 하지 말고, 창업한 점포에서 장사가 잘 되면, 권리금을 받고 다른 점포로 이전할 때, 새로운 아이템으로 규모 있게 다시 시작하라. 문제는 가게 크기가 아니다. 맛과 고객 서비스에 달려 있다. 만약 맛이 없으면, 문을 닫는 게 좋다.

7) 솔직하게 장사를 해라

고객은 귀신이다. 귀신을 속일 수는 없다. 어쩌다 재료를 싼 것으로 바꾸면 고객은 귀신같이 안다. 그래서 장사하는 사람은 정직해야 한다. 우선 음식이 먹음직스러울 정도로 푸짐해야 한다. 처음엔 제품 원가가 올라가겠지만 고객이 만족하면 찾아오고 입소문 내면, 자동적으로 매출이 늘어나 원가비율이 낮아지는 선순환 구조가 정착 될 수 있다.

8) 자기 점포 스토리텔링을 만들어라

스토리텔링이 최근 경영의 화두로 부상하고 있다. 음식점 역시 스토리텔링이 있어야 사는 시대다. 음식점의 메뉴, 상호, 인테리어에서 주인의 철학이 묻어나고, 우리 식당의 이야깃거리를 만들어야 한다.

- 경영자의 창업스토리
- 음식 식자재의 유통과정
- 경영자의 철학과 성공한 이유
- 지역과 연관된 음식이야기
- 전통을 이어가는 가족역사
- 음식의 맛을 만들게 된 이야기

너무나 많다. 이야기를 만들어라. 이것이 '스토리텔링'이다.

한국관광공사 조사 결과, 응답자 중 83%가 국내여행을 준비할 때 가장 많이 찾아보는 관광 정보를 '먹거리와 맛 집'으로 꼽았다. 의외로 연령대가 낮을수록 '식도락 여행'에 대한 관심이 두드러졌다. 이러한 가운데 음식에 이야기를 입히는 '푸드 스토리텔링'이 확산 추세다. 식재료뿐만 아니라 조리법이나 식당 이름까지 이야기로 승부하고 있다. 음식과 관련된 흥미로운 이야기를 곁들여 고객의 마음을 움직이는 전략이다.

<그림 1-4>는 실제 경남 의령의 이병철 생가 인근에는 '부자 한우촌'이 유명세를 타고 있다. 삼성그룹의 창업자인 호암 이병철처럼 큰 부자가 되기를 바라는 마음에서 상호를 그렇게 붙였다고 한다. 2008년 임시 개업 후 지금까지 '한우를 먹고 부자 기운을 받겠다.'는 관광객들로 북적이고 있다.[6]

---

6) 백승운, 음식의 스토리텔링, 영남일보

그림 1-4 의령 맛집 부자한우촌

자료 : www. walkview.tistory.com

9) 직원을 감동시켜라

창업자는 1차 고객을 종사원, 2차 고객을 음식점을 찾아오는 진짜 고객이다. 창업자는 종사원을 비용이라고 생각하지 말고 음식점에서 값비싸고 귀중한 재산으로 간주해야 한다.

만약 창업자는 직원을 감동시키면, 종사원 태도가 성숙되고, 서비스도 높아진다. 결과적으로 음식점의 매출은 증가한다.

창업자는 직원들 마음도 섬세하게 읽을 줄 알아야 한다, 하루 종일 점포 안에서 일하는 직원들은 사회의 새로운 정보를 얻기가 쉽지 않다. 구성원 간 정보교환도 소통의 중요한 요인이다.

직원들이 회사에 주인 의식을 갖도록 만들어야 한다. 한 업체는 직원들의 투자 받는 제도를 시행하고 있다. 직영점을 창업할 때, 적게는 500만원부터 많게는 몇 천만 원 까지 투자를 받고, 매달 수익만큼 배당금을 준다. 이렇게 돈을 번 직원이 체인점의 사장이 되기도 한다. 직원들을 잘 살도록 만들어야 주인의식이 생긴다.

10) 고객의 트렌드와 시장 환경을 인식하라

트렌드(trend)는 물결이다. 졸졸졸졸 흐르는 시냇물처럼 시작되었다가도, 어느 순간 사람들에게 포착된 순간부터, 거침없이 대세를 이루며 흘러가는 큰 물결을 이루기도 한다. 트렌드는 물론 유행이다. 유행은 한 시대를 풍미하고서 지나간다. 트렌드는 독창성이나 저작권을 신경 쓰지 않고 남 따라할 수 있다고 여겨지는 것을 말한다.

트렌드 코리아[7] 내용 중 외식사업 트렌드를 살펴보면, 불안한 현실 속 스트레스 해소는 단맛의 유행, 따뜻함과 소박함에서 발견하는 작은 행복은 골목상권의 부활, 적정가격과 최적화 품질 제고는 가성비의 약진과 브랜드의 몰락, 푸드 트럭은 야시장과 각종 축제의 활성화, 건강한 식생활에 대한 관심 확대는 한식뷔페의 인기, 1인 가구 라이프스타일의 확산은 편의점 도시락 차별화를 만들었다.

변하지 않는 것은 없다. 유행은 고객의 마음을 이동시킨다. 창업자는 트렌드에 맞게 아이템을 선정하여야 한다.

2. 아이템

아이템은 창업에서 가장 중요한 요소 중 하나다. 무엇을 팔 것인가를 결정하여야 한다. 이는 창업의 성패를 결정짓는 관건이다. 보통 아이템을 결정할 때, 장사가 잘 되는 것을 기준으로 한다. 장사가 잘 되는 것도 중요하지만 먼저 창업자와 적성에 맞아야 한다.

기본적으로 본인이 감당할 만한 아이템을 선정한다고 하지만 그보다 창업하고자 하는 시점에서 잘 되는 업종업태에 올인 하는 경우가 대부분이다.

실제로 창업을 하게 된 동기를 조사해보면 누구나 지인의 소개로 창업하는 경우가 언론매체나 인터넷을 통한 아이템 선정보다 훨씬 높다. 이는 자신의 적성이나 능력 등을 고려하기보다는 그저 '남이 해서 잘 된다고 하니까 나도 하면 되겠지'라는 인식으로 업종을 선정하는 경우가 많다는 얘기다.

창업자가 오랫동안 즐겁게 할 수 있는 업종을 선택해야 한다. 이것이 바로 나의 유망 아이템이다.

먼저 <표 1-3>은 업종과 업태의 분류기준에서 선정한다. 업종은 영업

---

7) 김난도 외 6, 트렌드 코리아 , 2016. 2017. 2018, 미래의 창.

하고 있거나 취급하고 있는 메뉴의 대분류상의 종류를 의미하고, 업태는 영업방식, 서비스 방식, 금액지불방식 등 업종에 대한 영업형태상의 종류를 의미한다.

표 1-3 업종과 업태

구분	업종	업태
분류기준	▪ 음식사업의 대분류 ▪ 메뉴의 종류, 국가에 따른 분류	▪ 음식사업의 소분류 ▪ 영업방식, 서비스 방식, 금액 지불 방식에 따른 분류
사례	한식, 중식, 일식, 양식, 미국, 영국, 프랑스, 이탈리아, 멕시코, 터키, 인도, 베트남. 태국 기타	▪ 소고기, 돼지고기, 닭고기, 국수, 해산물 기타 등등 ▪ 패스트푸드, 테이크아웃, 패밀리레스토랑, 디너하우스 ▪ 카운터서비스, 테이크아웃, 카페테리아, 배달서비스

<표 1－4>는 아이템을 선정할 수 있는 세부품목이다.

표 1-4 아이템 선정

구분	세부품목
일반음식점	패밀리레스토랑, 패스트푸드레스토랑, 피자전문점, 전문음식점(돈가스, 카레, 우동, 스테이크, 우동, 냉면, 채식, 전통음식), 스테이크전문점, 맥주전문점, 선술집, 대중활어횟집(참치, 가자미), 꼬치전문점, 치킨점, 족발집, 중국집, 파스타, 딤섬, 쌀국수, 한정식, 닭강정 기타
휴게음식점 제과점	제과점, 떡집, 도넛전문점, 분식집, 김밥전문점, 커피전문점(다방), 아이스크림전문점, 도시락전문점, 생과일주스전문점 단팥빵전문점, 디저트케익, 꽈배기 기타
단란주점	단란주점
유흥주점	룸살롱, 바, 비어홀, 무도유흥주점, 클럽, 카바레, 나이트클럽, 한국식 접객주점, 외국인 전용주점 기타

3. 자본

창업은 반드시 돈이 든다. 또 들어야 한다. 그런데 부당하게 지불한다거나 아니면 쓸데없는 곳에 낭비하는 것을 어떻게 줄이느냐가 중요하고 이것을 판단할 줄 알아야 한다.

창업자금은 총 투자비용의 70%가 자기자본이여야 한다. 여기서 자기자본이라 함은 그 돈이 없어도 당장 사는 데 지장이 없음을 의미한다. 다시 말하면, 이자가 발생되지 않는 자금이다. 자금 없이 창업은 불가능하다. 창업을 준비한다면 자금계획부터 세워야 한다. 자금이 부족하면 선택한 업종 변경이 아니라 '상권, 점포 크기, 브랜드 선택' 등으로 창업의 규모를 줄이는 것이 바람직하다. 부족한 자금을 무리하게 차입해서 시작하는 것은 좋은 방법이 아니다. 1억이 창업자금이면, 최소 7천만원은 자기자본이어야 한다. 창업 자금은 541법칙으로 집행하는 것이 좋다. '점포 임대 비용 50%, 시설 및 집기 구입비용 40%, 운영자금 10%'이다.

점포 비용이 많이 드는 업종이 있는가 하면 시설비 비중이 높은 아이템도 있다. 5천만 원으로 신도시 신축 상권에서 1층 10평 규모의 점포를 얻었다면, 10평으로 수익성이 보장되는 업종을 접목시켜야 한다.

반대로 2천만 원에 점포를 얻을 수 있는 상권이라면, 4천만 원으로 점포 꾸미기가 가능한 크기와 업종을 선택해야 한다. 막상 일을 진행하다 보면, 이 법칙이 정확하게 지켜지지 않는다. 하지만 자금계획의 기본은 알고 있어야 위험을 줄일 수 있다.

특히 자본금이 1억 원이라면, 더욱 그렇다. 점포 구입비용이 60~70%를 차지하지만 투자가치나 점포 운영 수익으로 그 부분을 충당할 수 있는지를 판단해야 하며, 다른 부분에서 비용을 줄일 수 있는지를 따져봐야 한다.

창업에 필요한 자금은 아래와 같이 나눌 수 있다. 시설자금은 초기비용, 운전자금은 운영비, 예비자금은 예비비이다.[8] 세부내역은 <표 1－5>와 같다.

---

8) 최경석, 음식점창업 무작정 따라 하기, ㈜도서출판길벗, 2009, p. 36.

> 총 소요자금 = 시설자금 + 운전자금 + 예비자금
>
> - 시설자금 : 임대보증금, 권리금, 인테리어 공사비, 시설비, 비품구입비, 가맹비 등 초기비용
> - 운전자금 : 인건비, 재료비, 점포 유지비(월세, 관리비, 각종 공과금), 홍보비 등 운영에 들어가는 자금
> - 예비자금 : (시설자금 +운전자금) X 0.2
>   6개월 정도의 운전자금

표 1-5 총 소요 자금 세부내역

창업 전 필요자금		
점포 구입 비용	권리금	
	보증금	
	중개수수료	
인테리어 비용	내장공사비	
	외장공사비	
	전기설비	
	통신공사비	
	가스	
	간판	
시설 집기	탁자, 의자	
	액자	
	기계, 설비	
	컴퓨터, 사무용기기	
	초도물품	
	문구류	
광고 홍보	판촉물, 기념품	
	전단지, 팜플렛	
	광고 선전비	
	개점이벤트	
	인허가비용	
	기타	
시설자금 합계		
총 비용		

창업 후 필요자금		
점포유지비	월임대료	
	수도광열비	
	가스요금	
	전기요금	
	전화요금	
인건비	종업원급여	
	복리후생비	
재료비	재료비	
	기타	
비품	소모품비	
	사무용품	
영업 제경비	교제비	
	교통비	
	운송비(주유)	
금융비용	리스, 렌탈	
	차입금이자	
기타	보험료	
	제세공과금	
	카드수수료	
	보안경비	
	광고 선전비	
	잡비	
	기타	
운전자금 합계		

4. 상권

가. 상권의 개요

'상권이 반이다.' '목이 좋아야 한다.' 말처럼 창업에서 상권은 중요하다. 상권이란 점포가 들어섰을 때, 고객을 흡입할 수 있는 지리적 일정범위를 의미한다. 상권은 일정한 지역을 중심으로 재화, 용역, 서비스, 유통이 이루어지는 공간적 범위를 의미한다.9)

점포의 세력공간으로 고객을 흡인할 수 있는 질적 영역이자 마케팅 촉진전략을 추진할 수 있는 공간적 범위를 포함한다.

상권은 크게 3가지로 분류한다. 지역상권(서울 부산, 대구, 대전, 광주), 지구상권(동구, 서구, 남구, 서초구), 지점상권(경리단길, 홍대입구, 인사동)으로 분류한다.

상권은 지점상권을 의미하고, 점포상권으로도 표현한다. 점포상권도 특급 상권, A급 상권, B급 상권, C급 상권으로 분류된다. 점포상권 시간당 유동인구 분류는 <표 1-6>과 같다.

표 1-6 점포상권 유동인구 분류

상권 분류	시간당 유동인구	지역
특급 상권	10,000명 이상	영등포구청역 인근, 천호역, 삼성역, 선릉역, 종각역, 울산남구청, 남포동자갈치, 국제시장 인근, 광화문역 인근, 용산역, 서울역
A급 상권 (대형 상권)	5,000명 이상	강남역 아래, 신촌역, 대형 역세권, 회현역 주변, 대전 둔산동, 부평시장 인근, 안양범계역 인근, 신사논현역,명동역 주변, 압구정역, 용산역, 서울역
B급 상권 (중형 상권)	3,000명 정도	대단위 아파트 단지, 지하철역
C급 상권 (동네 상권)	1,000명 이상	동네

자료 : SK텔레콤 자사 상권분석 결과 재구성

9) 백남길 · 김장호, 전게서, p. 232.

식당 창업을 고민하는 이들은 무조건 A급 상권에서 점포를 열어야 성공 하는 줄 안다. 하지만 브랜드에 따라 A급 상권으로의 입성이 오히려 독이 되는 경우가 있다. A급 상권에 들어갈 때, 치열하게 고민해야 하는 부분이 있다. 바로 인건비와 권리금 그리고 임대료이다.

만약 떡볶이 집 하나를 오픈 하더라도 A급 상권에 오픈을 한다고 하면 셀프서비스를 시행하는 분식점이어야 한다. 대략 월 매출 오천 만원 중 천만 원을 임대료 내고, 천만 원 넘는 돈이 인건비로 나간다. 원가도 천만 원 이상 나가고 더욱이 부대비용까지 생각하면 정작 본인이 가져가는 돈은 형편없다.

줄일 수 있는 비용이 오직 인건비 뿐이기에 인건비를 고려치 않고 무작정 A급에 욕심을 부리면 장사해서 남 좋은 일만 시킬 수 있다(권순만, 초이스경제).

창업자금이 부족하면, 희망하는 상권에서 영업하기가 쉽지 않다. 일반적으로 상권은 크게 역세권, 대학가 상권, 오피스 상권, 아파트 상권, 주거 밀집 상권, 복합 상권 등으로 나눈다. 상권이 좋다고 해서 아무 업종이나 성공 된다는 보장은 없다. 상권에서도 입지, 즉 점포의 위치에 따라 등급이 매겨지고 입지에 맞는 업종을 선택하여야 한다. 이것을 찾는 것이 내게 맞는 상권과 점포를 선택하는 것이다.

A급 상권이라 해서 다 잘 된다는 보장도 없고, C급 상권이라 해서 다 망하는 것도 아니다. 각 상권마다 점포 위치, 크기, 업종 그리고 투자자금 등의 요소를 따져서 가장 효율적인 선택과 분석이 필요하다.

나. 상권 조사 분석 방법

상권조사 프로세스는 <그림 1－5>와 같다.

그림 1-5 상권 조사 프로세스

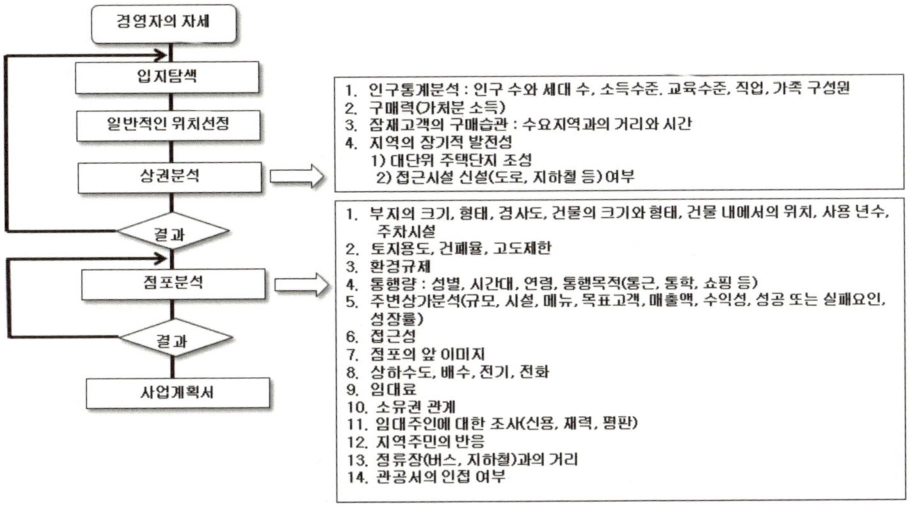

상권 조사 분석 방법은 '상권을 설정하여 상권지도를 그리고, 상권 내 인구를 조사하고, 상권 내 외식업소 현황을 분석하고, 상권의 장래성을 파악하고, 후보지와 유동인구 유발요소와의 접근성 및 시계성, 후보지 앞에서의 유동인구 현황 및 내점률, 후보지의 점포 비용과 수익률'을 분석하여야 한다. 구체적으로 설명하면 아래와 같다.[10)]

1) 상권을 설정하고 상권지도를 그린다.

상권이란 점포가 들어섰을 때, 고객을 흡수할 수 있는 지리적 일정범위를 의미한다. 외식업소에서는 매출의 50% 이상을 차지하는 지역을 1차 상권, 매출의 70% 까지 포함하는 지역을 2차 상권, 그리고 90%까지 차지하는 지역을 3차 상권으로 설정한다.

상권은 입지의 스타일, 점포의 영업력 즉 상품력, 서비스력, 점포력, 브랜드력에 따라서 넓이가 달라질 수 있다. 예를 들면 객단가가 높을수록 상권이 넓어진다. 상권의 넓이가 이해되면, 컴퍼스를 사용하여 물건을 중심으로 한 동심원을 그려 1, 2, 3차 상권을 구분한다.

10) KFI, 외식사업 창업 지침, 푸드로넷

그림 1-6 상권지도

상권분석은 <표 1－7>과 같이, 지리적인 장애요소가 없는 평지에서 일반적으로 객단가가 낮은 패스트 푸드점의 1차 상권 반경은 500m, 2차 상권은 1km, 3차 상권은 2.5km이다. 패밀리 레스토랑은 1km, 2.5km, 5km, 패밀리 다이닝과 캐주얼 레스토랑은 1.5km, 3.0km, 5.0km, 디너 하우스 경우에는 2.5km, 5km, 시 전체 이상으로 넓어져 간다.

표 1-7 상권분류

상권	시간당 유동인구
1차 상권	▪ 도보 10분, 고객의 60－70% 흡입 ▪ 패스트푸드, 테이크아웃(500m 이내), 패밀리레스토랑(1,000m), 디너하우스(1,500m)
2차 상권	▪ 도보 20분, 고객의 15－20% 흡입 ▪ 패스트푸드, 테이크아웃(1,000m 이내), 패밀리레스토랑(1,500m), 디너하우스(2,500m)
3차 상권	▪ 도보 30분, 고객의 5－10% 흡입 ▪ 패스트푸드, 테이크아웃(1,500m 이내), 패밀리레스토랑(3,500m), 디너하우스(5,000m)

자료 : 백남길 · 김장호, 전게서, p. 243.

2) 상권 내 인구를 조사한다

어떤 업종이든지 후보점포 배후지의 세대수와 인구현황은 점포입지의 적격 여부를 판단하는 첫걸음이다. 이 조사를 통해 하고자 하는 업종의 점포가 몇 개까지 적절한지, 또 어떤 업종이 적합한지 알 수 있다.

지역통계연보에 나와 있는 구별, 동별에 기초하여 1, 2, 3차 상권 내 인구수를 산출한다. 예를 들어 일반적으로, 패밀리 레스토랑의 경우, 1차 상권 내 (7천 명 이상), 2차 상권 내 (1만 5천 명 이상), 3차 상권 내 (3만 명 이상)이 요구된다.

특히 아파트와 일반주택 거주민수를 파악하여 비교 분석해본다. 이는 외식업소에서 아파트거주민이 단독주택보다 소비성향이 높고, 그중에서도 30평 전후의 아파트 거주민이 가장 구매력이 높다고 한다.

또한 각 상권 내 인구 구성비(연령별, 남녀별)와 세대 당 인구수를 조사해본다. 예를 들어, 패스트푸드 고객이 젊은 층이 많으면 유리하고, 패밀리레스토랑의 경우 핵가족, 신혼부부가 많은 인구 구성비가 바람직하다.

이처럼 점포 배후지역의 세대주 및 인구 현황은 어떤 업종을 선택하는데 중요한 판단 근거가 된다. 상권 내 인구조사 내용은 <표 1－8>과 같다.

표 1-8 상권 내 인구 조사 내용

상권조사	세부 사항
통계자료 조사	인구, 세대수, 가족구성원 수, 주거형태(단독, 아파트…)
상권 규모 파악	– 고정상권(주거인구 및 고정출근자 상주인구) – 유동상권(비거주 및 비상주인구) – 주간 상권 및 야간 상권 파악 – 대형 접객시설의 고정, 유동상권 파악
통행인구 조사	– 성별, 연령별, 시간대별(아침, 점심, 저녁), 요일별(평일, 주말), 통행인구의 통행성격 관찰, 통행인구의 수준 파악
통행차량 조사	– 차종별, 시간대별
경합 점포 조사	– 매장 구성 – 가격 – 매출 관련 – 이용객 층 – 운영 관련 – 강약점 파악

3) 후보지와 유동인구 유발요소와의 접근성 및 시계성

아무리 번듯한 점포라도 고객이 접근하기가 곤란한 위치라면, 좋은 점포입지가 될 수 없다. 따라서 이 항목은 점포입지 후보지가 유동인구를 유발시킬 만한 요소(극장, 금융가, 오피스가, 전철역, 버스정류장 등)가 있는지를 조사하여 점포입지 선정 시 고려하여야 한다.

기본적으로 유동인구를 유발시킬 만한 요소가 많을수록 좋은 점포입지다. 그러나 강남역의 미니스톱처럼 한 빌딩만을 상대로도 짭짤한 수익을 얻고 있는 곳도 있는 만큼 유동인구 유발 요소와 접근성을 동시에 충족시켜 줄 수 있는 점포입지를 얻으려 노력해야 한다.

4) 후보지 앞에서의 유동인구 현황 및 내점률

이 항목을 조사하는 이유는 점포 후보지의 잠재고객뿐만 아니라 어떤 업종을 선택해야할지, 어떤 계층에 초점을 맞추어야 하는지 판단하기 위해서이다.

주의해야 할 점은 유동인구 수에 현혹되어 점포입지를 결정하지 말아야 한다. 아무리 유동인구가 많아도 그들이 점포 안으로 유입되지 못한다면, 빛 좋은 개살구이다. 따라서 유동인구와 더불어 내점 고객을 조사하여 그 자리가 얼마나 실속 있는 자리인지를 판단하는 것도 중요하다.

5) 후보지의 점포 비용과 수익률

아무리 매출이 많은 지역이더라도 점포 비용이 과도하게 든다면 실제 수익률은 낮을 수밖에 없다. 따라서 눈에 보이는 매출액에 현혹되지 않기 위해서는 점포 비용과 수익률과의 상관관계를 면밀히 조사할 필요가 있다.

예상 후보지 별로 '총 개점 비용과 예상 매출액, 예상 수익' 등을 분석한 후, 한 개점 비용이 적게 들면서도 수익률이 높은 곳을 선정하도록 한다.

제2절 입지선정은 창업자의 승패

1. 입지와 일치하는 메뉴

식당은 '첫째도 입지, 둘째도 입지, 셋째도 입지'라고 한다. 그 만큼 목이 중요하다는 이야기다. 하지만 목이 좋은 곳은 점포 임대료가 엄청나다는 사실 또한 잘 알고 있다. 결국 돈 놓고 돈 먹기 싸움이 되었다.

식당은 부동산업이다. 식당은 점포입지가 사활에 관계되는 요소이다. 상권은 고객의 취향과 트렌드에 따라 변화하는 생물과 같다. 창업자는 창업하기 전, 입지와 관계되는 정보와 자료를 사전에 파악하여 위험에 대비해야만 한다.

입지와 메뉴가 일치할 때, 성공 가능성이 높다. 입지란 '고객의 잠재수요, 시장의 특성, 수익성, 장래성, 경쟁성, 시장 침투성'을 가지고 있기 때문에 여기에 적합한 메뉴일 때 성공 가능성이 높다.

사업의 지름길은 투자규모의 크고 작음을 떠나 손익분기점을 넘어야 한다. 따라서 한식, 양식, 일식, 분식, 패스트푸드, 중식 등 다양한 업종업태 가운데 초기 투자비용과 자금 회수율과의 시간적인 관계를 고려하여 메뉴를 결정하는 것이 좋다.

업종업태에 따른 적절한 상권은 <표 1－9>와 같이, 중국음식점은 '아파트 단지 내 상가나 주택가, 사무실 밀집지역, 대학가주변'이 좋다.

횟집 및 해물탕집은 30~50대 유동인구가 많은 '먹자골목, 대형아파트, 상가, 유흥가, 사무실 밀집지역'이 좋다. 족발전문점은 공단 지역과 자영업자가 많은 곳, 가정배달이 많은 아파트 밀집지역(2,000세대), 신세대여성이나 학생보다 30~40대 직장인이 많은 곳이 좋다.

김밥전문점은 주 고객 10~30대 젊은 층, '역세권, 오피스 상권, 대학가, 대형쇼핑센터, 유흥업소'가 많은 곳, 1층 점포, 여성유동인구가 많은 곳, 저가메뉴 경쟁업소가 적은 곳이 좋다.

찌개배달전문점은 음식 맛과 신속성, '독신자나 맞벌이 가정, 오토바이를 타고 2~3분 이내 거리 2,000세대 아파트'가 좋다.

꼬치구이전문점은 30대 이상의 직장인, 퇴근 길목이 되는 지하철역 주변 20~30미터 이내, 주택가 진입로가 좋다.

한정식전문점은 관공서나 고급 오피스 빌딩 주변, 전통음식 메뉴가 적합하다.

표 1-9 업종업태에 따른 적절한 상권

업종업태	적절한 상권
중국음식점	아파트 단지 내 상가나 주택가, 사무실 밀집지역, 대학가
횟집 및 해물탕집	30－50대 유동인구가 많은 먹자골목, 대형아파트, 상가, 유흥가, 사무실 밀집지역
족발전문점	공단 지역과 자영업자가 많은 곳, 아파트 밀집지역(2,000세대)－가정배달 신세대여성이나 학생보다 30－40대 직장인
김밥전문점	주 고객 10－30대 젊은 층, 역세권, 오피스 상권, 대학가, 대형쇼핑센터, 유흥업소가 많은 곳, 1층 점포, 여성유동인구가 많은 곳, 저가메뉴 경쟁업소가 적은 곳, 전면 4km
찌게배달전문점	음식 맛과 신속성, 독신자나 맞벌이 가정, 오토바이를 타고 2－3분 이내 거리로 2,000세대 아파트
꼬치구이전문점	30대 이상의 직장인, 퇴근 길목이 되는 지하철역 주변 20－30미터 이내, 주택가 진입로
한정식전문점	관공서나 고급 오피스 빌딩 주변, 전통음식

<표 1－10>은 궁합이 맞는 업종업태이다. 대형 햄버그전문점 근처에서 생존할 수 있는 업종은 김밥전문점, 급한 고객과 패스트푸드를 즐기는 고객과 궁합이 맞다. 파리바게트와 뚜레쥬르 근처에서 생존할 수 있는 업종은 국수전문점, 밀가루 음식을 좋아하는 고객과 궁합이 맞다.

본죽 근처에서 생존할 수 있는 업종은 떡볶이집, 간식을 테이크아웃하는 고객과 궁합이 맞다. 던킨도너츠 근처에서 생존할 수 있는 업종은 일본라멘집, 젊은 층이 선호하는 음식으로 고객과 궁합이 맞다. 채선당 근처에서 생존할 수 있는 업종은 유명보쌈집과 패밀리레스토랑, 가족형 음식점 고객과 궁합이 맞다.

표 1-10 궁합이 맞는 업종업태

업종업태	궁합이 맞는 업종업태	이유
맥도날드, 버거킹 근처	김밥전문점	패스트푸드를 즐기는 고객
파리바게트, 뚜레쥬르 근처	국수전문점	밀가루 음식을 좋아 하는 고객
본죽 근처	떡볶이	간식을 테이크 아웃하는 고객
던킨도너츠 근처	일본라멘집	20대－30대 젊은 층이 선호하는 음식
채선당 근처	유명보쌈집, 한식 패밀리레스토랑	가족형 음식점

식당을 창업할 때, 이것만은 꼭 체크해야 한다.

① 반짝 장사가 되는 업종은 피하라. 대중 수요가 없는 업종은 특수한 지역이 아니면 성공할 수 없다. 또한 전문지식이 있어야 한다.

② 업종에 적합한 입지를 선택하라. 입지와 상권 및 고객의 특성을 조사해야 한다. 젊은 층이 많은 지역은 패스트푸드, 주거지역이나 주차장 확보가 가능한 지역은 패밀리레스토랑, 오피스 주변은 대중음식점, 학교 주변은 분식점 및 커피숍 등

③ 좋아하지 않는 음식이나 적성에 맞지 않는 업종은 피하라. 좋아하는 음식이면 자주 먹게 되므로 음식의 맛을 개선할 수 있다. 좋아하지 않으면 먹어 보지도 않고 관심도 없어진다. 적성에 맞지 않으면 재미를 느끼지 못하고 중도 포기하게 된다.

④ 아무리 좋은 입지라도 과다 경쟁 업종은 피하라. 유동인구가 많고 배후 세력이 좋다 하더라도 경쟁이 치열하면 분석하여 선택해야 한다. 초보자는 경험자를 이길 수는 없다.

⑤ 집과 가깝고 가족 노동력을 활용할 수 있는 업종을 택하라. 외식사업은 종사원들의 직업의식이 낮기 때문에 근태상태가 나쁜 편이다. 종사원이 무단결근이나 갑자기 이직할 때, 가족 노동력을 이용할 수 있어야 한다. 식당은 아침부터 저녁 늦게까지 잔일이 많으므로 가족의 도움을 받으려면 집에서 가까운 곳이 좋다.

⑦ 신종 사업보다는 틈새시장을 노리고 전문가의 조언을 구하라. 신규 수요를 노리는 것보다는 틈새시장을 파고들어야 한다. 무경험자일수록 전문가의 조언은 필수적이다.

철저한 조사와 계획서의 작성으로 수익성을 검토하여 사전에 문제점을 파악하고 그 대책을 수립한 후 창업해야 한다.

2. 효율적인 입지선정

가. 입지선정

1) 입지선정 기준

입지선정 기준은 '식당의 특성, 서비스 형태, 메뉴가격, 경영' 등의 선택적 요인에 따라 달라질 수 있다. 어떤 지역에서 성공적인 아이템이 다른 지역에서도 성공한다는 보장이 없다.

입지선정 기준은 아래 내용이 양호해야 한다.

- 은행, 전철 그리고 도로 접근성
- 보행이나 주행 중 쉽게 눈에 띌 수 있는 가시성
- 식당(차량이나 보행자의 수) 유동인구의 수
- 잠재시장으로부터의 거리
- 식당 주변 환경

만일 입지선정 기준에 맞지 않으면, 입지선정에서 배제되어야 한다. 또한 입지선정 기준은 '지역주민의 수입 정도, 가족구성원, 상업(근린)지구, 출(퇴)길' 등 기본적으로 파악되어야 한다.

선택한 입지 주변에 많은 사람들이 거주하지만 연령 분포로 볼 때, 노령인구가 많다면 패스트푸드점보다는 토속음식점이 더 적합하다. 패밀리 레스토랑은 패스트푸드나 일반 식당과 같이 편리한 위치나 값비싼 권리금 지불하지 않아도 주차장이 있는 장소면 좋다. 식당은 출근길보다 퇴근길이 좋다. 상업지구는 '일반음식점, 휴게음식점, 제과점, 유흥주점, 단란주점'을 영업할 수 있지만, 근린지구는 '일반음식점, 휴게음식점, 제과점'을 영업할 수 있다.

2) 입지선정 전제조건

입지선정을 할 때, '투자규모, 업종업태, 층수, 장소'를 사전에 정해 놓고 입지를 찾아야 효율적인 입지선정이 가능하다. <그림 1－7>을 먼저 체크해야 한다.

첫째, 투자규모, 준비된 창업자금에 맞는 점포를 체크해야 한다.
예를 들면, 점포크기, 권리금 등
둘째, 업종과 업태에 맞는 점포를 체크해야 한다.
예를 들면, 분식집은 작은 점포, 고기 집은 큰 점포
셋째, 층수와 객단가를 체크해야 한다.
예를 들면, 높은 층일수록 객단가 높은 아이템
넷째, 지역에 따라 '상, 중, 하'를 체크해야 한다.
예를 들면, 명동 상권, 목동 상권, 구로동 상권

그림 1-7 입지선정 전제조선

입지선정 시, '잠재시장성, 소득수준, 경쟁업소, 집합적인 외식거리'를 고려해야 한다.

잠재시장성, 식당을 지나가는 차량이나 도보로 지나는 사람들의 유동성이 커야 한다. 또한 식당 인근에 주거지역이 있는 곳이 좋다. 정통 레스토랑 경우, 반경 2km 이내 10,000~20,000명의 거주 인구가 있어야 한다.

소득 수준, 규모가 있는 식당은 특수한 경우를 제외하고는 5km 이내에 중산층 이상의 소득수준이 있어야 한다. 학교 주변은 가격이 낮아야 한다.

지역의 성장과 쇠퇴, 주변지역이 경제적 활력에 영향을 받는다. 만약 경제적 활력이 사라지면, 식당의 도산은 시간문제다. 즉 지역 연령층의 변화, 도시계획 또는 도로 계획으로 인한 지역 상권 변화를 파악해야 한다.

경쟁업체, 유사업종과 동종업종의 경쟁업체가 얼마나 있는지를 파악한다.

집합적인 외식 거리, 유동 인구가 많고 상권이 변화한 거리는 총체적인 이용고객의 숫자가 증가할 수 있고, 지역성으로만 평가한다면 양호하지만, 차별성과 수준 높은 서비스가 있는 식당은 집합성이 도움이 되지 않는 경우도 있다.

3) 체인점 입지 선정 기준

외식사업 체인본부는 입지 선정 세부기준을 수립하여 가(직)맹점을 운영하고 있다. 일반적으로 고려되고 있는 요소는 다음과 같다.

- 반경 2km 이내에 주거 및 상주인구 5만 이상을 시장으로 하는 인구 집중 지역
- 도로 근접성이 용이하고 1일 2,000대 이상 교통량이 있는 곳
- 쇼핑센터와 위락 시설, 사무실 등 상권 지역에 포함된 지역
- 적절한 주차 공간, 인근에 주차가 가능한 편의시설이 있는 곳
- 경제적으로 활력이 있는 지역
- 고객 시야에 쉽게 들어올 수 있도록 가시성과 접근성 용이한 곳
- 상·하수도 이용이 원활하고, 임대권리를 포함한 법적 권리가 보장되는 곳

셀프서비스 패스트푸드의 전형적인 기준은 다음과 같다.

- 쇼핑센터 등의 건물 내에 위치
- 상권이 형성된 코너 위치.(최소한 2면이 보도로 연결)
- 최소 폭 10m 정면을 가지고 있는 위치
- 주변 거주인구 10,000명 이상이 1km내에 있거나 사무실이 있는 위치

- 도보 왕래객이 개점 시간 내내 이어지는 위치
- 주변 관청이 소재하거나 공공시설에 사람들 업무상 왕래가 빈번한 위치
- 다른 외식업소와의 거리가 500m 이상 떨어지지 않은 위치

4) 입지선정 시, 지리적 위치

(1) 코너 위치 여부

코너 위치 여부에 의하면, 일면, 삼거리코너, 사거리코너가 입지선정 시 좋은 위치이다.

그림 1-8 좋은 코너 입지

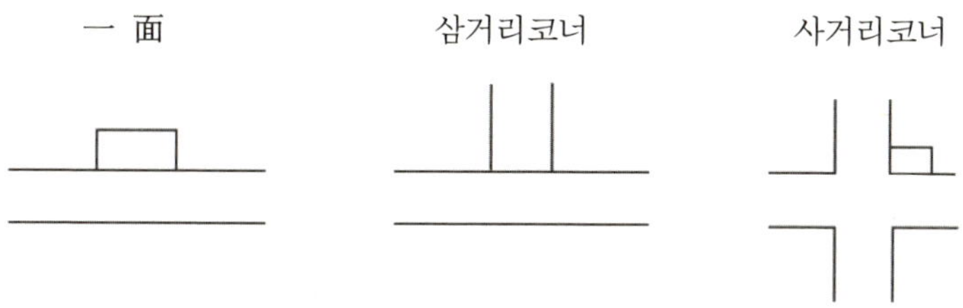

(2) 시계형의 입지

시계성의 오목 입지·볼록 입지는 주변 간판장애, 전면 가로수 장애, 주변 건물장애가 있다면 피해야 한다.

그림 1-9 피해야 할 입지

(3) 접근성

접근성은 점포 출입의 용이성(출입구 위치, 출입계단 장애)과 상권의 접근용이성(보행도로, 교통도로)이 있어야 한다.

(4) 홍보성

홍보성은 간판위치와 크기, 점포위치, 유동인구 규모, 전면 길이, 건물 전체규모, 건물의 흡인력이 있어야 한다. 상권(지역 인구, 지역 내 주 이용정도)의 구매형태를 파악해야 한다.

(5) 상권의 동선

상권의 생활동선을 파악해야 한다. 즉 주요 외부 유출입 동선(출퇴근, 통학통로, 구매동선)은 입지를 선정할 때 고려해야 한다.

(6) 교통시설 및 도로 현황

주변 교통시설 현황을 조사해야 한다. 즉 버스정류장, 전철역, 횡단보도(지하도, 육교), 신호등 유무, 교통도로, 각 교통시설 이용인구 규모 등이다. 도로상황은 보행로, 도로 폭, 차량통행 여부, 교통도로, 도로차선, 노변주차여부, 좌회전여부, U턴 여부 등

(7) 지리적 입지

지형·지세는 철도, 도로, 대형 담장(아파트단지 경계 담장 등), 언덕, 평지 등 지리적 입지의 발전전망을 파악해야 한다. 즉 도로 신설, 전철역 신설, 횡단보도 신설, 교량 신설, 터널 신설 계획 등

나. 입지선정 시 배제 지역

식당 점포를 선택할 때, 아래와 같은 요인이 있는 곳은 배제하여야 한다.

1) 배수시설 없는 곳

식당은 배수장치, 하수도, 상수도 등 가장 중요한 요인 중의 하나이다. 식당은 배수장치 및 상·하수도 사용이 원활해야만 하고, 객장 청소 시

물이 잘 빠질 수 있어야 한다.

2) 주차 편의성

식당은 최소한 주차장소가 있어야 한다. 200석 규모의 패밀리레스토랑은 75대의 주차 공간이 필요하다. 토지가 없어 주차가 어려운 경우, 입지선정 시 신중히 검토해야 한다.

3) 단기 임대조건

계약 조건상 5년 정도 계약이라도 장기적으로 임대할 의사가 없다면, 입지선정을 고려하여야 한다. 점포가 5년 이내 이전을 고려하고 있다면, 좋은 조건이라도 배제하여야 한다.

4) 과도한 교통량

과도한 교통량이 폭주하거나 주행하는 차량의 속도가 비교적 높은 지역 근처라면 배제해야 한다.

5) 도로나 보도로부터의 접근성

고객이 도로를 이용할 경우, 주행선상으로부터 좌회전해야만 하는 위치는 배제해야 한다. 이것은 우회전하는 장소보다 일반적으로 약 50%의 매출 감소 요인을 내포하고 있다. 도보 시, 신호대기 장소는 배제해야 한다.

6) 가시성(可視性)

식당은 최소 근접거리 50m 이상 가시성이 있어야 한다. 외부 건물이나 기타 여건으로 식당 정문 앞에서만 간판 볼 수 있는 점포는 가급적 배제해야 한다.

7) 기타 배제지역

- 병원 주위를 피하라
- 언덕길이나 내리막길 등 경사진 곳을 피하라
- 주유소 주변은 피하라
- 지하실을 피하라
- 건물주가 현재 식당업이나 유사한 업종에 종사하는 경우에는 위험하다.
- 임대료가 싼 경우, 경계하라
- 주인이 자주 바뀌는 곳은 문제가 있다.
- 주변에 식당이 없으면 들어가지 말라
- 주변에 규모가 큰 식당이 있으면 피하라

가급적 틈새시장을 찾아라. 시장은 넓고, 상가는 많다.

다. 입지의 기능적 위치조사

입지의 기능적 위치조사는 입지가 선정되는 점포 주변상황을 파악하여 성장성과 수익성에 영향을 가지고 있는 가를 조사하는 것이다.

입지의 기능적 위치조사는 아래와 같이 기능을 파악해야 한다.

- 주변지역의 주기능을 파악한다. 즉 점포 주변지역의 주거지역, 상업지역, 공장지역, 공원지역, 오피스 밀집지역을 파악해야 한다.
- 주변지역의 부속기능을 파악한다. 즉 점포 주변지역의 유흥가, 근린상가밀집지, 시장, 숙박시설 밀집지역, 대형 상가, 식당가, 대형병원, 호텔, 학교, 관공서 등
- 야간인구 유발기능 체크한다. 즉 점포 주변지역의 유흥가, 호텔 등의 숙박기능, 경찰서 등 장시간 영업 또는 업무를 하여 야간 인구를 유

발하는 기능들의 규모 및 위치를 파악한다.

- 대형 접객시설 기능(유동인구 유발기능)을 파악해야 한다. 즉 점포 주변지역의 학교, 호텔, 관공서, 대형빌딩, 극장, 경찰서, 공원, 전철역 등
- 주위의 상가현황 파악(상가 업종 파악)해야 한다.
- 기능적 입지의 발전 전망을 파악해야 한다.

이와 같이 기능적 위치 조사는 미래고객 및 잠재고객을 흡인할 수 있는 잠재력을 가지고 있기 때문에 장래에는 유망한 점포가 될 수 있다.

제3절 사업계획서는 창업의 필수

창업계획은 먼저 사업타당성과 사업계획서를 분석하여야 한다. 사업타당성은 사업을 실행하기 이전에 사업의 성공 가능성 높이기 위해 사업추진 능력을 분석하고 평가하는 총체적인 과정이다. 사업계획서는 새로운 사업을 추진하고자 앞으로 사업 진행에 따른 구체적인 계획을 기록하는 문서를 말한다.

1. 사업타당성 분석

사업타당성 분석은 창업을 실패로부터 지켜줄 수 있는 좋은 보조 장치이다. 소자본 창업일지라도 필수적으로 꼭 작성해 볼 필요가 있다. 이 분석은 장차 창업 실패로 인한 더 큰 손해를 미연에 방지할 수 있는 예방주사 역할이다. '돌다리도 두드려 보고 건너라'의 격언은 창업에 앞서 바

로 사업타당성 검토를 거치라는 표현과 직결된다고 볼 수 있다.

사업타당성 평가요소는 <표 1-11>과 같다.

표 1-11 사업타당성 평가 요소

평가요소	세부항목
창업자의 수행능력	▪ 식당 창업자로서의 적성과 자질 ▪ 창업자의 계획사업 수행 능력 ▪ 업종과 업태 선택의 적합성 ▪ 경영능력
기술적 타당성	▪ 경쟁업체에 대한 비교우위성 ▪ 조닝(zoning)[11] 계획 ▪ 주방 생산능력 ▪ 식자재 조달 ▪ 조리직원과 객석 직원 인력 확보
차별성	▪ 메뉴의 차별성 ▪ 인테리어의 차별성 ▪ 직원의 차별성 ▪ 핵심 경쟁력
시장성 및 판매전망	▪ 상권의 특성 ▪ 경쟁 업종과의 경쟁상태. 향후 경쟁업종 출현 가능성 ▪ 경쟁업체 가격 비교 ▪ 잠재고객 수의 증가 여부 ▪ 예상되는 고객 수 ▪ STP[12]전략과 마케팅 믹스 전략 분석 ▪ 브랜드 파워 가능성
수익성 및 경제성	▪ 수익전망 ▪ 투자수익 및 손익분기점 분석 ▪ 손익계산서 분석 ▪ 경제적 · 재무적 타당성 분석
자금수지 및 성장성	▪ 소요자금의 규모 및 조달 가능성 ▪ 자금조달, 운용계획표 작성 ▪ 대출금 상환능력 검토 ▪ 사업에 대한 위험요소 분석 ▪ 성장 가능성 ▪ 프랜차이즈 설립 가능성

창업을 하려면 사업 아이디어를 구체화시켜야 한다. 즉 사업아이디어

11) 식당의 주방 부분과 객석 부분 비율 설계
12) 시장세분화, 목표고객, 포지셔닝

의 구체화는 메뉴, 인적 서비스의 형태, 규모와 시설, 목표시장, 경영형태, 후보입지 탐색을 구체화시켜야 한다.

사업타당성 분석은 '창업자의 수행능력, 기술적 타당성, 차별성, 시장성 및 판매 전망, 수익성 및 경제성, 자금수지와 성장성'을 일목요연하게 작성된 서류를 말한다. 이 단계는 대략적인 소요 자본을 계산하고, 고객 트렌드를 파악하고, 미래전망을 분석한다. 사업타당성이 맞지 않는다면, 다시 시작해야 한다.

사업타당성 분석은 예비 사업성분석과 예비 타당성분석으로 구분된다. 사업으로서 성공여부 확인과 투자규모를 결정(본인이 할 수도 있고, 전문가에게 맡길 수도 있음) 단계이다. 예비 사업성 분석은 소수의 특정 프로젝트 선정하기 전에 다수의 프로젝트를 선별해 가는 과정이다. 예비 타당성분석은 1차적으로 선정된 후보사업 아이템을 상세하게 분석이고, 사업타당성 조사는 사업으로서 성공여부 확인과 투자 규모를 결정하는 것이다.

2. 사업계획서

사업계획서는 사업타당성 검토 후 사업타당성이 인정된 경우에 작성한다. 운영관리 계획 단계에서 고려하여야 할 사항은 다음과 같다.

- 입지조사 및 경쟁업체 분석
- 수요자 분석
- 점포 설계 계획
- 메뉴 기획
- 인적자원 계획
- 프로모션 계획
- 유통경로 계획
- 주방기기 및 비품 계획
- 추정 손익계산서

- 인가, 허가사항 절차 파악

<표 1－12>와 같이, 사업계획서 평가요소란 사업타당성 검토를 위해 분석할 항목이다. 이는 사업타당성 검토 목적에 따라 해당 항목에 차이가 있다. 엄격하게 말하면 어떤 목적으로 사업타당성 분석을 하느냐에 따라 사업계획서 평가요소의 가중치가 달라질 수 있음을 의미한다.

사업타당성이 검증되면 자본을 투입하여 창업한다.

창업자는 식당이 추구하는 목표를 설정하고, 목표달성을 위해 단계적인 계획을 세워 실천해 나가는 과정을 매뉴얼 하여 영업에 극대화하여야 한다.

창업자는 식당의 재정, 식품의 구매와 시장, 광고, 경영기록, 판매량 분석, 메뉴 작성 및 고객 접대, 인사관리 등 다방면에 충분한 지식을 가지고 어느 한 분야에도 소홀함이 없이 세심한 주의와 과감한 추진력과 창의력을 발휘해야 한다.

표 1-12 사업계획서의 평가 요소

평가요소	세부항목	비고
경영철학	－ 사업목표설정 － 경영방침설정	
입지조사	－ 상권분석 · 인구통계분석(인구수, 세대수, 소득수준, 교육수준, 직업, 가족구성관계) · 구매력 및 가처분 소득 · 잠재고객의 구매습관(현재의 구매 장소, 현 구매 장소에서의 구매이유, 수요지역과의 거리와 시간) · 지역의 장기적 발전성(대단위 주택단지 조성, 접근시설 신설 : 도로, 지하철 등) － 점포분석 · 부지의 크기. 형태 경사도 건물의 크기와 형태, 건물 내 위치, 특정점포설정, 사용 년 수, 주차시설 · 토지용도. 건폐율. 고도제한 · 환경규제 · 통행량 : 성별, 시간대, 연령, 통행목적(통근, 통학, 쇼핑 등), 요일별(평일, 주말) · 주변상가분석 : 호혜업종, 경쟁점(규모, 시설, 메뉴, 목표시장, 매출액, 수익성, 성공 실패요인 성장률) · 접근성 · 가시성	

입지조사	· 점포의 前 image · 상하수, 배수, 전기, 전화 · 지가와 임대료 · 소유권 임대료 · 임대인 경우, 임대주인에 대한 조사(신용, 재력, 평판) · 지역주민의 반응 · 정류장(버스, 지하철)과의 거리 · 노동력 취득 가능성 · 관공서의 인접여부 – 경쟁업체 메뉴 – 경쟁업체 마케팅 전략 – 수요예측 – 법적규제
식당 설립	– 브랜드결정 – 로고 및 슬로건 결정 – 구비서류준비 – 제규정 확정
건축/실내장식	– 설계 – 주방면적확정 – 업자선정 – 실외공사 : (간판, 입구, 조경공사, 디스플레이어 공사) – 실내공사 : (전기공사, POS시스템, 의자/탁자, 바닥공사, 천장공사, 냉/난방공사, 유선공사, 수도공사, 가스공사, 주방 급배수공사) – 평면(단면)계획 : 동선, 구조, 설비, 전기, 방재, 시공 – 설비공사 : 냉동기설치, 보일러설치, 급・배수 위생설비, 공기 조절설비, 주방설비 및 가스설비, 세탁장 설비, 소화설비 및 가스설비, 샤워장 설비
주방설비	– 배치설정 – 주방면적 확정 – 보조 주방 설치 – 주방세부 설계 – 주방기기 품목작성 – 주방동선 확정 – 조리기기 선정 : 아이템/공간 결정, 구매/설치, 시운전/점검
메뉴작성	– 메뉴 콘셉트 결정 : 업종/업태 결정, 주 메뉴개발 – 1차 메뉴개발 : 메뉴종류 결정, 디저트류 결정, 신제품 시식 – 메뉴확정 – 메뉴가격 결정 : 객단가 결정, 메뉴별 원가분석 – 메뉴판 제작 : 메뉴촬영, 메뉴북 작성, 최종점검, 납품

매뉴얼 작성	– 표준 레시피 – 주방업무매뉴얼 – 교육매뉴얼 – 관리/설비 매뉴얼 – 청소매뉴얼 – 서비스매뉴얼 – 마케팅매뉴얼 – 접점지역 고객응대 매뉴얼 – 기타 매뉴얼 – 매뉴얼 책자 작성	
훈련	– 개업 전 대비교육 : 교육교재 결정, 교육일정/방법, 강사결정, 교육내용 – 서비스교육 : 역할연습, 견학교육	
제규정교육	– 취업규칙 – 급여체계 – 인사규정 – 근무시간결정 – 각종 수당 결정 – 인센티브 결정 – 기타 규정 작성	
조직	– 조직도 확정 – 직원 충원 : 총지배인, 관리지배인, 총주방장, 업장 직원, 아르바이트, 파트타임	
인쇄물 제작	– 개업준비 인쇄 : 메뉴, 전표, 판촉성냥, 종이냅킨, 젓가락집, 간판, DM, 리셉션 초대장 – 관리자료 : 영업일보, 재고조사표, 사입일람표, 일일스케줄, 메뉴분석표, 시간대별 매상표, 매상통계표, 식자재관리표, 작업훈련표, 노동시간 집계표, 품목별 판매현황	
유니폼	– 주방관계 – 업장종업원 – 지배인	
계수관리	– 원가계산 – 판매가 – 손익분기점 산출 – 식재료단가 – 손익계산서 – 대차대조표 – 자금운영표 – 향후 3년 자금계획서 – 경영분석 – 기타	

디자인/색상	– 디자인 : 로고, 유니폼, 간판, 전단메뉴판 – 색상	
인 · 허가 사항	– 위생교육 – 영업허가신청서 – 시설배치도 – LPG 사용신고서 – 유/무선도선사업 면허증 또는 신고필증 – 전문식당관광업 신청 : 한국관광협회, 지정신청서, 법인등기부 등록, 기타 – 건강수첩 – 카드가맹점 등록 – 사업자등록증 – 간판설치허가 – 기타	
비품구입	– 인쇄물 : 메뉴북 , 성냥, 전표/장부 – 일반 : 물수건, 찻잔, 구두주걱, 우산걸이, 옷걸이, 방석, 슬리퍼 – 청소용구 : 빗자루/쓰레기통, 청소기, 홀/주방용구, 화장실 용구, 주차장용구 – 장식물 : 화분, 벽걸이, 꽃꽂이 – 접수용구 : 잔돈접시, 전표꽂이, roll paper – 리셉션 관계 : 방명록, 펜, 기념품, 명부리스트	
판촉기획	– 점내판촉 : POP, 전단, 포스터, 휘장, 인테리어, 음악, 조명, 건축, 메뉴책자 – 점외판촉 : 신문, 잡지, 케이블TV, 교통광고, 간판광고, 카탈로그, 성냥, 쿠폰, 스탬프, DM엽서, 전단, 이벤트, 현수막, 시식행사, 달력, 사보, 리베이트/프리미엄 – 판촉행사일지 – 목적 – 대상고객 – 목표메뉴 – 비용 – 방법 – 매체선택 – 판촉물 제작업체 선정	
개점준비 확인	– 리허설 일정/방법 – 초대자 선정 – 평가분석 – 시식메뉴 범위 – 기념품 준비 – 문제점 발굴 – 기타 이벤트 – 조리기구 상대점검, 표준조리의 매뉴얼화 – 원자재 품목 리스트작성, 구입 – 당일 소요 재료 준비, 여유분 소요 재료 준비 – 영업장시설 상태 점검 – 영업장 비품 및 소모품 점검	

개점준비 확인	– 시식회, 방문자 명단 확인 – 최종 서비스, 조리 점검 – 안전 점검	
개업 후 작업	– 고객관리 – 월/년도 판촉계획 – 손익계산서 – 메뉴 ABC 분석 – 거래처 관리 – 직원교육	

제 2 장

외식사업 걸음마

제 1 절 우리나라 식당의 근원

I. 우리나라 음식문화

우리나라 음식문화는 '국물문화 민족, 지역 특성 음식, 김치와 젓갈의 발효문화'를 대표할 수 있다.

가. 국물문화 민족

한국인은 전 세계에서 유일한 국물문화 민족이다. 서양에도 스프가 있고, 일본에는 미소된장국이 있다. 그것을 빵이나 밥에 말아서 먹지는 않는다. 국물에다 밥을 말아먹는 습관은 세계에서 우리 민족뿐이다. 우리나라 국물은 말아 먹는다.

국이 있고 찌개가 있으며 옛날 궁중에서 즐기는 즉석에서 끓여 먹는 전골이 있다. 우리나라 고서에 기록된 국물음식 만으로도 58여 종이나 된다. 한국인의 음식문화는 국물문화이다.

한민족은 가난하고 식구가 많았다. 작은 분량의 식품을 많은 사람이 나누어 먹기 위해서 국물을 만들었다. 대가족 하에 스무남은 명의 식구가 고기 한두 근으로 나눠 먹기 위해서는 고기 국을 끓이지 않고는 방법이 없었다.

한민족은 서양의 정착하지 못한 유목문화권과는 달리 정착하고 살아온 농경 문화권에 속한다. 유목문화권에서의 식품은 가지고 다닐 수 있는 건성(乾性)이다. 정착생활에서는 반드시 건성일 필요가 없기 때문에 국물문화가 습성화 되었다.

한국은 반도이기 때문에 끊임없이 외침을 받아 왔다. 곧 쫓기면서 먹고살아야 하는 식생활은 밥을 국에 말아서 후루루 마셔 버리는 그런 요기 형태를 취한 것이다.

무엇보다 중요한 것은 국물식품의 특성은 혼자만 먹는 것이 아니라 여럿이 나눠 먹는다는데 있다. 집단에서 모나지 않고 집단의 논리가 음식에 적용된 것이 곧 국물 음식문화이다.[13)]

그림 2-1 1960년대 국밥 파는 집

13) 박진환 대표, ㈜신천

나. 지역 특성 음식

우리나라는 지역음식의 명가들이 너무나 많다. 음식은 지역 문화이다. 지역음식은 지방경제소득에 영향을 미친다. 음식관광의 발달은 지역 식당 전성기이다.

우리나라 지역 음식을 살펴보면, 음식의 명가 전라도 별미 홍어회, 막걸리에 삭혀 기름소금에 찍어먹는다. 마이산 애저찜은 생후 1개월 된 새끼돼지, 닭고기처럼 희고 껍질까지 부드럽다. 부안의 백합 소살로 끓인 백합죽, 전주의 별미 비빔밥은 스무 가지 이상 재료로 모주 한잔이 곁들여지는 콩나물 해물장국은 삼백집 식과 남부 시장식 두 가지가 있다. 담양의 떡갈비, 목표의 삼합, 나주 곰탕도 있다.

미꾸라지에 고명을 얹은 숙회는 남원골의 별미, 여수 노래미탕과 돌산 갓김치, 나주 통닭 찰흙구이, 은어 참게요리 호남 명물 자라탕, 섬 지방 제주의 최고진미는 내장을 말렸다가 참기름에 구워 먹는 옥돔, 여름에 제맛 나는 성산포 전복죽, 새끼전복을 찌는 오분쟁이찜과 갈 치국, 자라돔에 된장을 풀고 참기름과 식초를 쳐 먹는 자라 물회는 제주의 진미이다.

경포대 앞바다 청정한 바닷물로 응고한 비지장, 무우된장, 묵은 김치와 함께 풀 향기 묻어나는 충청도 음식, 충북 수안보 일대의 꿩 만두, 충주호 참붕어찜이 별미이다.

남성적인 경상도 음식, 경남 통영의 세꼬시와 뽈락찌개, 포항 해물탕과 물회는 전국적 별미이다. 섬진강 재첩국과 동래파전은 부산의 자존심, 마산 오동동의 특미 아구찜의 비밀… 겨울 눈, 비, 바람에 3개월간 말린 아귀, 안동 헛제삿밥, 탕국과 상어구이, 대구의 따로국밥이 있다.

다. 발효문화

독일인은 맥주와 소시지, 프랑스인은 포도주, 러시아인은 보드카, 일본인은 초밥 또는 스시, 이탈리아인은 피자 또는 커피, 베트남은 쌀국수, 멕시코인은 타코, 한국인은 김치와 같이 민족음식이 있다.

무나 배추는 중국이 원산지로 한국이나 일본의 그것들의 씨와 뿌리는 같다. 일본 무로는 김치를 담글 수 없다. 습기가 많아서인지 바로 물러버리고 빨리 시어진다. 그래서 기껏 단무지 만드는 것이 고작이다. 한국 배추나 일본 배추가 모양새는 같지만 질도 다르고 맛도 다르다. 영어로 배추를 '차이니즈 캐비아(chinese cabbage)'를 보면, 중국임을 알 수 있다. 일본에 배추가 들어온 것은 1875년이지만 청·일 전쟁이나 러·일 전쟁 때 출전한 일본 병사들이 한국이나 중국에서 먹어보고 그 씨앗을 받아다 여기저기 심어 보았지만 한국 배추 맛을 맛볼 수는 없었던 것이다.

재일교포들이 일본배추로 김치를 담아 먹는 것을 보면 날배추를 부뚜막에 얹어 사나흘 동안 말린 다음 반쯤 시든 배추로 담근다. 김치가 되기에는 습기가 과분하며 과분한 만큼 수분을 제거하다 보니 신선도도 떨어지고 김치의 장점인 날 야채 같은 씹히는 맛도 덜하다. 그렇게 말려서 담아도 김치찌개처럼 데친 듯이 심이 죽은 김치가 되기 일쑤다. 김치의 마술사인 고추도 한국산은 매운 맛에 플러스 알파가 있다.

한국산 아닌 것에서 단맛과 맛난 맛이란 찾아볼 수가 없다. 지금 일본 젊은이들 간에 다이어트 식품으로 한국 고춧가루가 판을 치고 있다는 보도가 있었는데 매운 맛을 내는 주성분인 캅사이신이 교감신경을 자극, 살을 찌게 하는 지방을 연소시키기 때문이라 한다.

일본산이나 동남아산 고추에 그 같은 성분이 없는 것은 아니지만 한국 고추처럼 먹기 좋게 맛있고 달콤하지 못하다. 평양냉면에 고춧가루 듬뿍 쳐서 먹는 것은 맵게 하기 위해서가 아니라 먹기 좋게 맛을 돋우는 전통적 지혜이다. 김치는 신토불이의 마술이요 재료가 없는 것도 아닌 일본에서 김치 선호도가 높아 가는 것도 그 때문이다.

지금의 배추를 만들어 낸 사람이 '씨 없는 수박'으로 유명한 우장춘 박사다. 그가 1950년대 우리 땅에 맞는 우량 채소 종자를 개발해 지금의 배추김치가 탄생하게 되었다. 고려 때 중국 수나라를 통해 들어온 상추는 비단 값보다 비싸 '천금채'라는 이름으로 불리기도 했다.

육식을 금했던 고려에서 발달한 것이 바로 두부와 쌈. 벌레가 꼬이지 않고 잎이 연한 상추는 특히 인기가 높았다고 한다.

이 세상의 가장 원초적인 맛은 소금 맛이다. 소금만 치면 모든 음식을 먹을 수 있다. 소금 맛을 제1의 맛이라 한다.

문명이 발달하며 맛을 달리 해서 먹고 싶어 하고 그 욕구에 응해 발달한 맛이 양념 맛 곧 소스 맛으로 제2의 맛이다. 서양을 비롯해 세상의 대부분 지역에서 제2의 맛을 못 벗어나고 있는 작금, 미래학자 토플러는 세상이 제3의 맛 시대로 서서히 옮겨가고 있다고 내다보았다. 그 제3의 맛은 한국이 그 맛의 종주국인 발효미(醱酵味)다.

장류, 김치류, 젓갈류 등 밥상에 오르는 한국 전통음식의 80~90%가 삭히고 띄운 발효음식이고 보면 한국은 최첨단을 걷는 맛의 선진국이다.

그 중 젓갈은 통일신라시대 신문왕이 김흠운의 딸을 왕비로 맞을 때 폐백 품목에 들어 있으니 역사도 유구하다. 한나라 무제가 한반도 대안인 산둥반도 동단에 이르러 식욕을 돋우는 냄새의 원천을 찾게 해 보니 바로 젓갈이다. 무제가 한반도 위만 조선을 공략한 배경에는 그를 사로잡은 이 젓갈 맛이 한 몫 했다고 야사는 적고 있다.

법도 있는 가문에 시집가려면 36가지 장, 36가지 김치, 36가지 젓갈을 담글 줄 알아야 한다는 것이 관례가 돼 있었을 만큼 젓갈 문화가 발달하고 보편화돼 있던 우리나라다.

2. 우리나라 식문화의 발전 단계

가. 고조선에서 조선시대

고조선에서 삼국시대는 쌀, 보리, 조 등을 주식으로 하였다. 콩으로 장을 담고, 어구류, 무 또는 가지 등으로 무짠지, 장아찌 등의 절임을 하고, 고기와 생선으로 포를 만들고, 때로는 국을 만들어 먹는 주·부식 분리형의 식문화가 정립된 단계이다. 떡·술과 식혜도 이때부터 만들어 먹었다고 한다.

불고기의 조상은 고구려 시대의 '맥적'이었다. 맥은 예맥족의 후손인 고구려를, '적'은 꼬챙이에 꿰어 구운 고기 요리를 가리킨다. 고기에 갖은 양념을 재웠다가 구워 먹는 맥적은 불교가 강했던 고려시대에 맥이 끊겼다가, 몽골족의 영향으로 다시 살아나 설야멱적, 너비아니구이, 불고기로 이어졌다. 달착지근한 불고기의 맛을 내는 양조간장은 일제 강점기에 들어온 것이라, 이전의 불고기는 짠맛이 매우 강했다.

통일신라에서 고려시대는 숭불사상 속에서 일반식에서는 주·부식 분리형으로 고착되었다. 연회식이 출현하여 식문화의 구조가 다원화되었다. 이때부터 음식업의 기원인 주막이 출현하게 되고, 고려시대 때는 객사라는 장소에서 선비들에게 술과 숙박을 제공하였다.

옛날 주막의 기능은 실로 다양하여, 식당이자 술집이자 여관이기도 했다. 밥과 술을 팔았으며 나그네를 유숙시키기도 했고, 상업적인 거래가 이루어지는 중개소 역할까지도 수행했다. 여러 지방 사람들이 드나들어 자연히 각 지방 문물을 전달, 교류하는 기능까지 갖고 있었으니 가히 팔방미인 격이었다. 그해서 주막은 우리 문학에서 빈번히 등장하며, 아직까지 사라지지 않는 향수를 불러일으키는 존재가 되고 있다. <그림 2-2>는 주막의 전경이다.

그림 2-2 주막의 전경

조선시대는 유교사상에 의한 대가족제도가 형성되었고, 주·부식 분리형이었다. 이때 김치문화가 형성되었다. 기름에 지글지글 부쳐 먹는 빈대떡은 원래 '가난한 사람의 떡'(빈자貧者떡)이란 뜻이다.

조선시대 흉년이면 유랑민이 남대문으로 모여들었는데, 이때 잘사는 양반집에서 빈자떡을 소달구지에 싣고 와 "누구누구 집의 적선이오~" 하면서 던져주었다는 것이다. 궁중음식으로 알려진 신선로는 조선 연산군 때 귀양 간 정희량이라는 선비가 산속에서 자신이 개발한 화로로 만든 음식이라는 일화도 있다.

조선시대(1397년경) 때 성균관이란 교육기관 내에서 유생들의 기숙사인 양성소를 설치하여 다량급식시설, 즉 식당이 출현되었다고 하겠다.

나. 1919년부터 1960년대

일제강정기에서 해방 이전까지는 어려운 보릿고개 시절이 있었다. 이 기간인 1902년에 손탁호텔 내에 프랑스식 음식점이 처음 개점되었다. 근대적 음식업의 기원이라고 볼 수 있다. 20세기에 들어서면서 서울에 5개의 여관과 12개의 요리점이 있었다. 당시 이 음식점들은 사교 장소뿐 아니라 숙박도 가능하였다.

1905년에 문을 연 '미야고'와 '식도원' 등이 유명하였다. 이 '식도원'은 800명의 연회도 할 수 있는 대연회장도 시설되었다. 한국요리 음식점의 시조라 할 수 있다. 특히 포장도시락은 미국에서는 테이크 아웃(take-out) 식품, 일본은 지귀변당(持歸辨當 : 모찌가에리 벤도우)으로 도시락이란 의미를 가지고 있다. 1900년 초 철도가 개통되자 기차 내에서 도시락을 팔게 되었다. 이때부터 도시락의 문화가 시작이다. 국내 최초의 철도식당이 1925년 서울역 구내에 양식당으로 문을 열게 됨과 동시에 조선호텔에 의해 열차식당이 운영되었다.

6.25 전쟁이후 피란민들에 의해 살기위해서 자연스럽게 식당이 형성되는 시기이다. 예를 들면, 대구에는 중구 중앙로 네거리 일대와 한일로 주변에 10개의 따로국밥집이 명맥을 이어가고 있다. 대구따로국밥 역사는 해방 이듬해인 1946년까지 거슬러 올라가면, 당시 중앙로 네거리 일대에는 나무시장이 들어서 있었다. 자연스럽게 나무꾼들을 의식한 음식점이 하나 둘 생겨났고. 이 가운데 국밥집은 나무꾼들에게 단연 인기를 끌었다. 즉석에서 신속하게 먹을 수 있는 데다 가격도 싸기 때문이다. 6.25전쟁 때 피란민들이 대구에 몰려들면서 따로국밥은 입소문을 타고 전국적인 음식으로 자리매김하게 되었다.

당시 따로국밥도 국에다 밥을 넣은 채 나오는 여는 장터국밥과 다름이 없었다. 60년대로 접어들면서 어른들에 대한 예의로 국과 밥을 따로 올리면서 따로국밥으로 이름이 굳이 되었다는 설도 있다.

우리나라는 <그림 2－3>과 같이, 시장이 형성하면서 자연스럽게 식당이 형성하게 되었다.

그림 2-3 나무시장

전라북도는 천혜의 지리적 조건으로 풍부하고 다양한 음식재료를 바탕으로 음식문화가 상당히 발달하여 예로부터 우리나라 음식문화를 선도하여 왔으며 우리나라 음식을 대표하는 맛의 고장으로 알려져 온 곳이다.

특히 전주는 전라북도에서도 음식문화의 중심적 역할을 하고 있는 곳으로 최근에 세계적인 음식으로 발돋움하고 있는 비빔밥의 고장이며 우리나라 음식의 근간이 되고 있는 백반과 한정식의 고장이기도 하다.

그 이후부터 1960년대까지는 외접 식량에 의존하였다. 이와 더불어 서구식 식생활이 유입되었다. <그림 2－4>와 같이, 1960년대는 다방이 인기 있었고, 라면이 처음으로 생산되어 제2의 주식이 되었다.

그림 2-4 1960년대 다방 모습

자료 : 네이버

다. 1970년부터 1999년

1970년대는 영양가와 맛을 추구하는 풍요롭고 다원적인 식생활로 변화되었다. 생계형 점포가 출현하였고, 해외브랜드 도입기(롯데리아)이다. 이 시기는 프랜차이즈 태동기이다.

1980년대부터 오늘에 이르기까지 소비자는 시간과 인력을 절약하는 간편함을 요구하게 되었다. 그로 인하여 다양한 외식산업이 성행하게 되었다. 1986년 아시안 게임과 1988년 서울 올림픽으로 단체급식이 발달하였다.

1945년 해방기 이후부터 1984년에 '짜장면, 닭갈비, 부대찌개, 떡볶이' 등의 음식이 알려지면서 생계위주의 외식문화가 시작되었다.

이 시기의 진입브랜드는 고려당 종로 1호점(1945년), 남포면옥(1948년), 하동관(1948년), 삼양라면 시판(1963년), 뉴욕제과(1967년), 림보치킨(1975년), 가나안 제과(1976년), 림스치킨(1977년), 난당랑(1982), 롯데리아(1979년), 아메리카나(1980년), 다림방(1982년), 장터국수(1983년), 버거킹, KFC, 웬디스, 신라명과, 하이델베르크(1984년)이다.

그림 2-5 난다랑

라. 1990년부터 1999년

1990년대는 서구화된 패스트푸드 개념의 메뉴가 등장하여 프랜차이즈 위주로 외식사업이 성장하였다. 히트메뉴는 '햄버거, 피자, 국수'이다. 1995년에는 해외브랜드 진출 가속화로 외식산업의 자리를 구축하여 발전하였다. 히트메뉴는 '보쌈, 냉면, 스테이크, 크레페'이다.

1996년 1999년에는 IMF로 인한 가격파괴, 신규시장개척 및 기업형태의 외식사업으로 자리 매김하였다. 히트메뉴는 '파스타, 샐러드, 김밥, 칼국수'이다.

1990년대는 IMF로 외식산업 성장이 둔화하였지만, 외식산업의 성장기이다. 대기업들은 외식사업에 진출하여 프랜차이즈 및 단체급식이 급성장하였다. 해외 패밀리레스토랑들은 한국 진출이 가속화하였다. 1995년 이후 건강식을 선호하면서 전통음식도 성장하는 시기이다.

마. 2000년부터 현재

2000년부터는 '웰빙'이 화두가 되면서 새로운 콘셉트의 업종들이 선보이면 건강식메뉴가 주류를 이룬다. 히트메뉴는 '샌드위치. 기능성 삼겹살,

불닭, 약선 요리, 어묵, 빵'이다.

현재 외식산업은 시장규모가 증가되고, 토종브랜드의 성장은 시장을 주도할 움직임을 보이고, 해외 진출이 급성장하고 있다. 농촌 지역브랜드는 국가지원으로 건강메뉴 개발을 통해 가공식품뿐만 아니라 판매까지도 진출하는 6산업이 시작되었다. 커피시장은 소비층 증가하면서 대기업이 주도하고 있다.

패밀리레스토랑의 인기가 하락하면서 건강한 식생활에 대한 관심 확대로 한식뷔페가 그 자리를 꿰찼다. 브랜드의 몰락과 가성비의 약진하고 있다. 1인가구의 증가와 개인화된 라이프 스타일의 확산은 편의점 상품과 간편식이 발달하였다. 따뜻함과 소박함에서 발견하는 작은 행복은 골목상권을 부활시켰다. 공급자와 소비자를 간편하게 이어주는 네트워킹의 확산, SNS마케팅 활성화는 지역 맛 집을 찾는 순례관광이 이루어졌다.

- 가성비의 약진, 브랜드의 몰락
- 한식뷔페 시장 성장
- SNS마케팅 확산
- 골목상권의 부활
- 편의점 상품 인기
- 지역 토종브랜드의 성장
- 6차 산업 성장기
- 조류독감

한국 식생활사의 식문화의 형성 과정을 요약하면 아래와 같다.

표 2-1 한국 식문화의 형성 과정

단계	시대별 구분	식문화의 특징
제1단계	고조선-삼국시대	① 주 부식 분리형 식문화(주식 : 쌀, 보리, 조 등) (부식 : 장류 무짠지, 장아찌, 생선포, 구이)
	통일신라-고려시대	① 숭불사상에 의한 한과류, 채소음식 발달 ② 고기숭상과 요리법 재현
	조선시대	① 유교사상을 근본으로 한 공동체 의식 ② 대가족제도와 식생활의 규범 정착

제2단계	1919－해방이전	① 식량부족과 빈곤으로 인한 식문화 침체 ② 식품소비형태의 침체
	해방이후－1960년대	① 기아 및 영양실조 상태 계속 ② 식량의 장려운동과 서구식 식생활의 유입
제3단계	1970－1980년 말	① 경제발전과 핵가족화로 인한 식생활 수준향상 ② 생활의 변화, 국제화, 레저화, 가공식품(레토로토)의 태동기
	1990－1999년	① IMF로 인한 외식사업체 경영방식 변화 ② 대기업의 외식사업 진출 및 패밀리 레스토랑의 전성기
제4단계	2000－현재	① 건강한 식생활에 대한 관심 확대로 한식뷔페 증가 ② 지역 토종 브랜드 성장 ③ 1인가구의 증가와 개인화된 라이프 스타일의 확산으로 편의점 상품과 간편식 발달 ④ 골목상권 부활 ⑤ 공급자와 소비자를 간편하게 이어주는 네트워킹의 확산 ⑥ 브랜드의 몰락과 가성비의 약진 ⑦ SNS마케팅 활성화

제2절 외식사업 이해하기

I. 외식사업의 개요

식당은 인간생활 이동에 따른 욕구의 자연적으로 생겨났고, 여행객을 위한 숙소와 식당의 필요성, 인구 증가에 따른 도시 출현과 더불어 번창하게 되었다.

식당의 개념은 '인간에게 음식을 제공하는 공중의 시설, 정가판매점, 일품요리점', '대중에게 공개해서 식사와 음료수를 제공하는 시설, 또는 대중적으로 먹는 집', '일반 대중에게 음식을 판매하여 심신을 회복시켜

주는 기력회복의 장소'라고 한다.

식당은 '원기(元氣)를 회복(回復)시킨다.'라는 뜻이다. 다시 말해 영양 있는 음식물을 섭취하고 휴식을 즐기고, 건강을 회복시켜 원기를 되찾는다는 의미이다.

식당은 대중이 일상생활을 영위하는 데 있어서 필연적으로 갖춰야 될 식사를 제공하는 시설을 갖추어 놓은 방이다. 따라서 식당은 가정을 떠나서 음식을 제공받을 수 있는 일정한 시설을 갖춘 장소에서 인적·물적 서비스에 복합된 시스템이 동반된 영리를 목적으로 하는 사업이다.

코넬(Cornell)대학 켈리(Thomas Kelly)교수, 식당은 "이제 더 이상 식음료만을 판매하는 곳이 아니다. 경험을 판매하는 곳"이라고 하였다. 즉 식당은 방문하여 음식을 주문하고 먹고 지불한 후 떠날 때까지 고객이 겪은 식사 경험이 식당 선택에 매우 중요한 요인으로 작용한다.

최근 선진국에서는 식당을 EATS상품이라고 한다. <그림 2-6>과 같이, EATS 상품이란 '접대(인적 서비스, entertainment), 분위기(물적 서비스, atmosphere), 맛(요리, taste), 위생(청결, sanitation)'을 말한다. 즉 식당은 단순히 먹는다는 의미가 아니라 직원의 서비스와 장소의 분위기까지를 포함한 개념이다.[14)]

그림 2-6 EATS

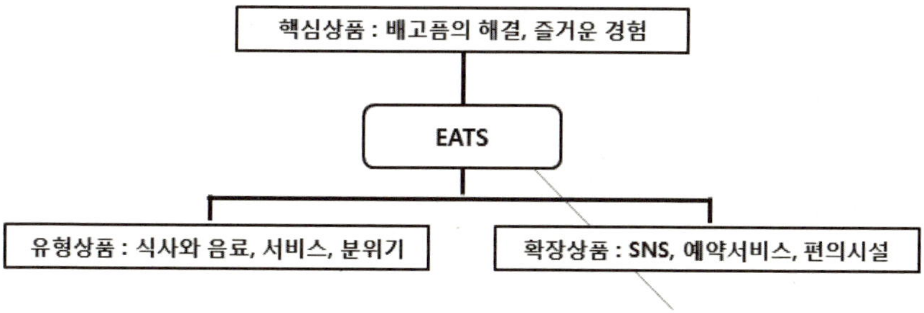

종합하여 식당의 정의를 재정립하면, '대중적으로 식사를 제공하는 장소로서 인적·물적 서비스, 분위기 그리고 경험을 판매하여 수익을 창출하는 장소'이다.

14) Jone R. Walker, Restaurant from concept to operation, 2008.

외식사업의 용어는 1980년대 접어들면서 시작되었다. 이미 미국에서는 산업화 단계에 진입하면서, 'Food service' 혹은 'Dining-out Industry'로 불리기 시작했다. 일본에서는 1970년대 이후 '마스코미'지가 외식산업으로 번역하여 사용하기 시작하였다. 우리나라는 1990년 초 프랜차이즈 발달하면서 외식사업이라는 용어를 사용하였다.

외식은 집밖에서 음식을 먹는 것을 의미한다. 즉 가정의 식생활을 기준으로 구분하여 볼 때, 가정 내 식생활을 내식(內食)이라 하고 가정 외 식생활을 외식(外食)이라 한다. 중식은 테이크아웃, 배달음식, 가정대용식(HRM, home meal replacement, 완전조리 식품이나 반 조리 식품을 집에서 데워 먹을 수 있는 요리)이 있다.

종래 외식 개념은 가정 외 식생활을 범위로 하였지만 출장연회, 배달판매, 도시락판매, 패스트푸드, 가정대용식 등 다양한 소비형태의 발전으로 가정 내 식생활도 외식의 개념으로 자리 잡게 되었다.

외식사업은 '고객들에게 음식과 음료를 판매하여 이익을 창출하여 고용 창출 서비스 사업', '인간이 음식에 대한 욕구를 요리나 음료에 의해서 직접 충족 시켜 주는 사업 활동', '음식물과 휴식장소를 제공하고 원기를 회복시키는 사업'이다.

즉 고객의 필요와 욕구를 충족시키기 위해 일정한 시설과 식음료를 갖추고, 인적서비스를 제공하여 경영관리에 의해 이윤을 추구하여 고용을 창출하는 사업이다.

2. 식품접객업에 의한 분류

식품접객업 종류는 '휴게음식점영업, 일반음식점영업, 단란주점영업, 유흥주점영업, 제과점영업, 위탁급식영업'으로 구분하고 있다. 식품접객업의 종류와 영업형태를 요약하면, <표 2-2>와 같다.

가. 식품접객업의 종류와 영업 형태

1) 휴게음식점영업

음식을 조리·판매하는 영업으로서 음주 행위가 허용되지 아니하는 영업으로 다방, 커피전문점. 주로 빵, 떡, 과자, 아이스크림을 제조, 판매하는 과자점 형태의 영업을 포함한다.

2) 일반음식점영업

음식을 조리, 판매하는 영업으로서 식사와 함께 부수적으로 음주행위가 허용되는 영업

3) 단란주점영업

주로 주류를 조리, 판매하는 영업으로서 손님이 직접 노래를 부르는 행위가 허용되는 영업

4) 유흥주점영업

주로 주류를 조리, 판매하는 영업으로서 유흥종사자를 두거나 유흥시설물을 설치할 수 있고 손님이 직접 노래를 부르거나 춤을 추는 행위가 허용되는 영업

5) 위탁급식영업

집단급식소를 설치, 운영하는 자와의 계약에 의하여 그 집단급식소 내에서 음식류를 조리하여 제공하는 영업

6) 제과점영업

주로 빵, 떡, 과자 등을 제조·판매하는 영업으로 음주행위가 허용되지 않는 영업

표 2-2 식품접객업의 종류와 영업형태

업종	주 영업 형태	부수적 영업 형태
휴게음식점영업	음식류, 조리, 판매	음주행위 금지, 공연 가능
일반음식점영업	음식류, 조리, 판매	식사와 함께 부수적인 음주행위 허용, 공연 가능
단란주점영업	주류, 조리, 판매	손님 노래 가능, 공연 가능
유흥주점영업	주류, 조리, 판매	유흥접객원, 유흥시설 설치 허용 및 음주가무 허용
위탁급식영업	음식류, 조리, 판매	음주행위 금지
제과점영업	음식류, 조리, 판매	음주행위 금지

나. 업종별 시설기준

1) 휴게음식점영업·일반음식점영업 및 제과점영업

(가) 일반음식점에 객실(투명한 칸막이 또는 투명한 차단벽을 설치하여 내부가 전체적으로 보이는 경우는 제외한다)을 설치하는 경우 객실에는 잠금장치를 설치할 수 없다.

(나) 휴게음식점 또는 제과점에는 객실(투명한 칸막이 또는 투명한 차단벽을 설치하여 내부가 전체적으로 보이는 경우는 제외한다)을 둘 수 없으며, 객석을 설치하는 경우 객석에는 높이 1.5미터 미만의 칸막이(이동식 또는 고정식)를 설치할 수 있다. 이 경우 2면 이상을 완전히 차단하지 아니하여야 하고, 다른 객석에서 내부가 서로 보이도록 하여야 한다.

(다) 기차·자동차·선박 또는 수상구조물로 된 유선장(遊船場)·도선장(渡船場) 또는 수상레저사업장을 이용하는 경우 다음 시설을 갖추

어야 한다.

① 1일의 영업시간에 사용할 수 있는 충분한 양의 물을 저장할 수 있는 내구성이 있는 식수탱크

② 1일의 영업시간에 발생할 수 있는 음식물 찌꺼기 등을 처리하기에 충분한 크기의 오물통 및 폐수탱크

③ 음식물의 재료(원료)를 위생적으로 보관할 수 있는 시설

(라) 영업장으로 사용하는 바닥면적(「건축법 시행령」 제119조 제1항 제3호에 따라 산정한 면적을 말한다)의 합계가 100제곱미터(영업장이 지하층에 설치된 경우에는 그 영업장의 바닥면적 합계가 66제곱미터) 이상인 경우에는 「다중이용업소의 안전관리에 관한 특별법」 제9조제1항에 따른 소방시설 등 및 영업장 내부 피난통로 그 밖의 안전시설을 갖추어야 한다. 다만, 영업장(내부계단으로 연결된 복층구조의 영업장을 제외한다)이 지상 1층 또는 지상과 직접 접하는 층에 설치되고 그 영업장의 주 출입구가 건축물 외부의 지면과 직접 연결되는 곳에서 하는 영업을 제외한다.

(마) 휴게음식점·일반음식점 또는 제과점의 영업장에는 손님이 이용할 수 있는 자막용 영상장치 또는 자동반주 장치를 설치하여서는 아니 된다. 다만, 연회석을 보유한 일반음식점에서 회갑연, 칠순연 등 가정의 의례로서 행하는 경우에는 그러하지 아니하다.

(바) 일반음식점의 객실 안에는 무대장치, 음향 및 반주시설, 우주 볼 등의 특수조명시설을 설치하여서는 아니 된다.

2) 단란주점영업

(가) 영업장 안에 객실이나 칸막이를 설치하려는 경우에는 다음 기준에 적합하여야 한다.

① 객실을 설치하는 경우 주된 객장의 중앙에서 객실 내부가 전체적으로 보일 수 있도록 설비하여야 하며, 통로형태 또는 복도형태로 설비하여서는 아니 된다.

② 객실로 설치할 수 있는 면적은 객석면적의 2분의 1을 초과할 수 없다.

③ 주된 객장 안에서는 높이 1.5미터 미만의 칸막이(이동식 또는 고정식)를 설치할 수 있다. 이 경우 2면 이상을 완전히 차단하지 아니하여야 하고, 다른 객석에서 내부가 서로 보이도록 하여야 한다.

(나) 객실에는 잠금장치를 설치할 수 없다.

(다) 「다중이용업소의 안전관리에 관한 특별법」 제9조제1항에 따른 소방시설 등 및 영업장 내부 피난통로 그 밖의 안전시설을 갖추어야 한다.

3) 유흥주점영업

(가) 객실에는 잠금장치를 설치할 수 없다.

(나) 「다중이용업소의 안전관리에 관한 특별법」 제9조제1항에 따른 소방시설 등 및 영업장 내부 피난통로 그 밖의 안전시설을 갖추어야 한다.

4) 위탁급식영업

(가) 사무소는 영업활동을 위한 독립된 사무소가 있어야 한다. 다만, 영업활동에 지장이 없는 경우에는 다른 사무소를 함께 사용할 수 있다.

(나) 창고 등 보관시설

① 식품 등을 위생적으로 보관할 수 있는 창고를 갖추어야 한다. 이 경우 창고는 영업신고를 한 소재지와 다른 곳에 설치하거나 임차하여 사용할 수 있다.

② 창고에는 식품 등을 법 제7조제1항에 따른 식품 등의 기준 및 규격에서 정하고 있는 보존 및 유통기준에 적합한 온도에서 보관할 수 있도록 냉장·냉동시설을 갖추어야 한다.

(다) 운반시설

① 식품을 위생적으로 운반하기 위하여 냉동시설이나 냉장시설을 갖춘 적재고가 설치된 운반차량을 1대 이상 갖추어야 한다. 다만, 법 제37조에 따라 허가 또는 신고한 영업자와 계약을 체결하여

냉동 또는 냉장시설을 갖춘 운반차량을 이용하는 경우에는 운반차량을 갖추지 아니하여도 된다.

② ①의 규정에도 불구하고 냉동 또는 냉장시설이 필요 없는 식품만을 취급하는 경우에는 운반차량에 냉동시설이나 냉장시설을 갖춘 적재고 설치하지 아니하여도 된다.

(라) 식재료 처리시설

식품첨가물이나 다른 원료를 사용하지 아니하고 농·임·수산물을 단순히 자르거나 껍질을 벗기거나 말리거나 소금에 절이거나 숙성하거나 가열(살균의 목적 또는 성분의 현격한 변화를 유발하기 위한 목적의 경우를 제외한다)하는 등의 가공과정 중 위생상 위해발생의 우려가 없고 식품의 상태를 관능검사로 확인할 수 있도록 가공하는 경우 그 재료처리시설의 기준은 규정을 준용한다.

(마) (나)부터 (라)까지의 시설기준에도 불구하고 집단급식소의 창고 등 보관시설 및 식재료 처리시설을 이용하는 경우에는 창고 등 보관시설과 식재료 처리시설을 설치하지 아니할 수 있으며, 위탁급식업자가 식품을 직접 운반하지 않는 경우에는 운반시설을 갖추지 아니할 수 있다.

다. 식당 창업 행정 절차

<그림 2-7>과 같이, 식당 창업을 위한 행정 절차는 ① 신규위생교육(음식업중앙회) ②영업허가 신청(시·군·구청 위생과) ③사업자등록 신청(관할세무서) ④ 건강진단(관할보건소)의 4단계로 이루어지고, 여기에 ⑤ 보험가입까지 하면, 오픈을 위한 준비가 완료되었다.

각 단계별로 구비서류만 잘 갖추면 별다른 어려움 없이 신청할 수 있다. 참고로 ‘영업허가증’이나 ‘사업자등록’은 점포 구입 후 인테리어 공사 중에 신청해야 오픈에 차질이 없다.

그림 2-7 식당 창업 행정 절차

절차	기관	구비서류
1. 신규위생교육 (위생교육필증발급)	음식업중앙회	신분증, 사진(반명함 1매)
2. 영업허가신청	시, 군, 구청 위생과	영업신고신청서, 위생교육필증, 가스사용점검확인필증, 소방필증 (공사시 시공업체와 계약) 건축물관리대장등본 1부
3. 사업자등록증 신청	관할 세무서	사업자등록신청서 1부 임대차계약서 사본 영업허가증 사본
4. 건강진단	관할 보건소	신분증
5. 보험가입	개별 보험회사	

제3절 외식사업의 특성

외식산업은 음식을 조리해서 제공하는 식품제조업에 가까우며 최종소비자와 직결되어 판매하는 소매점 특성을 가지고 있다.

외식산업(food service industry)은 거시경제 관점에서 점포외적 특성이고, 외식사업(food service business)은 미시경제 관점에서 점포내적 특성이라고 한다.

점포외적 특성은 '입지산업, 피플(people)산업, 매뉴얼산업, 프랜차이즈산업, 경영다각화산업'이고, 점포내적 특성은 '입지력, 상품력, 서비스력, 점포력, 브랜드력'으로 구분한다.

1. 점포외적 특성

외식산업의 특성은 노동집약성인 동시에 기능집약성 산업이고, 다품종 소량생산으로 생산구매의 비합리성을 가지고 있다. 상품차별화가 용이한 반면 모방 또한 용이하다. 경영자의 기업이념과 개성 및 역량 등을 포함한 개인적 요소가 경영전반에 미치는 영향이 큰 산업이다.

점포외적 특성은 아래와 같다.

가. 입지산업

입지산업이란 입지의존도가 높고 부동산 가치로 평가되는 산업이다.

건축법은 상업지역과 근린지역으로 구분한다. 상업지역은 도시중심부에 있으며, 대형점포나 전문점 등 상업점포가 집중하고 있는 지구, '휴게음식점영업, 일반음식점영업, 단란주점영업, 유흥주점영업, 제과점영업'이 가능한 지역으로 임대료와 권리금이 높다.

근린지역은 주택가와 인접해 주민들의 생활 편의를 도울 수 있는 시설, '휴게음식점영업, 일반음식점영업, 제과점영업'이 가능한 지역으로 임대료와 권리금이 낮다.

국가는 '상가건물임대차보호법' 제정하여 자영업자를 보호하고 있다.

나. 피플산업

피플산업이란 노동집약적 성격을 가진 인적서비스 의존도가 높은 산업이다. 경제지표로 보면, 외식산업은 고용 창출이 높지만 종사원들이 3D 업종으로 인식하여 이직률이 높은 특성을 가지고 있다.

다. 매뉴얼산업

매뉴얼산업이란 '표준화, 전문화, 단순화'를 전제로 전 부분별 시스템을 구축하는 산업이다. 식당은 '메뉴 레시피, 서비스매뉴얼, 위생매뉴얼, 주방관리매뉴얼, 경영관리매뉴얼' 기타 등등 많은 매뉴얼이 있는 산업이다.

국가는 소상공인들에게 경영매뉴얼 사업을 지원하여 중소기업으로 성장하도록 도와주고 있다. 매뉴얼이 구축되어야 프랜차이즈사업을 진행할 수 있다.

라. 프랜차이즈산업

외식사업은 체인화가 용이한 산업이다. 외식산업의 꽃은 프랜차이즈사업을 구축하는 것이다. 경영자는 경영 노하우와 시스템으로 직영점을 성장시켜 다점포 전개가 가능한 산업이다.

국가는 가맹사업진흥시책의 수립, 가맹사업의 진흥 및 지원, 가맹사업의 창업지원 등에 관한 '가맹사업 진흥에 관한 법률'을 제정하여 가맹사업을 체계적으로 지원하여 차세대 성장 동력 산업으로 육성하고 자영자의 가맹사업화를 유도하여 국민경제의 안정에 이바지 하고자 한다.

마. 경영다각화산업

외식사업은 복합 산업의 최종 산물이다. 식당과 연계된 산업은 '서비스, 식품, 식자재 유통, 부동산, 주방기기, 위생, 경영관리, POS기기, 인테리어, 패션'을 종합한 예술 첨단 산업이다.

1차 산업의 농수산물을 가지고 2차 산업의 주방기기를 사용하여 3차 산업의 서비스와 POS기기를 이용하여 4차 산업인 로봇이 패티를 굽고, 로봇 바리스타의 등장, 드론으로 배달하는 산업이다. 또한 6차 산업도 포함한다.

6차 산업은 1, 2, 3차 산업을 복합해 농가에 높은 부가가치 발생시키는 산업이다. 다시 말해, 1차 산업의 농림수산업, 2차 산업의 제조·가공업, 3차 산업의 서비스업을 복합한 산업이다. 6차 산업은 농산물을 생산만 하던 농가가 상품을 가공하고 향토 자원 이용해 체험 프로그램 등 서비스업으로 확대시켜 높은 부가가치를 발생시키는 산업을 말한다.

2. 점포내적 특성

<그림 2-8>과 같이, 점포내적 특성은 '입지력, 상품력, 서비스력, 점포력, 브랜드력'을 차별화하여야 경쟁력이 있다.

그림 2-8 점포내적 특성

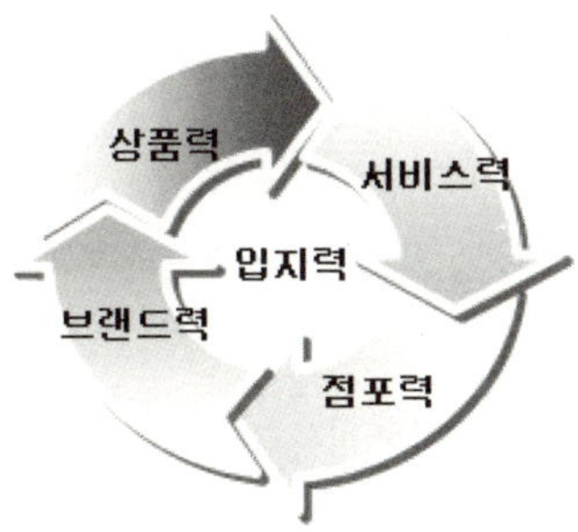

점포내적 특성은 식당 이미지 구성차원을 고객 인식 수준에 의해 결정된다. <표 2-3>에 대한 고객의 '긍정적 이미지인지, 부정적 이미지인지'에 대한 인식이 점포내적 특성의 차별화를 결정한다.

표 2-3 식당 이미지 구성차원

소비환경	이미지 구성차원
정보탐색	촉진, 관리자의 도덕성, 점포의 명성, 자녀의 기호
쇼핑, 구매, 소비	음식의 품질, 청결, 장식, 다양한 메뉴, 친절, 가격, 주차시설, 분위기, 소음, 의자의 안락함, 진열, 서비스 신속성, 점포입지, 조명, 고객형태, 배경음악, 종업원 유니폼, 음식의 영양, 대기시간, 점포의 외모
처분	빈 그릇 처리, 남은 음식처리

가. 입지력

식당은 부동산업이다. 식당은 상권과 일치하는 메뉴 아이템으로 표적 고객을 공략하는 사업이다. 식당은 점포를 가지고 영업하는 사업으로 영업 권리금과 시설 권리금 그리고 바닥 권리금에 의해 산정되어 부동산 가치로 평가되는 사업이다.

점포 개설할 때, 투자 대비 수익성을 고려하고, 개점하기 전에 입지환경 조사 및 동종업계 현황, 상권 분석을 하여야 한다.

나. 상품력

상품력은 음식의 맛, 신선도 그리고 가격에 민감한 사업 특성을 가지고 있다. 메뉴는 경쟁력 우위의 차별성을 가져야 한다. 차별화는 경쟁식당들이 모방할 수 있으므로 지속적인 변화를 주어야 한다.

메뉴는 고객 취향에 맞아야 하고, 맛의 품질과 데커레이션의 감각성을 가져야 한다.

한국은 미국 쉐이크쉑(shake shack) 매장이 한국시장에 상륙하면서, '맥도날드, 버거킹, 롯데리아, KFC' 기타 등등 패스트푸드 시장이 전쟁터를 방불케 한다. 주목할 것은 공룡기업과의 경쟁에서 차별화한 한국 토종 브랜드 맘스터치(MoM's TOUCH)의 성장이다.

약 20여 년 전, 새로운 브랜드의 햄버거 가게 두 곳이 문을 열었다. 서울 쌍문동에 매장을 연 '맘스터치'와 서울 압구정동에 첫 둥지를 튼 '크라제버거'가 그 주인공이다.

똑같이 수제버거를 만들던 두 업체의 운명은 어떻게 됐을까? 2015년 전년 대비 2배를 뛰어넘는 1,500억 원의 매출을 기록하였다. 토종 수제버거 크라제버거는 기업LH에게 상표권과 일부 자산을 10억 원대 가격에 팔았다. 두 브랜드의 운명을 가른 것은 '가성비'였다.

크라제버거는 몇 년 전까지만 해도 연인들의 데이트 장소로 인기를 끌며 고급 버거 시장을 선도했지만 패스트푸드업계의 저가공세 밀려 결국 쓰러지고 말았다.

이와는 반대로 2004년 매년 6억 원씩 적자를 내던 맘스터치는 가성비를 앞세운 중저가 전략으로 이제 1,070개 가맹점을 자랑하고 있다.

<그림 2-9>와 같이, 실패하였지만 한국 토종브랜드가 미국 캘리포니아주 콘코드 지역에서 미국 1호점의 영업을 시작하면서 미국 버거 시장에 도전장을 냈다. 이 지역은 다양한 음식점이 밀집돼 있어 이른바 '먹자골목'으로 불리는 상권으로, 버거 매장으로는 유일하다는 게 회사 측 설명이다. 현지 고객은 물론 관광객까지 다양한 고객들의 방문이 이어질 것으로 기대하는 모습이다.

맘스터치의 성공요인은 상품경쟁력과 가맹점 수익이다. 상품경쟁력은 냉장육 패티로 만든 3,200원 버거 제품을 고객가치의 극대화였고, 가맹점의 지속적 매출 신장 및 수익성 확대, 상시 마케팅 분석을 통하여 트렌드에 따른 고객선호 메뉴를 지속적인 개발이다.

그림 2-9 맘스터치 매장

다. 서비스력

식당은 고객만족경영을 실천할 수 있는 종사원을 채용하여야 한다. 종사원은 6대 포인트(용모, 복장, 서비스 화법, 인사, 전화예절, 웃는 표정)를 갖추고 주인의식이 있어야 한다.

서비스의 효율성은 적은 종사원 인원으로 최고의 서비스가 가능하도록 매뉴얼을 구축해야 한다. 매뉴얼 구축을 위해서 무엇보다도 종사원 개개인의 서비스에 대한 능력향상과 그를 위한 훈련과 교육을 철저하게 해야 한다. 꾸준히 계속해야 한다.

다음으로 일하기 편한 홀, 움직이기 편한 홀 동선, 갖가지 기기, 기구의 배치를 재검토해야 한다.

한사람이 한 시간에 얼마의 매상을 올리는가, 서비스를 했는가를 수치로 체크해야 한다. 이것을 인시(人時)매상고라 한다. 인시매상고의 관리는 시간대별 직원들의 매출을 측정할 수 있다. 그러면 직원이 필요한 시간대 더 많은 직원을 배치하여 적정 수준의 인적관리가 가능하다.

라. 점포력

점포설계의 효율성은 희귀한 디자인이 아니라, '맛있는 요리를 만드는 점포를 만들고, 마음으로부터의 서비스가 가능한 점포 만들고, 마음으로부터의 서비스가 가능한 점포와 효율적으로 이익이 나도록 돈을 버는 점포를 만들어야'한다.

직원들이 일하기 편리하고 능률적인 식당(홀과 주방)을 만들어야 하고, 음식의 맛뿐만 아니라 분위기와 점포가 청결해야 한다.

경영자 자신이 '점포는 적은 돈으로 만드는 것'이라는 잘못된 생각을 하는 경우가 있다. 앞에서 설명한 것처럼 싼 물건만 가득 찬 주방으로 점포를 효율화할 수 없다. 점포를 싸게 개조하더라도 그것이 함부로 사용되거나 잘못 다루면 당연히 효율성이 떨어진다.

- 점포의 설계는 메뉴와 목표고객의 취향의 콘셉트가 정확히 일치되어야 한다.
- 능률적인 조리작업을 할 수 있도록 충분한 공간 확보와 적정위치에 설치되어야 한다. 시간과 동작을 연구하여 직원들의 작업동선을 우선적으로 고려해야 한다.
- 청결성을 유지해야 한다.

라. 브랜드력

영화 파운드(Founder) 장면, 레이크록(Ray Kroc)은 270만$를 맥도날드형제에게 지불하고 일체의 권리를 사들었다. 화장실에서 딕 맥도날드는 레이 크록에게 "당신은 모든 시스템을 알고 있으면서 왜 창업하지 않았습니까?", 레이크록은 "시스템이 아니라 '맥도날드' 브랜드 가치에 270만$를 지불"하였다고 대답하였다.

브랜드 가치는 매출에 영향을 미치고, 고객 선호도를 높이는 중요한 요소이다.

그림 2-10 레이크록

브랜드란 보통 특정 기업의 제품이나 서비스를 식별하는 데 사용되는 명칭·기호·디자인 등을 총칭하는 말이다. 브랜드 가치란 그 브랜드를 일정한 객관적인 기준에 따라 값을 매긴 것이다.

연구결과, 소비자는 물리적 속성으로 객관적인 품질보다는 감성적인 힘을 추구한다. 즉 브랜드를 보고 구매의욕을 느낀다는 분석이 나온 바 있다.

오늘날 브랜드란 기업의 보이지 않는 무형 자산 중에서도 매우 중요한 자산으로 자리매김하고 있다.

특히 세계화시대, 글로벌 경제 체제로 재편되면서 국내 브랜드를 가진 외식사업체도 국내가 아닌 세계무대로 옮아가게 됐다. 이에 따라 개개 식당의 품질 평가보다는 브랜드 가치 평가에 따라 경쟁의 승패가 갈라지는 현상이 일반화되고 있다. 브랜드 가치의 중요성은 글로벌 경제시대에 더욱 커지는 것이다.

브랜드 자산(customer-based brand equity)은 브랜드와 친숙할 경우에 발생을 하고 기억 속에서의 호의적이고 강하며 독창적인 브랜드 연상을 가진다.

식당의 브랜드에 의해 추가된 가치로 정의하면, '음식은 기능적 혜택을 제공하는 것이고, 브랜드는 기능적 목적을 능가하는 음식의 가치를 제고시키는 상호 명, 상징물, 디자인, 마크'를 의미한다.

제 3 장 돈 버는 데는 프랜차이즈 사업

제 1 절 프랜차이즈 경영

1. 프랜차이즈의 개요

외식사업 경영방식은 소유 직영 방식과 프랜차이즈 사업으로 구분한다.

소유 직영방식은 경영자 자신이 직접 투자하여 점포를 개설하고 직원을 채용하여 영업 방식이다. 프랜차이즈 사업은 똑같은 메뉴, 똑같이 생긴 점포, 비슷한 가격, 같은 로고로 여러 점포를 운영하는 영업 방식이다.

소유 직영 방식의 장점은 수익성이 높고 통제가 용이하고, 판매촉진에 대한 의사결정이 빠르다. 경영전략 변화에 대응이 빠르고 피드백이 쉽다. 경영자가 재량권이 있고, 법적 문제에 대응 용이하다.

단점은 적은 자본금으로 운영하기 때문에 재무적인 위험이 있고, 인력 수급의 어려움이 있다. 경영자의 역량에 많이 좌우한다.

모든 체인사업의 본부는 대부분 처음에는 소유 직영 방식으로 1개의 점포를 운영한다. 식당경영 노하우와 시스템이 구축되면 다점포로 체인

사업을 전개한다.

체인사업은 '단일자본에 의한 직영점(regular chain), 임의적 체인점(voluntary chain) 프랜차이즈 체인((franchise chain)'으로 구분한다.

단일자본에 의한 직영점은 단일자본 및 동일 경영자에 의해 설립된 체인점을 말한다. 이는 외식사업체가 독자적으로 자기자본 전액을 출자하여 체인 형태를 확장해 가는 방식으로 자기자본에 의한 다점포화를 의미한다.

임의적 체인점은 독립자본에 의한 다수의 소매점이 모여서 각자가 갖고 있는 기능의 일부를 체인 본사에 위탁하여 프랜차이즈 시스템을 갖추고 영업을 하는 방식이다.

프랜차이즈 체인은 체인본사와 각 가맹점이 모두 독립 자본에 의한 경영이지만 경영 주체는 체인본사이다. 가맹점은 본사 경영 의사결정에 참여할 수 없는 시스템이다.

찰스 본은 '유형 또는 무형의 상품을 가진 회사가 그들의 상품을 일반대중이나 시장에 공급하는 경로를 가지고 있는데 그 방법 중 하나가 프랜차이징'이라 하였다.

프랜차이즈(franchise)의 단어는 프랜차이징(franchising)이라는 말에서 유래되었다. 이 단어는 '노예 상태로 부터 해방(freedom from servitude)'을 의미한다. 원래 프랑스어에서 유래되었다. 이는 중세 가톨릭 성당이 세금을 징수하는 관리에게 부여한 권리인데, 이들이 일정한 몫은 자신의 수입으로 하고 나머지는 교황에게 납부했던 데에서 유래하였다.

이러한 개념은 영국에서 18세기까지 쓰여 지다가 19세기 중반에 들어와서 미국으로 전해졌다. 19C말 미국에서 양키페드라(행상인)에게 일정지역의 특정상품 독점판매권을 준 것으로부터 시작되었다.

1863년경 미국 싱거쏘잉미싱(singer sewing machine)이 도입하였다. 싱거쏘잉미싱은 자신의 재봉틀을 전국에 판매하기 위해 소매업자들과 계약을 맺고 프랜차이즈 개념을 도입하게 되었다. 총체적 비즈니스 프랜차이즈라기보다는 일종의 판매방식에 가까웠다.

외식서비스 업계에는 A&W가 1919년에 창립 후 자사가 개발한 신상품인 청량음료 '루프비어' 판로확대를 위하여 1925년부터 프랜차이즈 시스템을 구축한 것이 최초이다. 외식기업인 마리옷도 1927년에 가맹점이 시스템 도입 후 크게 성장하였다. KFC, 맥도날드, 피자헛은 모두 1950년대에 등장한 프랜차이즈들이다.

한국의 프랜차이즈는 1977년 '림스(신세계백화점 식품부)'에서 림스치킨을 탄생시켜 외식 프랜차이즈가 시작되었다. 1979년 '롯데리아'가 본격적인 총체적 비즈니스 프랜차이즈의 장을 열었다. 이러한 롯데리아의 성공에 힘입어 80년대부터 현재까지 패스트푸드, 면류, 양념 치킨류, 제과점, 도넛, 커피전문점, 피자, 쌀국수, 와인, 일본라면, 단팥빵 등 프랜차이즈가 증가하고 있다.

그림 3-1 림스치킨

자료 : 홈페이지

2. 프랜차이즈사업의 특성

가. 프랜차이즈사업의 이해

프랜차이즈사업이란 프랜차이저(franchisor, 체인본사)가 프랜차이지(franchisee, 가맹점)에 '교육, 식자재 공급, 물류 공급, 영업, 관리, 인테리어, 주방설계, 점포개설' 등의 노하우를 브랜드와 함께 제공하여 사업을 영위해 나가는 관계를 말한다.

식음료사업의 원자재가 되는 농산물이 풍부하고 가격이 싼 미국이 식음료사업 프랜차이즈의 발상지라고 보아도 무리가 없다. <그림 3−2>와 같이, 실제 세계 식음료사업 프랜차이즈의 95% 정도는 미국에 본부를 두고 있다. 맥도날드 햄버거를 비롯하여 수많은 치킨 전문점, 피자 전문점, 스테이크 전문점 등등 이름 있는 프랜차이즈 식당만도 대단히 많다.

그림 3-2 글로벌 프랜차이즈

나. 프랜차이즈사업의 시스템

체인본사의 브랜드가 히트한다든지, 물류공급이 완벽하다든지, 경영방식이 독특하다든지 또는 아이템이 기발하여 매스컴이나 예비가맹 점주들에게 관심을 끌게 되면 짧은 기간 안에 많은 가맹점을 모집할 수 있다.

일단 그렇게 되면, 각 가맹점들로부터 받은 가맹비, 로열티, 물류공급 마진, 인테리어 설비 마진 등 다양한 형태의 수입이 발생하고, 가맹점들이 각 지역에 전진 배치되어 소비자와 직접 접촉함으로써 광고효과도 극대화시킬 수 있다.

경우에 따라서 아이템이 성공하면 해외 진출 가능성도 높아지기 때문에 그에 따른 실익도 생길 수 있다. 본사의 신용도가 높아져 제2의, 제3의 프랜차이즈 사업이 용이하다.

결국 하나의 프랜차이즈 사업의 성공은 다른 사업과 연계하여 수백 배의 수익 창출이 가능하다. 그래서 프랜차이즈사업은 아이디어의 황금시장이고, 부자로 만드는 지름길이다.

프랜차이즈 시스템은 프랜차이즈 사업자가 상품의 제조기술, 영업방식 등을 가맹점에게 제공하고, 그 대가로 로열티를 받거나 영업이익을 나누는 유통방식을 말한다.

<그림 3-3>과 같이, 상호, 상표, 기술을 가진 자가 계약을 통해 다른 사람에게 '상표의 사용권, 제품의 판매권, 기술 등을 제공한 대가로 가맹비, 보증금, 로열티' 등을 받는 시스템을 말한다.

그림 3-3 프랜차이즈 시스템

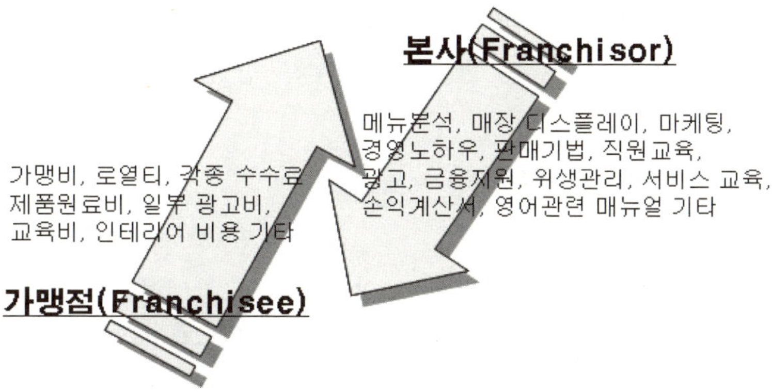

본사는 가맹점에게 특정한 장소에서 일정기간 동안 약정된 방법 하에 영업할 독점 권한을 부여하여 영업하는 방식이다. 경영방식은 2개 이상의 점포를 다른 장소에서 운영한다.

이때 점포는 같은 인테리어로 동일한 경영기법, 동일한 상품, 동일한 서비스 수준을 갖추고 효율적인 규모의 경제가 적용된다. 즉 외식체인기업의 핵심은 다점포를 통한 효율성 향상이다.

가맹점은 프랜차이즈 가입 전에 알아야 할 사항, 프랜차이즈 가맹 희망자가 본사로부터 받는 피해를 예방하거나 구제하기 위해 정부가 '가맹사업 거래의 공정화에 관한 법률' 제도를 시행하고 있지만, 이를 아는 예비창업자들이 많지 않아 주의가 요망된다. 이 법의 주요 내용은 정보공개서 제도, 분쟁조정 제도, 가맹상담사 제도 등이다.

1) 정보공개서

정보공개서는 본사의 사업의 건전성과 가맹점의 부담 및 권익에 관한 사항, 가맹계약의 해제·해지·갱신에 곤란한 사항 등을 구체적으로 수록하여 책자로 엮는 문서이다.

가맹금 예치제 및 가맹본부의 정보공개서 등록제를 도입하고, 등록된 정보공개서 제공을 의무화함으로써 가맹점 창업자의 피해가 없도록 하였다.

가맹희망자가 문서로 정보공개서를 신청하면, 본사는 가맹 희망자에게 가맹계약을 체결하기 최소 5일 전, 또는 최초의 가맹점을 지급하는 날부터 5일 전 빠른 시점에 이 정보공개서를 제공해야 한다. 이때 유의해야 할 것은 정보공개서는 반드시 '문서'로 신청해야 한다.

2) 분쟁조정 제도

가맹본부가 가맹점사업자의 영업구역을 침해하는 행위를 불공정거래행위로 규정하고, 가맹점사업자의 계약갱신요구가 가능하도록 하는 등 가맹점사업자 보호도 강화하였다. 또한 현재 분쟁의 일방 당사자인 가맹본부의 사업자단체에 설치되어 공정성 시비가 끊이지 않던 가맹사업거래분쟁조정협의회를 전문적이고 중립성을 갖출 수 있는 한국공정거래조정원으로 이관하였다.

3) 가맹사업거래상담사

가맹사업거래상담사의 명칭을 '가맹거래사'로 변경하고, 업무범위에 '정보공개서 등록신청 대행' 및 '분쟁조정신청 대행' 업무를 추가하여, 가맹거래사 제도가 활성화될 수 있는 기반을 마련하였다.

다. 프랜차이즈사업의 경영 특성

인간은 잘 살고 싶어 하는 욕구를 모두 가지고 있다. 돈을 버는 방법도 다양하다. 돈을 버는 방법은 봉급을 받아서 재테크 금융상품에 투자하거나 주식투자, 부동산 투자, 재건축 및 상가 투자 등 다양하다.

만약 점포 3개 정도만 있어도 노후 생활이 걱정이 없다. 이것이 다점포다. 다점포화는 프랜차이즈사업을 말한다. 프랜차이즈 사업으로 부자되는 방법을 설명하려 한다. 프랜차이즈는 내가 잠자고 있는 순간에도 누군가가 돈을 벌어주는 사업이다.

사업하면 돈을 벌어야 한다. 돈 버는 데는 프랜차이즈사업이 최고다(박주관, 2003). 프랜차이즈 사업은 황금시장이다. 아이템이 성공하면 갑부가 될 수 있다. 직영점이 성공하면, 모델 점포로 시스템이 구축하고 아이템을 차별화시키면 프랜차이즈사업으로 성장할 수 있다.

본사가 상품과 서비스를 브랜드하여 가맹점에게 교육지도 각종 노하우를 제공한다. 가맹점은 노하우를 얻는 대신에 본사에 대해서 로열티, 가맹비를 지불한다. 본사와 가맹점은 공동 목표를 달성하기 위해 사업을 운영하는 시스템이다. 이것이 프랜차이즈 시스템이다.

프랜차이즈사업의 매력은 아이디어의 황금시장이다. 외식사업은 물론 유통업은 수입한 상품으로 프랜차이즈를 전개할 수 있고, 제조업은 자신이 만든 기계로 프랜차이즈 사업이 가능하고, 인테리어 업자는 자신의 인테리어를 가지고도 프랜차이즈 사업 가능하다. 아이템이 있는 곳은 프랜차이즈 사업이 있다.

프랜차이즈 사업의 매력은 최소 투자로 최소의 인원으로 최대 이윤을 창출하는 사업이다. 만약 1억짜리 점포를 가지고 있는 본사는 100개의 가맹점 있다면, 본사는 100억 투자하지 않고도 100억 자본금을 가지고 운영하고 있는 것이다.

우리나라에서 성공한 프랜차이즈사업체는 글로벌 비즈니스가 가능하다. 즉 성공한 외식사업체는 세계로 진출하여 사업을 전개할 수 있는 매력이 있다. 한식 패밀리 레스토랑 불고기 브라더스가 캐나다 업체와 프랜차이즈 계약을 맺고 캐나다에 진출하여 브랜드 사용권과 조리법 등을 제공하는 대가로 매장 한 곳당 6만 달러와 매출액의 4%를 로열티를 받고 있다.

프랜차이즈사업은 경영효율을 높이기 위해 체인 본사의 관리 통제 하에 운영되고 있으며, 상품도 본사에 의해 통일적·정형적으로 기획되는 등 프랜차이즈사업의 경영 특성을 갖고 있다.

프랜차이즈사업의 경영 특성을 좀 더 구체적으로 살펴보면 다음과 같다.

1) 체인 본사의 관리 통제

각 가맹점은 체인 본사의 통일적 경영 방침에 따라 관리·운영되므로 경영관리 기능은 체인 본사에 집중되어 있다. 각 가맹점은 판매 기능을 주요 기능으로 하고 있다. 이와 같이 통일된 경영방침에 따라 판매기능을 분산하는 것은 체인사업의 조직 운영에 있어서 매우 중요한 요소이다.

2) 머천다이징의 통일성

가맹점에 제공되고 있는 상품은 정형화·표준화되어 있는 상품이기 때문에 제공 방법도 표준화되어 있어야 한다. 또한 상품에 있어서 머천다이징의 집중화와 동질화를 전제로 하기 때문에 각 가맹점에서 제공되는 상품은 각 가맹점에서 기획한 것이 아니라 체인 본사에서 통일적·정형적으로 기획되어야 한다.

3) 최저 점포 수

프랜차이즈사업은 시스템화하여 체인사업으로서의 역할을 다하기 위해서는 최소한의 점포의 수가 확보되어야 한다. 종전에는 점포 수 6개 이상을 국제기준으로 정할 때도 있었다. 지금은 최저 11개 이상의 점포가 있어야 국제기준에 합당한 프랜차이즈 사업으로 인정한다.

따라서 체인사업을 한마디로 정의하면 '동일 상품을 취급하여, 11개 이상의 점포를 체인 본사가 통제하는 고도의 표준화를 달성한 시스템을 가지고 전체의 판매력과 시장점유율을 강화해 나가는 소매 조직'이라고 할 수 있다. 결국 체인사업은 체인 본사에 경영관리 기능이 집중되어 있다. 판매 기능은 가맹점으로 분산되는 특수한 성격을 가진 조직이라는 점에서 독창적인 특징을 가지고 있다고 볼 수 있다.

4) 표준화·단순화·규격화

가맹점이 많이 확보되어 체인사업의 매력을 느꼈다 하더라도 비용절감이 이루어지지 않은 상태에서 무계획적으로 참여한다는 것은 문제가 있다. 계획도 없이, 표준화 되지도 않은 상태에서 가맹점만 개설하게 되면, 체인 본사는 그 기능을 제대로 발휘할 수가 없다. 오히려 인원과 경비만 늘어 결국 다점포화의 장점은 없어지고, 본래의 체인사업 경영 자체도 곤란해진다. 결국 체인사업은 대량생산 방식의 제 원리를 도입한 것이다. 따라서 프랜차이즈 시스템을 갖추지 않은 채 종래의 소매업 경영을 확대하여 규모만 더 큰 상태로 운영하는 형식이 되어서는 안 된다는 사실을 명심해야 한다.

라. 프랜차이즈의 장단점

1) 장점

(1) 소규모 투자 가능

본사로부터 장비 대여 및 초기 투자비 지원을 받을 수 있기 때문에 상대적으로 소액의 자본으로 시작할 수 있다.

(2) 저렴한 가격에 원자재 공급

본사는 여러 개 가맹점들의 원자재를 한꺼번에 구입하기 때문에 비교적 저렴한 가격으로 개별 가맹점에게 공급한다. 또한 시장 상황에 따라 급변하는 원자재를 비교적 안정된 가격으로 공급받을 수 있다. 특히 품목별로 가맹점이 직접 구입해야 하는 수고도 덜 수 있다.

(3) 실패의 위험성이 낮다

본사의 경험과 노하우를 이용하기 때문에 경험이 없는 개인이 처음 시작하는 사업에 비해 위험성이 상대적으로 낮다. 미국의 경우 프랜차이즈 성공률이 매우 높아서 개인 사업을 시작해서 1년 이내 실패할 확률이 38%인 반면 프랜차이즈 사업의 실패율은 3%에 불과한 것으로 나타났다. 이는 개인 자영업에 비해 프랜차이즈 사업 성공률이 10배 이상 높다고 할 수 있다. 1년 이후의 실패율도 프랜차이즈가 개인 사업에 비해 현저히 낮다.

(4) 광고 효과

프랜차이즈의 경우 이미 시장에 알려진 상품을 다루기 때문에 별도의 광고 없이도 고객들이 인정하고 찾게 된다. 개인의 소규모 투자로는 엄두도 낼 수 없는 전국 일간지 규모의 광고, 수준 높은 인테리어와 간판, 홍보 전단 기타 등등까지 할 수 있다.

(5) 본사의 노하우를 전수

본사는 교육이나 매뉴얼 형태로 나름의 독특한 노하우를 가맹점에게 전수한다. 여기서 교육은 가맹점주와 종사원들까지 포함한다. 매뉴얼은 개점 준비에서부터 물품 구매, 홍보, 자금 관리에 대한 전반적인 내용이 포함되어 있다. 따라서 비록 처음 시작하는 사업이라도 본사의 교육 내용과 매뉴얼에 따라 운영을 한다면 시행착오 없이 사업을 수행해 갈 수 있다.

(6) 자금 보조

상황에 따라서 본사가 상호 이익이 된다면 상품을 외상으로 공급해 주거나 기계를 임대해 주기도 한다. 또 자금력이 풍부한 프랜차이저의 경우 성장 가능성이 있는 가맹점에게는 점포 개설 비용을 융자해 주기도 한다. 따라서 자본이 넉넉하지 못한 주부 부업이나 직장인들이 자금 보조를 받을 수 있다.

(7) 관리 업무를 지원

일반인이 직접 창업할 경우 여러 가지 행정절차와 관리 업무로 사업을 시작하기도 전에 난관에 봉착하는 경우가 많이 있다. 프랜차이즈에 가입할 경우, 본사에서 사업자 등록에서부터 허가 절차, 개점 절차에 대한 교육과 지원을 해주기 때문에 빠른 시간에 효과적으로 사업을 시작할 수 있다. 또한 사업을 실제 운영해 가면서 생기는 여러 가지 관리상의 문제를 본사에 앞선 사례들을 통해 이미 준비한 절차에 따라 지원해 주기 때문에 관리의 부담을 덜 수 있다.

(8) 환경변화에 빠르게 대응

본사에서는 전문 인력을 통해 지속적으로 시장 변화를 관찰하고 이에 맞는 신제품을 개발하여 프랜차이지에게 공급하기 때문에 시장 변화에 빠르게 대응할 수 있다. 개인 사업의 경우 현재 사업을 이끌어 가는 동시에 시장 변화에 따라 신제품 개발까지 해야 하는 어려움이 있지만 가맹점은 이러한 시간과 노력을 절약해 준다.

2) 단점

(1) 로열티 부담

본사는 계약에 의해 정기적으로 가맹점에게 로열티를 납부해야 한다. 이러한 로열티는 초반에는 여러 가지 지원을 받기 때문에 별 문제가 없지만 점차 시간이 지나면서 큰 부담이 될 수도 있다.

(2) 지역 특성 고려되지 않다

가맹점은 본사의 경험을 바탕으로 만들어진 체제로 어느 특정 지역에서는 그 운영 방식이 맞지 않을 수도 있다. 하나의 일관된 운영 방식을 적용하므로 이러한 방식이 맞지 않는 경우 손해를 볼 수도 있다.

(3) 사업의 독립성

가맹점은 본사의 상품, 서비스, 판매전략, 경영 철학에 동의하고 이를 준수한다는 전제를 갖고 있다. 따라서 가맹점의 독자적인 아이디어나 경영 철학을 관철시키기가 어렵다. 또한 상품 개발이나 서비스 개선에 대한 독자적 변화 추구도 어렵다. 창의력과 독립적 성향이 강한 사람은 종종 본사의 관리가 간섭으로 느껴져 좌절감을 느낄 수도 있다.

(4) 본사 지원의 문제

대부분 가맹점에서 가장 문제가 되는 것으로 본사가 계약 당시에 한 약속을 제대로 이행하지 않거나 계약 만료 전에 도산하는 경우이다. 특히 한국의 경우, 프랜차이즈 본사의 신뢰도를 측정할 수 있는 어떠한 기준도 나와 있지 않기 때문에 많은 프랜차이지가 위험에 노출된 상태이다. 또한 외국에서 들여온 프랜차이즈의 경우, 미국 본사와 국내 도입 회사 사이의 기업간 분쟁으로 인해 프랜차이지가 뜻밖의 손실을 입을 수도 있다.

(5) 거래처가 제한

대부분의 가맹점은 상품뿐만 아니라 인테리어, 광고, 간판 등에 대해서 특정 업체와 계약하고 여기서 구입할 것을 요구하고 있다. 프랜차이저 입장에서는 일정한 품질을 유지하고 일괄 발주를 통해 단가를 낮춘다는 의미가 있으나, 프랜차이즈지 입장에서 더 저렴하고 더 우수한 업체가 있음에도 방침을 따라야 한다는 것이 부담으로 작용할 수도 있다.

(6) 다른 가맹점으로부터 악영향

하나의 상호를 걸고 여러 가맹점이 영업을 하기 때문에 어느 한 프랜차이지가 불친절했거나 부도덕한 행동을 했을 경우 다른 프랜차이지에게 손해를 입힐 수도 있다.

(7) 광고비의 과다 지출

본사는 한 개의 가맹점도 더 가입시키기 위해 무리한 광고를 감행하는 경우가 있다. 또한 프랜차이지들이 지속적인 광고 지원을 요구하기 때문에 떠밀려서 광고비를 과다하게 지출하는 경우도 있다. 이러한 과다한 광고비 지출은 프랜차이저 도산의 큰 원인이 되고 있다.

(8) 계약 해지의 문제

계약서에 의하면 프랜차이지가 계약 조건을 준수하지 못할 경우 계약 해지의 사유가 된다. 그러나 실제 계약을 해지하기란 쉽지가 않다. 이미 자신의 상표를 내건 점포이기 때문에 막상 계약을 해지하고자 하면 여러 가지 문제점이 나타나기 때문이다.

프랜차이즈 가맹 계약금으로 일정금액 납부 후, 해약을 하려고 할 때 프랜차이즈 가맹 계약 초기에 문제가 생겨 해약하고자 하는 경우 미리 낸 가맹금이나 중도금, 잔금의 환불을 놓고 분쟁이 벌어지는 경우가 종종 있다. 보통 가계약 상태에서 점포 탐색비용에 대한 보상기준을 약속하지 않았다면 해약할 때 계약금 전액을 돌려받을 수 있다.

계약 완료 후 해지하려고 할 때, 최근에는 예치제도로 거래가 이루어져 본사에서 관계기관에 계약금을 예치하게 되어있다. 이럴 경우, 본사에서 계약위반일 때는 가맹비용을 돌려받을 수 있다. 그렇지 않을 경우, 가맹비는 점포를 구하기 전에 해약하면 최소한의 개점 지원비를 빼는 선에서 해답을 찾을 수도 있다.

인테리어 공사가 진행되거나 설비가 납품되는 상황에서는 문제가 복잡해져 비용의 대부분을 점주가 책임져야 하니 유의해야 한다.

(9) 사업 추진의 한계

가맹점 입장에서는 시장 변화나 경쟁사 움직임에 따라 신제품 개발, 판매 전략의 변화 등이 필요한 때에도 소신껏 추진할 수 없다는 단점이 있다.

3. 프랜차이즈 사업의 성공 전략

가. 프랜차이즈 사업의 성공 조건

프랜차이즈 사업은 일반적으로 알려진 체인점이나 대리점과는 조금의 차이가 있다. 프랜차이즈를 구입하는 것은 사업체를 구입한다는 개념보다는 사업하는 방법을 산다는 의미로 파악을 해야 한다. 프랜차이즈 사업의 성공 조건은 아래와 같다.

1) 아이템의 차별화

본사가 가지고 있는 아이템은 어느 외식사업체도 모방할 수 없는 핵심적인 아이템 노하우를 가지고 있어야 한다. 프랜차이즈 사업은 모방할 수 없는 아이템을 가지고 있어야 한다. 국내에서 성공한 아이템은 국제화된 브랜드로 성장 시킬 수 있다.

2) 시스템 구축

프랜차이즈 사업은 시스템 사업이다. 시스템은 매뉴얼이다. 시스템의 전제는 본사가 체계적으로 갖추어야 한다. 갖추어야 구체적으로 본사가 필요한 것은 구체적으로 살펴보면 다음과 같다.

- 상품서비스 개발 능력 기능
- 식재료 개발 공급 기능
- 기본 인력 공급 및 교육할 수 있는 기능
- 홍보 판매촉진 기능
- 점포 개발 기능
- 금융 알선 기능
- 경쟁업체의 가맹점 경영노하우 파악할 수 있는 기능

- 오픈 후 점포 활성화 시킬 수 있는 컨설팅 기능
- 경영위기 부진 점포 치유 관리할 수 있는 기능

본사는 9가지 기능의 시스템 구축이 필요하다. 시스템은 프랜차이즈 사업에서 매우 중요하다. 시스템은 매뉴얼이다. 본사는 체계적인 매뉴얼을 작성하여야 한다.

3) 충분한 자금력

본사는 충분한 자금력을 가지고 있어야 한다. 프랜차이즈 사업은 충분한 자금력이 없는 경우 계획대로 가맹점이 모집되지 않으면 실패할 수도 있다.

4) 유능한 인재 확보

프랜차이즈 사업 성공은 유능한 인재를 확보이다. 관리자뿐만 아니라 직원까지 인재가 있어야 한다. 본사는 시스템 구축할 수 인력, 기획전문 인력, 가맹점 모집 상담영업 인력, 점포와 상권분석 인력, 위생 및 서비스 지도 관리할 수 있는 수퍼바이저 인력이 필요하다. 이런 인재를 확보하고 훈련시켜야 한다.

5) 가맹점 모집

원활한 가맹점 모집이다. 우수한 가맹점이 모집 필드에서 사업 잘 돼야만 성공할 수 있다. 점포의 수를 늘리는 것보다 양질의 우수한 가맹점 모집이 프랜차이즈 사업의 열쇠이다.

6) 승-승 전략

본부와 가맹점은 윈－윈(win－win) 전략을 가져야 한다. 윈－윈 전략은 본사와 가맹점이 원만한 협력관계를 유지하고, 서로 협력하는 마인드로 대화하는 시스템이 필요하다.

나. 프랜차이즈 사업의 창업단계

프랜차이즈 본사를 창업한다면, <그림 3−4>와 같은 프로세스가 있어야 한다.

그림 3-4 프랜차이즈 사업의 창업 프로세스

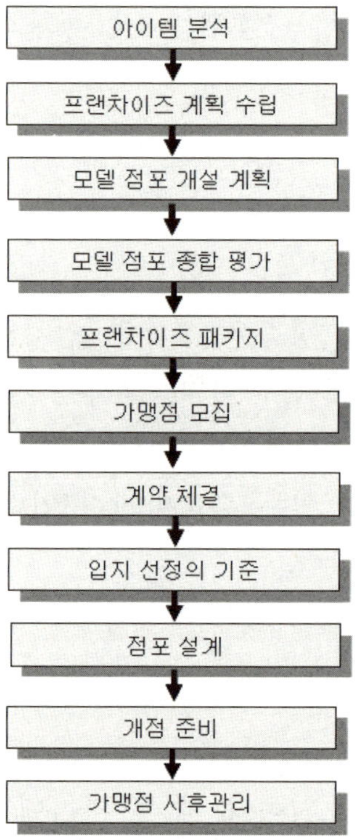

1) 아이템 분석

1단계는 아이템 분석이다. 아이템은 사업 타당성을 종합 분석해야 한다. 사업 아이템은 차별화, 지속성, 수익성, 정체성을 분석하고, 시장 분석도 필요하다. 시장분석은 '시장규모, 수익성, 경제성, 성장성, 위험성'을 분석하여야 한다. 가맹점이나 다른 식당들이 모방이 불가능한 아이템을 선정하여야 한다. <표 3－1>과 같이, 세부품목을 선정하여야 한다.

표 3-1 아이템 선정

구분	세부 품목
일반음식점	■ 패밀리 레스토랑 ■ 패스트푸드 레스토랑 ■ 피자점 ■ 전문음식점(돈가스, 카레, 우동, 냉면, 채식, 전통음식) ■ 맥주전문점, 선술집 ■ 대중 활어 횟집 ■ 치킨점
휴게음식점 제과점	■ 제과점, 떡집, 도넛전문점 ■ 분식점, 김밥전문점 ■ 커피전문점 ■ 아이스크림전문점 ■ 도시락전문점 ■ 생과일주스 전문점
단란주점 유흥주점	■ 룸살롱, 바, 비어홀 ■ 무도유흥주점, 클럽, 카바레, 나이트클럽 ■ 한국식 접객주점(요정) ■ 외국인전용주점

미국의 상무성 통계에 따르면, 신규 소규모 사업체, 특히 식당업은 10개중 8개가 처음 3년 내에 문을 닫는다고 한다. 그러나 프랜차이즈 식당들은 처음 3년 내의 10개중 2개 정도 폐업하므로 상당히 안정성이 있다.

한국은 아직 프랜차이즈 시장이 정착되지 않아서 외국에 비해 실패율이 높은 편이다. 외식사업 프랜차이즈를 대상으로 한 조사에 의하면, 1년이내 외식 프랜차이즈 실패율이 50%에 달하고 있음을 알 수 있다. 이것은 워낙 사기성 프랜차이즈가 많기 때문이다.

2) 프랜차이즈 계획 수립

2단계는 프랜차이즈 계획 수립이 필요하다. 프랜차이즈 계획 수립은 모델 점포가 개점하여 운영해야 한다. 본사 현황은 '식당 상호 및 브랜드 계획, 소재지, 종업원의 인원, 조직 및 인력 계획, 사업전망. 경쟁업체 조사(동종업종, 유사업종), 오픈 계획, 판매 실적, 투자 및 손익계산서, 투자 일정 계획, 가맹점 조건, 개점 계획'이 수립되어야 한다.

3) 모델 점포 개설 계획

3단계는 모델 점포 개설 계획을 시범적으로 운영하여야 한다. 모델 점포 개설은 '시범점포의 입지 선정, 설계 계획, 재무제표 계획, 개설 점포 판매계획, 운영계획, 서비스 문제점' 등을 계획해야 한다.

4) 모델 점포 종합 평가

4단계는 모델 점포를 종합적으로 평가하여야 한다. 점포 설계 종합 평가는 '모델 점포의 입지 환경, 설계평가, 개점계획 평가, 개점 매출분석, 문제점 개선 방안, 손익분석, 향후 판매전략, 향후 성공전략'을 평가하여야 한다. 모델 점포 종합 평가는 '시스템 개발과 원자재 공급 그리고 메뉴 및 서비스 개발 분석'하여야 한다.

① 시스템 개발을 분석해야 한다.
시스템 개발은 원자재 개발, 메뉴 및 서비스개발 및 훈련, 지도, 판매촉진, 금융, 정보, 경영관리 등 개개의 기능을 유기적으로 만들어내는 일이다.

② 원·부자재 공급 및 배송 수단을 결정해야 한다.
체인본부가 가맹점에 필요한 물류를 배송하게 된다. 이때 신속성, 정확성, 낮은 원가, 식품 위생, 소량 공급의 원칙하에 이루어져 있는지 평가하여야 한다.

③ 메뉴 및 서비스 개발이다.
메뉴 및 서비스를 분석할 때, 아래와 같아야 한다.

- 경쟁업체보다 품질이 우수하고 차별화된 새로운 메뉴를 만들어야 한다.
- 메뉴를 적절한 가격과 적절한 방법으로 가맹점에 제공해야 한다.
- 경쟁업체와 차별화 되어 있는 주력 메뉴를 중심으로 운영하되 관련 있는 메뉴의 구색을 갖추어야 한다.
- 고객의 취향 및 기호변화에 유의하여 품질, 메뉴구성, 서비스 방법 등을 개선해 나가야 한다.

- 가맹점주와 직원들에게 교육훈련을 학습시킬 수 있는 교육 매뉴얼이 있어야 한다.
- 1년 동안 판매촉진을 전개할 수 있는 마케팅 전략을 가맹점에 제공하여야 한다.
- 기계 및 투자비용에 대한 금융지원 및 리스를 알선하여야 한다.
- 주변 경쟁업체 동향 및 사회 환경변화 등에 관한 정보를 제공하여야 한다.
- 경영관리이다. 본사에서 가맹점에 지원해야 할 사무 관리는 매출계산, 원가계산, 비용계산, 이익계산, 급여계산, 보험처리와 같은 업무이다.

5) 프랜차이즈 패키지

5단계는 프랜차이즈 패키지 작성단계이다. 패키지 단계는 시스템화 작업이다. 패키지는 대단히 중요하다, 예를 들면 컴퓨터의 CPU와 같다. 매뉴얼이 없으면 프랜차이즈 사업이 아니다.

본사는 본사 경영관리 매뉴얼과 가맹점 경영관리 매뉴얼이 있어야 한다. 가맹점은 본사 준 경영관리 매뉴얼을 가지고 경험이 없는 점주들도 경영할 수 있어야 한다.

본사 경영관리 매뉴얼은 '매뉴얼 보관방법, 본사 직원이 지켜야 내용, 프랜차이즈 사용 설명서, CI(corporate identity, 기업 아이덴티티는 식당이 가지는 이미지와 문화를 통일 시키는 것)와 BI(brand identity, 브랜드 아이덴티티는 브랜드 명, 로고, 심벌, 슬로건) 설명서, 수퍼바이저 매뉴얼, 회계 관리 매뉴얼, 성공전략 매뉴얼, 운영 지침서', 가맹점 경영관리 매뉴얼은 '시설 매뉴얼, 안전관리 매뉴얼, 조리 매뉴얼, 서비스 매뉴얼'을 패키지 하여야 한다. 매뉴얼 지침서는 점주의 마음가짐뿐만 아니라 직원들이 참고할 수 있어야 한다. 매뉴얼은 프랜차이즈의 바이블과 같다.

6) 가맹점 모집

6단계는 가맹점 모집 단계 방법이다. 가맹점 모집 단계는 '사업 설명회 선발 기준, 광고계획, 가맹조건 설정, 사업설명회 계획, 선발 기준'이다.

7) 계약체결 단계

7단계는 계약 체결단계이다. 계약 체결단계는 '표준계약서, 공정거래 본사와 가맹점 간의 법률문제' 등이 있어야 한다. 가맹 계약서 항목은 '총칙, 가맹점의 표시, 계약 기간, 계약 갱신, 신규 점포 설치 제한지역, 상호·상표·로고, 비밀 유지 등의 의무, 권리의 양도, 대행금지, 개점 및 개점 시간, 개점 준비, 실내외 장식 및 설비 공사, 판매 장비, 교육 및 교육비 부담, 운영매뉴얼의 준수, QSC 등에 관한 지침, 점포 운영상의 주의사항, 주문 및 공급 그리고 검수, 제품의 관리, 반품, 공급 상의 면책, 대금 입금, 광고 및 판촉, 장비의 A/S 및 관리, 계약의 해지, 위약에 대한 손해배상, 계약 종결의 결과, 통지 방법, 계약의 효력과 변경, 분쟁의 해결 방법, 기타' 등이 있어야 한다.

8) 입지선정의 기준

8단계는 입지선정의 기준이다. 입지 선정은 '기본 입지, 입지 타당성 및 상권분석, 예상 손익계산서' 등 기준이 있어야 한다.

프랜차이즈 창업에 따른 요건은, 지역 상황에 맞는 메뉴 가격 설정과 점포입지 선정이 중요성하다. 입지 선정 시 고려사항은 아래와 같다.

- 주간 및 야간 균등한 매출 발생 지역
- 평일 및 공휴일의 균등한 매출 발생 지역
- 메뉴와 입지가 조화되는 지역
- 고정고객과 이동고객의 흡수가 가능한 지역
- 타 업종으로 전업이 가능한 점포 입지

입지 설정의 기초 점검 자료는 <표 3－2>와 같다.

표 3-2 입지설정의 자료

조사사항	조건				
	매우 우수(5)	우수(4)	양호(3)	보통(2)	부적당 (1)
1. 인구의 성장도					
2. 경제성장 가능성					
3. 세대 당 소득					
4. 종사원 구인 용이성					
5. 경쟁업체 분포					
6. 대중교통 수단의 식당이용 편리성 여부					
7. 주차의 편리성 여부					
8. 교통 중심지 여부					
9. 식당 전면의 대고객에게 대한 노출도					
10. 간선도로에서 접근의 용이성					
11. 점포 확장 시 가능성 여부					
12. 하수도, 수도, 전기의 질					
13. 주위환경 분위기(학교, 문화시설, 공원 등) 해당 점포와의 관계					
14. 환경의 질(소음, 냄새, 공기 등)					
15. 도시의 각종 규제 사항					

9) 점포설계

9단계는 점포 설계 단계이다. 점포 설계 단계는 '인테리어 레이아웃(lay – out), 공사 체크리스트, CI와 BI 준비' 하여야 한다.

10) 개점준비

10단계는 개점준비 단계이다. 개점 단계는 '사업자 공급지도, 홍보 계획 지도, 설비 및 점포 레이아웃 지도, 재고관리 및 위기관리, 종업원 채용 방법' 등을 준비하여야 한다. 개점 준비 전에 가맹점주 및 종업원의 교육에 많은 역점을 두어야 한다.

11) 가맹점 사후관리

11단계는 가맹점 사후 관리이다. 가맹점 사후관리는 '원재료 관리, 점포 레이아웃, 진열 방법, 위기관리, 인사관리 지도, 고객관리'를 본사가 관리해 주어야 한다.

제2절 프랜차이즈의 사례

프랜차이즈 사업은 시스템 사업이라고 한다. 시스템은 '효율성을 높이기 위한 합리적인 제도 및 장치'라고 할 수 있다. 프랜차이즈 사업에서 시스템은 기업의 경쟁력을 좌우하는 핵심적인 소프트웨어다. 국내 프랜차이즈 시스템을 벤치마킹함으로써 가맹사업을 준비하는 이들에게 모범답안을 제시, 후발 가맹본부들의 경쟁력 제고에 도움을 주고자 한다. 예비창업자들에겐 브랜드 선택의 분명한 기준이 될 것이다.

1. 교촌치킨

(주)교촌F&B 권원강회장은 통닭집을 개업하기 전, 택시운전과 노점상 등 온갖 직업을 가졌다. 1991년 경북 칠곡군에서 탁자 세 개의 작은 통닭집 '교촌통닭'이라는 상호로 치킨 사업 뛰어들었다. '식어도 맛있는 치킨'이라는 슬로건을 내걸고 가맹사업을 시작한지 8년 만에 대성공을 하였다.

교촌치킨은 1,058개 가맹점 오픈을 끝으로 지금까지 가맹점 모집을 하지 않고 있다. 기존 가맹점의 영업권 보장을 위해서다. 치킨이라는 아이템의 특성상 더 많은 가맹점 개설이 가능하고 가맹점 희망자가 줄을 서 있지만 '개설 불가'라는 방침을 지켜가고 있다. 정상에 올라선 만큼 이제는 '쫓아가기보다 지키는 것이 중요하다'는 것이 권원강 회장의 경영철학이다.

한국인의 입맛에 맞는 짭짤하고 깔끔하며 건강에 좋은 마늘간장소스를 개발하였다. 후라이드와 양념이 지배하던 치킨시장에 신선한 돌풍을 일으켰다. 현재 연 1천억이 넘는 매출액, 전국 가맹점 1,032개 점포, 폐점률 0%대, 미국, 중국 상해 현지법인 진출 등 호평을 받으며 글로벌 프랜차이즈 기업으로 성장하고 있다.

그림 3-5 권원강 회장

성공 비결은 철저한 차별화전략이었다. 당시 치킨상표는 외국어가 주류를 이뤘지만 '향교, 서당이 있는 마을'을 뜻하는 '교촌'을 선택하였다.

국내시장에서 생소한 부분 육을 처음 개발 출시해 인기를 끌었다. 치킨업계에서는 처음으로 위생적인 깍두기 용기 개발과 치킨을 담는 쇼핑백 제공을 시도하였다.

교촌치킨은 기름에 튀긴 치킨을 독특한 마늘간장소스를 이용해 한 번 더 조리하여 색다른 맛으로 소비자의 입맛을 공략하고 있다. 교촌치킨만의 독특한 소스는 까다롭다는 미국FDA로부터 다이어트식품으로 적합판정을 받았다.

교촌은 국내 매장 오픈보다는 해외사업에 주력할 방침이다. 국내 매장은 내실을 다져 수익성을 높이고, 블루베리 음료 등의 개발을 통해 소비자들의 니즈에 맞춰나가는 노력을 할 생각이다. 해외에서는 중국 시장

공략에 집중한다는 계획이다.(대구음식견문록, 2010)

1) 깐깐한 가맹계약

교촌치킨은 가맹사업 초기부터 지켜온 가맹계약의 원칙이 있다. '가맹점주가 직접 운영해야 한다.'는 것이다. 직장 다니며 부업으로 하거나 종업원에게 맡겨 운영하려는 사람에겐 절대 가맹점을 내주지 않는다.

그런 만큼 가맹점주 교육도 철저하다. 넓은 범주의 패스트푸드인 치킨의 특성상 조리와 기타교육은 2~3일이면 충분하고 또 대부분의 치킨브랜드 가맹본부들이 그렇게 하고 있다. 하지만 교촌치킨의 예비점주들은 5박 6일 동안의 합숙 교육을 받아야 한다. 아침 9시부터 저녁 6시까지 5일 동안 조리와 점포 운영, 고객응대, 매뉴얼 숙지 등 다양한 교육 프로그램이 진행된다. 무단결석이나 지각, 테스트에 불합격하면 정규교육 시간이 끝난 후 보충교육을 받아야 한다. 한편 본사 직원들도 점주들과 함께 교육을 받는다.

교육 프로그램 못지않게 출점 또한 깐깐하다. 점포 전면의 폭은 최소 3.5미터 이상, 거주인구가 1만 5천명 이상, 1층 점포만 개설이 가능하다. 또한 점포에 주방집기가 들어가기 전 종업원을 고용해야 하고 반드시 리허설과 시식회를 거쳐 오픈해야 한다.

그림 3-6 교촌치킨

2) 소스 자체생산, 주문 후 3시간 이내 배송

교촌 치킨은 원부재료에 따라 자체생산과 아웃소싱을 병행한다. 하루 60톤이 입고되는 닭은 하림과 마니커를 포함 13개 전문육가공업체로부터 납품을 받고 맛의 노하우가 담긴 소스는 자체 생산한다. 가맹점에 공급되는 무는 생산 농가를 지정, 납품받아 숙성시킨 후 전자동으로 개별 포장하는 설비를 갖추고 있다.

가맹점에서 주문이 들어오면 당일 배송이 이뤄진다. 경기도 오산 본사와 경북 칠곡, 경남 양산, 광주광역시에 대규모 물류센터를 구축해 반나절이면 전국 가맹점의 물류공급을 커버할 수 있다. 가맹본부의 물류센터는 수도권이나 중부지역 한 두 곳 정도지만 교촌치킨은 전국 네 곳에 물류센터 운영, 신속한 배송이 이뤄진다. 매일 오전 7시에 100여대의 배송차량이 서울을 비롯한 전국 31개 지사에 식재료를 배송하면 지사를 통해 가맹점에 전달된다.

3) 가맹점 운영과 수퍼바이징

교촌치킨은 지금까지 가맹점 모집을 하지 않고 있다. 가맹점 1천 58개를 끝으로 가맹점 오픈을 중단한 상태이다. 치킨아이템의 특성상 전국에 더 많은 가맹점을 개설할 수도 있지만 기존가맹점들의 영업권을 보장해 주기 위해서다. 이와 함께 곧 출시를 앞두고 있는 신메뉴로 제 2의 브랜드를 론칭 하지 않고 기존가맹점 매출증대를 위한 추가 메뉴로 포함시킨다는 방침이다.

가맹점의 경쟁력 강화를 위한 노력은 수퍼바이징에서도 엿볼 수 있다. 전국 네 곳의 물류센터에는 19명의 수퍼바이저들이 상주하고 31개 지사도 자체적으로 수퍼바이저시스템을 운용하고 있다. 전국에 1천개가 넘는 가맹점을 일일이 방문하기는 결코 쉽지 않지만 교촌치킨의 수퍼바이저들은 정해진 방문 주기와는 상관없이 수시로 가맹점을 찾아간다. 그리고 세세한 항목으로 나눠진 점포체크리트를 작성, 지사를 거쳐 본사에 전달된다. 가맹점의 요구사항이나 점포의 영업현황을 한 눈에 파악, 필요한 조치가 신속히 이뤄진다.

4) 최고의 복지후생

교촌치킨은 업계 최고의 사원 복지후생제도를 실시하고 있다. 쾌적한 근무환경과 사원 아파트 제공, 헬스클럽, 24시간 개방돼 있는 샐러드 바, 영화 관람까지 여느 가맹본부에서는 찾아볼 수 없을 정도. 자재개발팀과 배송 팀은 오전 7시 출근, 오후 4시 퇴근, 나머지 관리부서는 오전 8시 30분에 출근해 오후 6시에 업무를 종료한다. 수퍼바이저들은 직무 특성을 감안해 출퇴근 시간에 얽매이지 않는다. 퇴근 후 사원들은 헬스클럽에서 운동을 하고 사옥 1층에 있는 강당에서 영화 관람한다. 미혼자들은 호텔레스토랑 같은 구내식당에서 식사를 하고 사원아파트인 '교촌빌'로 향한다. 숙소를 배정받지 못한 사원에게는 근처의 아파트전세금의 절반을 회사 측에서 지원한다.

특히 여직원에 대한 배려가 남다르다. 결혼 후에도 계속 근무할 수 있는 것은 물론 출산 휴가 3개월 동안 급여가 100% 지급된다. 경북 칠곡에서 경기도 오산으로 본사를 이전하면서도 남편과 떨어져 있어야 하는 여직원들은 전근 대상에서 제외시켰다. 경북 칠곡에서 시작한 시골 치킨집이 가맹사업 8년 만에 1천개 넘는 가맹점을 거느린 메이저급 브랜드로 성장, 수도권의 노른자위 땅에 3천평 규모의 화려한 사옥을 지을 수 있었던 것은 사원들을 배려하고 이익을 공유하는 복지후생제도가 밑거름이 됐다.(오경석, 월간 : 창업 & 프랜차이즈)

2. 대구근대골목단팥빵

약자인 대구근대골목단팥빵을 교재에 삽입한 이유는 빠른 속도로 <표 3-3>과 같이 성장한 경영기법을 학생들에게 전달하여 기업가 정신과 소자본 창업에 도움 주기 위해 이춘호 기자[15] 기사 내용으로 설명한다. 대구근대골목단팥빵은 (주)홍두당의 상품브랜드이고, '2018년 대한민국 마케팅 대상 수상', '2018년 대한민국 창업 대상 수상'하였다.

15) 영남일보, 이춘호 기자의 단팥빵 패밀리이야기, 2017. 8. 25.

표 3-3 푸디아 점포 현황

2018년 8월 현황

브랜드 명	점포 수	판매품목
대구근대골목단팥빵	15개	제과제빵
Coffee In Kona, 사자커피	11개	커피, 샌드위치
Lion Coffee Korea 무역회사	1개	커피
커피 전자상거래	5개	원두커피
㈜홍두당	1개	공장
홍두당 꽈배기	4개	제과제빵
근대골목도나스	3개	제과제빵
㈜피플스마트 리더십센터	1개	기업교육
부산어묵 & 꼬망김밥	1개	즉석식품
(사)커피인 바리스타아카데미	2개	커피교육
합계	43개	

1) 단팥빵을 관광상품으로 개발

대구 중앙파출소 앞 광장. 거기는 '버스커의 고향'이기도 한 젊은이 존이다. 북쪽은 대구백화점 가는 길, 동쪽은 통신패션골목, 정말 빛나는 '유채색존'이다. 하지만 길 건너편 약전골목은 갑자기 '무채색톤'으로 변하는 실버존의 초입, 10~20대는 좀처럼 길 건너 약전골목 쪽으로 가지 않았다. 그런데 2015년 어느 날부터 그 룰이 깨졌다. 젊은이들이 서쪽으로 이동하기 시작한 것이다. 무슨 이유일까. 약전골목 동문 입구 초입에 자릴 잡은 약전골목 첫 단팥빵집 때문이었다.

대구에 태곤이단팥, 팥장수, 아리랑 등 여러 단팥빵집이 있다. 솔직히 어느 집이 가장 맛있다는 말은 성립되지 않는다. 단팥빵 맛, 거기서 거기다. 자기 기호가 중요하다. 요즘 소비자는 맛보다 '욕망'에 더 솔깃 한다. 그 욕망은 특히 재밌는 '푸드스토리'가 곁들여지면 만족감이 커진다.

빵 이름과 상호는 일치했다. '대구근대골목단팥빵'(이하 근대단팥빵). 그런데 이 근대단팥빵은 대구보다 SNS에서 더 먼저 유명해진다. 2015년 무렵 팔도 명물빵만 집중적으로 공략하는 '빵지순례족'이 일조한다. 순례족은 서울의 '나폴레옹 과자점', 군산의 '이성당', 대전의 '성심당', 안동의 '맘모스제과', 광주의 '궁전제과', 경주 '황남빵', 통영 '오미사꿀빵', 진주 '수복찐빵', 목포의 '코롬방', 천안의 '학화호두과자' 등을 찍고 다녔다.

아무튼 어느 날 대구로 오는 순례족이 부쩍 늘어난다. 대구에 3대 빵집이 새롭게 형성된 것이다. 시내 삼송빵집의 '마약빵'(옥수수 크로켓)이 리더격이었다. 이어 근대단팥빵, 마지막엔 대구도시철도 반월당역 내에 위치한 '반월당고로케'가 편대를 형성한다. 근대단팥빵은 '모단빵'이라 명명됐다. '모단'은 근대를 의미하는 영어 단어 'Modern(모던)'의 옛날식 발음이다.

2) 가족경영의 합작품

이 단팥빵은 가족의 합작품이다. <그림 3－7>과 같이, 아버지 정봉원(영진전문대학교 국제관광조리계열 교수), 어머니 배인숙(푸디아 대표), 아들 성휘(홍두당 대표), 딸 재원(Coffee In Kona 무역회사 대표). 넷이 단팥빵에 대한 지분을 4분의 1씩 갖고 있다. 누구의 빵이 아니라 모두의 빵이다. 약속이나 한 것처럼 네 가족은 모두 외식업에 취해 있다.

그림 3-7 가족경영

근대단팥빵의 역사는 1991년으로 거슬러 올라간다. 어머니는 빵에 청춘을 바쳤다. 대구 파리바게트 2호 지산점을 운영했다. 어머니는 대구에서 이름을 대면 다 아는 유명 건설회사 회장의 딸이었다. 하지만 그녀는

빵집이 좋았다. 한때 전국 최고 매출을 올리기도 했다.

특히 2007년에는 직접 '하와이 코나 라이언커피'를 국내에서 처음 수입해 '커피인(COFFEE IN)'이란 커피숍 프랜차이즈를 펼쳐나갔다. 동시에 파리바게트의 경험을 갖고 샌드위치 전문점 '서브웨이'(미국 체인점)까지 롯데백화점 대구점에 입점 시켰다. 다들 국제적 커피 브랜드 본사가 서울이 아닌 대구란 사실에 의아해 한다.

현재도 근대단팥빵 2층에 어머니의 체취가 묻은 커피숍이 있다. 빵과 커피에 대한 오랜 경험을 토대로 (주)푸디아를 창업하고 현재 거기 대표로 있다. 하지만 스타벅스, 카페베네, 빽다방 등 온갖 커피숍이 무한경쟁을 펼치고 기존 빵 사업도 예전 같지 않았다. 뭔가 '돌파구'가 필요했다.

이 대목에서 아버지가 등장한다. 2013년부터 대구만의 먹거리 관광상품 개발의 필요성을 외치고 다녔다. 부부는 '우리 가족이 직접 대구를 대표하는 관광빵 개발에 나서자'고 결의한다. 부부는 가장 쉽고 값싸면서 이야기가 담긴 빵, 그게 추억의 단팥빵이란 결론에 도달했다.

1950~60년대 전국 최대급 단팥빵 공장이 대구에 있었다. 바로 중구 교동시장 내에 있었던 '수형당'이다. 단팥빵은 일본에서 왔다. 일본 최초의 단팥빵집은 1874년 긴자의 '기무라야(木村屋)'. 아직도 영업 중이다. 당시 빵 위에는 겨자씨와 참깨를 뿌려놓았다. 겨자씨는 안에 통단팥, 참깨는 팥 앙금이 들어가 있다는 표시. 단팥빵 중심부는 조금 함몰돼 있다. 그 이유는 기무라가 벚꽃 철 왕실로부터 주문을 받았을 때 오목한 부분에 벚나무 열매를 얹어서 공급한 때문이다. 일제강점기 단팥빵은 모두 중심이 우묵하고 가장자리가 조금 불룩한 형태를 갖게 된다.

3) 옛날 빵집 출신 기술자 영입과 창의적 사고

새로운 단팥빵 개발은 어머니가 주도했다. 맘모스 등 예전 1급 빵집 출신 제빵사를 영입했다. 원칙을 정했다.

- 힘들어도 팥은 반드시 직접 끓여 마련한다는 것
- 방부제는 안 넣는다는 것
- 추억만 너무 고집하지 말자는 것

현재 수성구 만촌동에 사는 할머니(노영식·86)까지 동원시켰다. 할머니는 늘 "사골육수 뺄 때처럼 초벌 팥물은 자칫 아린 맛을 낼 수 있어 버려야 된다."고 했다. 그냥 끓여 사용할 경우 할머니 표현대로라면 '생목 올라오는 맛'이 되고 결국 빵맛을 버리게 된다는 귀띔이었다. 다음은 당분 핸들링. 당분이 과도하게 들어가거나 타이밍을 놓치면 팥이 갯벌처럼 녹아버린다. 통팥이 살아있어야 된다.

2년이란 짧지 않은 시간 동안 신제품 준비를 했다. 밀가루도 강·중·박력분을 무수히 많은 형태로 혼합비율을 달리해서 만들었다. 빵 한 개의 밀가루 양은 50g 안팎, 팥은 60g, 생크림은 80g을 넣어 옛날세대와 젊은 세대가 공히 공감할 만한 크림단팥앙금 시스템을 구비하게 된다.

모양도 중요했다. 일본 단팥빵은 둥글납작하다. 예전 빵은 너무 납작해서 폼이 나지 않았다. 젊은 층이 주고객이 되게 하려면 빵이 반달처럼 봉긋하게 부풀어 올라야 되었다. 표준 빵이 개발됐지만 문제가 있었다. 수십년 구력의 기술자들은 하나같이 새로운 빵에 대해 별로 반응하지 않았다. 자꾸 예전 스타일로 돌아가려고 했다. 어머니는 그들에게 단호하게 지시했다.

이때 어머니를 지켜보던 딸이 혜성처럼 등장했다. 그녀는 2004년 미국으로 건너간 유학파, 존스홉킨스대 경영학과 학사, 경영대학원 석사에 이어 현재 국내 박사과정에 있다. 마케팅이 뭔가를 알고 있었다. 딸은 그렇게 주장했다.

"우리 빵은 추억의 빵이지만 결코 추억만 고집하면 결코 성공할 수 없어요. 젊은이들이 일단 많이 찾아야 해요. 어르신을 목표고객으로 하면 실패합니다. 젊은이가 와서 어르신 선물을 사갖게 만드는 게 정석입니다. 그러려면 요즘 대세인 녹차생크림을 전면으로 내세워야 합니다."

딸은 녹차생크림단팥빵에 목을 맸다. 그렇게 해서 기본형, 생크림, 녹차생크림, 딸기생크림, 소보루 등 모두 5종의 단팥빵이 출시된다.

4) 패키징 고급화

포장감각도 중요했다. 자칫 말라버릴 수 있어 기존 종이 포장 대신 공기가 덜 들어가게 비닐포장을 사용했다. 포장 위에 색다른 글씨를 올려야 될 것 같았다. 아버지의 친구인 대한바른글씨쓰기협회장이며, (주)훈민정필 대표로 있는 서예가 송병훈에게 글씨를 부탁했다. 송대표는 대구, 근대, 골목, 단팥빵에 각각 어울리는 서체를 혼용해 송병훈체 캘리그래피(그림 3－8)를 완성했다.

그림 3-8 송병훈체 캘리그래피

선물용 세트빵을 담을 수 있는 가방과 상자도 별도 디자인했다. 처음에는 롯데백화점 대구점에 입점했지만 별다른 반응이 없었다. 역시 약전골목점이 '명당'이었다. 처음 발견했을 때 그 건물은 비어있었다. 50년대 지어진 건물이었다. 리모델링할 때 중국 상하이의 대한민국임시정부 청사를 본 따 화려한 샹들리에, 고풍스러운 가구와 소품 등을 갖다놓았다. 옛 나무 골조는 그대로 살려뒀다. 대구근대를 강조하기 위해 54년 영화배우 최은희와 함께 대구에 온 메릴린 먼로, 50년대 계산성당 사진도 액자로 걸어뒀다. 직원은 하얀 중절모를 쓰게 했다. 티셔츠 뒤에도 상호를 찍었다.

5) 실패를 경험으로 성장시킨 정성휘대표

아들이 호출을 받고 서울에서 대구로 내려왔다. 서울에서 잔뼈가 굵은 마케터, 미시간주립대 외식산업 전공, 경기대 외식산업경영 석사, 경기대 박사과정 중이다. 현재 대구 중구에서 근대단팥빵용 생지를 대량 공급하는 (주)홍두당의 대표다.

그의 첫 사업은 길거리 음식인 씨앗호떡과 부산어묵을 판매하는 전문점 '호오탕탕'(호떡, 오뎅, 커피의 합성어). 부모님의 지원과 은행 대출로 자금을 마련하고 2012년 10월 부산 KTX 역사에 플래그숍 스토어 콘셉트의 1호점을 오픈했다. 때마침 씨앗호떡과 부산어묵 붐이 불어 장사가 잘됐다. 덕분에 순식간에 매장이 10호점까지 늘었다. 하지만 경험이 전무하고 의욕만 앞선 20대 청년에게 가맹사업은 생각만큼 녹록치 않았다. 결국 가맹점 관리에 구멍이 나기 시작하면서 사업을 접어야만 했다.

빵 때문에 이젠 살맛이 난다. 대구를 더 정확하게 볼 수 있게 됐다. 그는 단팥빵 옆에 종소리를 매칭시킨다. 옛날 '학교종이 땡땡땡' 버전을 역이용한 건데 하루 15~20번 갓 구운 빵이 나오면 가게 입구에 달린 종을 쳤다.

동생이 기획한 녹차크림빵은 기대 이상으로 젊은이가 가장 좋아하는 메뉴가 됐다. 젊은 고객은 부모를 위해 추억의 단팥빵을 선물로 사갔다. 동생의 예상이 그대로 적중한 것이다. 고객을 위해 1만원어치를 사면 2층 커피숍에서 무료커피를 먹을 수 있게 했다.

그는 스스로를 지역의 색과 맛이 담긴 음식 개발에 전념하는 '투어 푸드 크리에이터(Tour Food Creator)'라 칭한다.

3. 카페베네

2017년 7월 25일은 외식업체의 별, 국내 토종 커피 브랜드를 론칭하며 '커피왕'으로 불렸던 강훈[16](49세) KH컴퍼니 대표가 자택에서 숨진 채 발견돼 충격을 주었다.

강 대표는 1992년 신세계백화점 공채 1기, 퇴사 후 1998년 커피전문점 '할리스(hollys)'를 공동 창업했고, 2010년에는 '카페베네(caffebene)' 사장으로 자리를 옮겨 회사 성장을 이끈 커피전문점 1세대 경영인이다.

2010년 KH컴퍼니를 설립한 후 이듬해 디저트전문점 '망고식스'를 론칭한 바 있다. 이어 '커피식스' '쥬스식스'를 운영하는 KJ마케팅회사를 인

16) 고인의 명복을 빕니다. 외식업체 후배들을 위해서 '위대함과 실패'를 교재 내용으로 넣었습니다. 양해 부탁합니다.

수하였다. 1,500만원 창업비용으로 1조2천억 원 연 매출을 성장시킨 전설적인 인물이고, 스타마케팅의 귀재였다.

자신의 장점은 '무모한 자신감, 도전정신, 긍정적인 전략적 사고'라고 하였다.

그림 3-9 고 강훈 대표 / 카페베네, 망고식스

자료 : 스포츠경향, 윤대헌기자의 커피왕 강훈 대표, 2017. 07. 25.

이홍구 창업 칼럼니스트[17]는 2008년 세상에 첫 선을 보인 카페베네는 유명 연예인을 앞세워 불과 2년 만에 400여 개의 점포를 만드는 기염을 토했다. 그야말로 '국민 카페'라 불릴 만 했다. 제2브랜드로 이탈리안 레스토랑인 '블랙스미스'를 초대형 규모 콘셉트로 오픈하며 사업 확장하였고, '글로벌 카페베네'를 외치며 깃발을 꽂기 위해 중국, 미국 등 외국으로 공격적으로 진출하였다.

사업 초기부터 유명 연예인을 광고모델로 세워 가맹점 모집에 급급했고 무리하게 공격적으로 출점을 시도하다 보니 상권보호를 무시하고 무분별하게 점포를 출점 했다는 뒷얘기도 무성했다. 카페베네는 지금도 전국에서 600여 개의 가맹점이 운영 중이다

실패요인을 분석한 결과, 무리한 사업 확장, 트렌드의 흐름에 적절한 변화를 주지 못하였고, 디저트전문점 '망고식스' 성장 둔화는 수억 원의 망고 수입 자금 압박, PPL광고의 무리한 마케팅 비용, 경쟁업체 스타벅스의 성장이었다. 스타벅스는 신메뉴 개발과 디자인, PB상품 등의 지속

17) 이훈의 쿠키뉴스, "카페베네를 통해 본 프랜차이즈 창업의 자화상", 2018. 1. 18

적인 변화와 발전 그리고 일관성 있는 '공감 서비스'는 끊임없이 충성 고객을 생산해 냈다.

가맹점의 성공을 무시한 프랜차이즈 본사는 그 어떤 브랜드로도 성공할 수 없음을 카페베네의 사례를 통해 뼈저리게 느껴야 한다.

제 4 장 약자의 생존 전략

제 1 절 외식사업의 경영전략

1957년 미국인 프랭크 카니(25세)와 댄 카니 형제(19세)는 대학생이었다. 학비와 용돈을 마련하기 위해 피자장사를 시작했다. 어머니에게 빌린 6백$로 허름한 레스토랑을 얻었다. 본래 피자를 팔던 레스토랑이었다.

간판을 걸어야겠는데 네온사인을 새로 살 돈은 없었다. 건물에 원래 걸려있던 네온사인에서 'Pizza'라는 다섯 문자는 그대로 살렸다. 가족 중 한 사람이 '레스토랑 건물이 꼭 오두막(Hut)'처럼 생겼다.'고 말했다. 결국 나머지 세 글자는 'hut'이란 단어로 채워졌다. 피자헛은 이처럼 중고기계와 25명이 앉을 수 있는 작은 레스토랑으로 출발했다.

외식경영은 600$의 자본금으로 세계적인 기업으로 성장시킬 수 있는 학문이다.

그림 4-1 피자헛

자료 : North America Wichita

외식경영(food－service management)은 식당경영 환경 속에서 조직목표를 달성하기 위하여 사람, 식자재, 자금, 기술 등 인적·물적 자원을 최적으로 활용하여 이익을 창출하는 행위를 말한다.

전쟁의 궁극적인 목적은 승리하는 것이다. 영토를 빼앗기기 위하여 전쟁을 벌이는 사람은 아무도 없다. 마찬가지로 자본을 잃기 위하여 외식사업을 벌이는 사람은 아무도 없다. 외식시장 전체를 석권한다는 궁극적 목적과 함께 최종적인 목표는 가능한 한 돈을 많이 버는 것이다.

식당경영은 돈을 벌기 위해서 점포의 내적 특성(점포력, 상품력, 서비스력, 브랜드력)의 장기계획(전략)과 단기계획(전술)을 수립하는 과정이다. 무엇보다도 식당경영은 비전(꿈)을 가지고 사업에 뛰어 들어야 한다.

I. 비전 만들기

조직의 방향 설정은 미션은 조직의 존재 목적, 기본 철학이고, 비전은 조직의 중장기적 미래상이다. 비전(vision making)이란 조직의 바람직한 미래상을 표현한 것으로서 미래에 어떠한 기업이 되고 싶은가를 나타낸 창업자의 소망이다.

월계관의 역사는 1637년 창업한 교토의 명문 기업으로 수십년 이상의 긴 세월에 걸쳐 청주 메이커이다. 사장은 대대로 오쿠라 집안에서 나온다. 월계관의 비전은 '건강을 목표로 술을 과학하고 유쾌함을 만든다.'이고 브랜드 콘셉트는 '윤택함을 당신에게....(For Your Lifestyle Taste.....)'이다. 이 뜻은 월계관의 바람직한 미래상을 표현한 것으로서 경영자의 소망이다.

전통기업의 국제조직인 '에노키안 협회'에 가입하였다. 협회의 자격조건으로는 '창업 200년 이상의 역사', '가족경영', '실적양호'의 3가지 조건을 모두 만족하여야 하며, 일본에서 조건이 충족시킨 것은 월계관을 포함한 5개 회사이다.

그림 4-2 11대 오쿠라 가문 오너(최초로 월계관의 상표 등록)

비전이 있는 식당과 없는 식당의 차이는 원대한 이상을 품고 삶에서 이를 추구하는 인간과 하루하루 아무 생각 없이 살아가는 사람의 차이와 같다. 식당 비전을 뚜렷이 갖고 이를 장기간에 걸쳐 지속적으로 추구하는 식당만이 뚜렷한 성과를 성취할 수 있다.

위기상황에 직면한 식당이 원대한 비전을 가진 경영자에 의해 위기를 모면할 뿐 아니라 커다란 성공을 거두고 앞서 나아가게 된 사례는 도처에 있다. 성공한 식당경영자들이 위기를 오히려 기회로 바꾸는 힘은 확고한 비전에서 비롯된다. 비전이 문제를 해결해 주는 방법 그 자체는 아니다. 확고한 비전을 가지고 목표를 향해 나아가는 식당은 어려움을 헤쳐 나갈 강력한 추진력을 가진다.

<그림 4－3>과 같이, (주)놀부 김순진 회장은 신림동 뒷골목에서 설거지를 너무 많이 해서 배에 항상 종기가 생겨 피고름을 짤 때마다 식당

하나를 만들겠다는 자성예언(自成豫言)[18]을 하였고, 꿈을 이루었다. (주) 홍두당 정성휘 대표는 '100년 기업을 만들겠다.'는 비전으로 외식사업에 뛰어들었다.

그림 4-3 김순진 회장

외식사업은 창업자의 비전이 명확해야 한다.

'5년, 10년 후 목표가 무엇인가?'
'식당을 운영하면서 지켜야 할 원칙은 무엇인가?'
'왜 돈을 벌어야 하는 이유는 무엇인가?

<그림 4-4>와 같이, 창업자의 꿈을 식당경영에 반영하는 것이 비전이다. 비전은 경영자의 인생관, 세계관, 가치관을 5년 후, 10년 후 어떠한 식당으로 만들고 싶다는 미래목표이다.

자신의 비전을 실현시키기 위하여 '식당경영, 매출규모, 이익 그리고 식당의 방향성'을 수치화할 수 있는 중·장기 경영계획을 수립하여야 한다.

18) 우리가 자신들과 타인들에 대해서 믿고 있는 것, 자아인식, 행동 성취도에 커다란 영향을 끼친다.

그림 4-4 식당의 비전

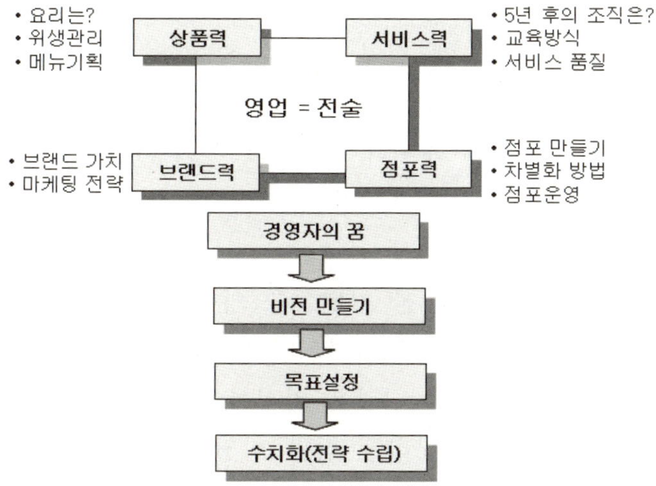

창업자 비전의 중요성을 네 가지로 요약할 수 있다.

첫째, 종사원의 관심을 이끌어낸다. 경영자가 신념과 결부된 비전을 제시하여 직원들에게 동기를 부여할 수 있다.
둘째, 모든 전략적 의사결정과 지침이 비전으로 제시되어 있기 때문에 효과적인 전략경영을 할 수 있다..
셋째, 기업의 가치와 목표를 종사원과 공유하였기 때문에 조직의 팀워크가 강화되고 종사원 개개인의 역량이 극대화된다.
넷째, 명확한 비전 제시는 환경변화로부터 조직 전체가 흔들이는 것을 막아준다.

2. 전략적 사고를 가져라

가. 식당의 전략

아무리 '식당 방향성, 경영이념, 중장기 경영계획'을 크게 잘 세웠더라도 계획한 꿈을 기본적으로 실행할 수 있는 방법을 모르면, 아무것도 실행할 수 없다. 즉, 경영자의 중장기경영계획을 실행하는 것에 대한 비전을 어떻게 하면 수행하고 구축하는 게 중요하다. 이것을 전략이라고 한다.

전략의 두 가지 요소는 미래를 향한 의지와 유용한 자원이다. 미래를 향한 의지란 장기간에 걸친 개발과 원대한 목표이고, 유용한 자원은 목표를 달성하기 위해 종사원의 헌신을 일으켜 조직의 에너지를 목표시장에 집중하도록 하는 것이다. 즉 전략은 식당이 나가야 할 중장기적인 방향을 설정, 식당 운명을 결정짓는 의사결정과정으로 경쟁식당들과 구별되는 차별성을 말한다.

경쟁력 있는 전략은 곧 차별성을 의미한다. 우리 식당이 경쟁식당에게 승리할 수 있는 방법을 생각하는 것이다.

만약, 번성하고 있는 식당을 카피하여 영업을 시작해서는 안 된다. 이런 흉내로는 자신이 바라는 식당 비전 실현은 절대로 불가능하다. 경쟁력 있는 전략은 경영자가 선택한 상권에서 '서비스력, 상품력, 점포력, 브랜드 가치'를 차별화시켜야 한다. 먼저 차별화하기 전, '조직전략, 마케팅전략, 상품전략, 재무전략, 서비스전략' 시스템을 구축하여야 한다.

첫째, 다섯 가지 전략 중 우선순위가 있어야 한다.
둘째, 목표는 달성 가능해야 한다.
셋째, 목표를 달성하며 이익이 있어야 한다.

<표 4-1>은 식당의 전략, 전술 및 경영기능이다.

표 4-1 식당의 전략 및 전술 경영기능

전략	전술	경영기능
마케팅 전략	입지전략	상권분석, 경쟁업체 분석
	촉진전략	광고, 판매촉진, PR, CI 전략
	상품전략	메뉴 레시피, 메뉴가격 설정
	유통관리	구매 검수시스템, 물류시스템, 머천다이징과 메뉴 개발
재무 전략	계수관리	일일 매상관리, 대차대조표, POS
	손익관리	월별 손익계산서, 손익분기점
	자금관리	자금조달 및 차입방법, 자금 운영 방법
	원가관리	식자재 원가 분석, 재고관리

조직 전략	리쿠르트 활동	채용과 신입사원 교육
	교육시스템	직무교육에 의한 인재육성
	평가시스템	근무평점으로서의 피드백
	복리후생시스템	다양한 복리후생
목표관리	목표달성에 의한 성과급 제도	일일 매상관리, 대차대조표, POS
	점포 전략	점포운영관리
	QSC매뉴얼	위생관리 매뉴얼 작성 및 운영
	레이아웃	탁자 및 의자 그리고 소품 배치
서비스 전략	SV시스템	수퍼바이저 점포 관리 및 개선
	QSC매뉴얼	서비스 매뉴얼 작성 및 운영
	서비스 교육훈련	이미지 메이킹, 서비스 교육, 커뮤니케이션

나. 식당의 전술

식당은 전술에 의해서 운영된다. 전술은 각 전략을 구체화하기 위한 각각의 전략에 따라서 매장 운영 방법을 말한다.

<표 4－1>은 외식사업뿐만 아니라, 모든 기업경영에서 '경영관리의 확립'이 가장 중요하다. 완벽한 경영관리가 없는 곳은 건전한 기업을 키울 수 없다.

유명한 조리사들이 식당 창업 후 폐업하는 경우가 종종 발생한다. 이유는 상품전략 한 부분에 치우쳐 다른 전략을 무시하기 때문에 발생한다. 모든 전략을 경영관리 해야만 성공할 수 있다.

그래서 식당 창업자는 아래 내용을 상기해야 한다.

'외식사업이란 무엇인가?'
'식당경영을 어떻게 생각해야 하는 가?'
'장래 경영계획을 어떻게 세우면 좋은가?'

창업자는 경영자로서 혹은 관리자로서 알아두어야 할 외식경영 기초지식이 있어야 한다. 외식경영의 기초인 전략과 전술을 이해했으면, 다음은 세부사항을 구체화할 수 있는 시스템을 만들어야 한다.

<표 4-1>과 같이, 전술의 방침이 정해지더라도 세부사항이 없으면 실제 경영이 성립되지 않는다. 경영을 위한 구체적인 시스템이 '전술'이다.

외식사업의 최전선이 현장 점포이다. 경영방침은 모든 현장에 반영되어야 한다. 현장에서 빛을 발하기 위한 다양한 계획, 그것을 전술이라 한다. 현장에서 일하는 점포운영 책임자는 물론이고, 경영자, 중간관리자들까지 이해하여야 한다.

경영자는 식당의 비전, 전략 그리고 전술을 정확히 정리하여 종사원에게 이해시켜 모든 구성원이 팀워크로 점포를 번성하게 만들어야 한다. 또 한편으로 우수한 점포설계, 주방기기 그리고 식재료, 나아가서는 교육훈련에서 과학적으로 운영하면 효율적이고 효과적인 식당을 운영할 수 있다.

제2절 경쟁 있는 전략

사업은 링 위에 이종격투기와 같이 강자와 약자가 존재한다. 선수들은 자신의 약점을 방어하면서 상대 선수의 약점을 파악해서 집중적으로 공략해야 한다. 자연계에서 백수의 제왕인 사자와 초식동물인 톰슨가젤이 살아가는 방식이 다르듯이 외식사업 또한 규모에 따라 전략이 달라질 수 밖에 없다.

전략은 '싸운다.'와 관계가 있다. 비즈니스에서의 전쟁은 '경쟁'이다. 전략적 사고의 기본은 '싸운다는 것과 경쟁'에 있다고 할 수 있다. 전쟁에서 승리하려면 무엇보다도 훌륭한 경쟁전략을 세워야 한다. 경쟁에서 오래 버티는 식당은 반드시 다른 식당과의 차별성에서 비롯되는 독특한 장점이 있다. 차별성을 관리하는 것은 장기 비즈니스 전략의 진수라 할 수 있다.

외식사업은 다양한 업종과 업태가 존재하기 때문에, 일방적으로 종사원의 규모만 가지고 강자 전략인지, 약자 전략인지를 결정할 수 없다. 경쟁전략의 중요한 요소는 식당의 규모가 아니라 시장(고객)점유율이다. 시장점유율에 따라 강자와 약자로 구분해서 전략을 세워야 한다.

<그림 4-5>와 같이, 전략의 핵심은 '자기식당(company, 자사), 경쟁식당(competition), 고객(customer), 시장(channel)'의 역학관계이다.

외식사업의 기본은 고객 니즈에 기초하여 형성되므로 고객지행적인 시각에 출발한다.

- 우리 고객은 누구인가?
- 경쟁식당의 강정과 약점은 무엇인가?
- 우리 식당의 강점과 약점은 무엇인가?
- 자사가 속한 시장의 현황과 흐름(trend), 미래의 예측은 어떠한가?

그림 4-5 전략의 핵심

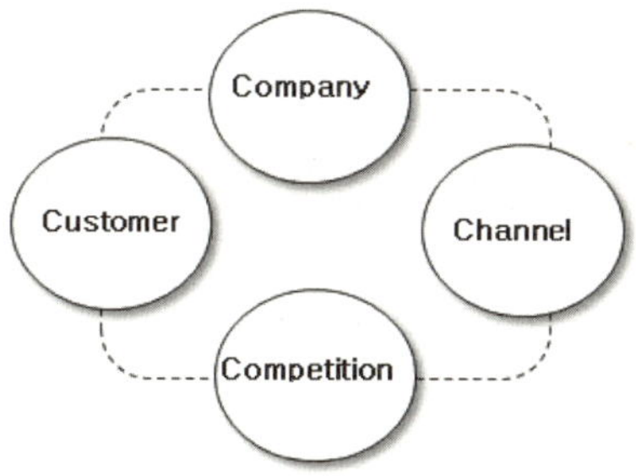

경쟁에서 이기기 위해서는 핵심경쟁력(KFC, key factors for success)을 발견하여야 한다. 가능하면 핵심경쟁력을 자기식당의 경쟁적 우위로 삼는 것이 경쟁전략의 핵심이다.

자기 식당이 다른 업체보다 틈새시장 및 차별화를 가지면 외식시장에서 성공할 수 있다. 핵심경쟁력은 경험에 의해서 체득될 수도 있지만 경영관리 개념이 정립되지 않으면 사상누각(沙上樓閣)이다.

경영자는 자신의 식당이 치열한 외식시장에서 생존하려면, 먼저 식당의 내적 특성 능력(강점과 기회요소)을 분석하여 시장기회를 잡아야 하고, 식당이 부딪히는 위험(위협과 약점)을 최소화할 수 있는 경쟁전략이 있어야 한다.

Ⅰ. 약자는 틈새시장에서 차별화로 경쟁하라

가. 경쟁상의 지위

시장경쟁은 강자와 약자가 있다. 또 그 같은 경쟁상의 지위 차이가 전략에 있어서도 차이를 나타낸다.

<표 4-2>와 같이, 경쟁엔 리더(leader), 챌리저(challenger), 팔로우(follower), 니치(nicher)의 4개의 지위가 있다. 지위에 따라 경쟁 패턴도 달라진다.

표 4-2 경쟁상의 지위

지위	해석
Leader	가장 우위에 있고, 고객점유율과 이익, 명성을 함께 추구한다.
Challenger	리더에 비해 고객점유율은 떨어지지만 힘 있는 외식업체로 리더와의 차별성을 부각시키기 위해 힘쓴다.
Follower	리더와 챌리저에게 우수한 경영전략을 배우고 임기응변으로 기회를 노린다.
Nicher	전체 경쟁에선 비록 지위가 낮지만 특정 외식시장 영역, 즉 니치에선 확실한 자기 영역을 확보하고 있다. 니치는 틈새시장에서 분명한 고객점유율과 명성을 차지하고 있으며 이로부터 실질적인 이득을 얻는다.

니치(nicher, 틈새)란 원래 서양건축에서 조각품을 세워두기 위해 벽을 오목하게 판 벽감을 뜻한다. 사람 또는 물건이 있어야 할 적합한 위치와 장소를 의미하기도 한다. 한마디로 틈새전략은 기존 시장이 커버하지 못한 틈새를 독창적인 아이디어로 파고드는 전략이다.

틈새전략은 외식사업에서 두드러지게 나타난다. 그 이유는 '과거에 없던 새로운 아이템에 대한 수요 발생, 트렌드 변화는 새로운 시장 창조, 하이테크·정보화가 진전됨으로써 저렴한 마케팅 비용으로 시장에 침투' 할 수 있기 때문이다. 약자라고 생각하는 외식업체는 틈새시장을 물색하여야 한다.

한국은 치킨 집 매장 수보다 더 많은 게 커피전문점이다. 커피시장은 전쟁터이다.

커피시장의 절대 강자인 리더는 스타벅스이고, 나머지 대형브랜드는 챌리저 아니면 팔로우이다. 니치는 이디야 카페와 빽다방이다.

<그림 4－6>과 같이, 이디야 카페는 다른 카페에 비해 훨씬 저렴한 가격으로 음료를 제공하고 있다. 이다야는 가장 유명한 스타벅스 바로 옆 건물이나 비싼 경우에는 뒷골목이나 주변 골목을 공략하는 서브 스트리트 전략을 사용한다. 스타벅스 자리는 커피가 잘 팔리는 공식을 노려 스타벅스 근처나 골목에 자리 잡았다. 골목으로 갈 경우 부동산 가격을 낮출 수 있고 이런 자리 선정을 통하여 커피 가격을 낮출 수 있었다. 또한 이디야는 테이크아웃 커피점을 모티브로 하여 화려한 인테리어를 포기하고 작은 규모를 고집하여 저렴한 커피를 제공할 있었다.

빽다방은 식사시간 외에 기다리는 시간을 싼 가격으로 즐길 수 있도록 하는 콘셉트였다. 처음에는 테이크아웃 저가시장이 쉽사리 각광받지 못했다. 그런데 장기불황이 이어지면서 가성비의 관심이 높아지면서 기존 싸고 대용량이던 빽다방이 주목받기 시작했다. 분명한 것은 백종원대표의 퍼스널브랜드 영향도 있다.

그림 4-6 틈새시장

제과제빵 절대강자 '파리바게트와 뚜레쥬르'의 경쟁에서 밀리지 않는 약자인 '대구 삼송빵집, 대구근대골목단판빵, 대전 성심당, 군산 이성당, 서울 나폴레옹 과자점, 안동 맘모스제과, 광주 궁전제과, 경주 황남빵, 통영 오미사꿀빵, 진주 수복찐빵, 목포 코롬방, 천안 학화호두과자'들은 틈새시장에서 생존하고 있다. 또한 KTX역·공항·백화점에서 경쟁하고 있다.

나. 약자 전략

최초로 전기를 발명한 토마스 에디슨은 기억하지만, 두 번째로 교류전기를 발명한 니콜라 테슬라는 기억하지 못한다. 우리는 2등을 기억하지 못한다.

알 리스(A. Ries)와 잭 트라우트(J. Trout)는 "소비자의 기억 속에 '최초'로 인식하지 못했다 하더라도 희망을 버릴 필요는 없다. 자신이 최초가 될 수 있는 새로운 영역을 찾아보라. 생각처럼 어려운 일만은 아니다."라고 하였다.[19]

외식시장에서, 같은 업종끼리 시장점유율 1등은 강자이고, 시장점유율 2위 이하의 모든 기업을 비즈니스 약자라고 한다. 강자와 약자를 나누는 것은 오로지 시장점유율에 의해서 나뉜다.

외식시장은 대기업과 중견기업을 제외한 나머지 모두 약자 기업이다. 특히 소상공인과 창업자는 절대 약자이다. 약자는 최초가 되든지 최고가 되어야 한다. 최고는 동네에서부터 1등하면 된다.

<표 4－3>과 같이, 강자는 '동질화, 간접화, 복합화'이고, 약자는 '차별화, 직접화, 세분화'이다.[20]

19) 알 리스·잭 트라우트, 마케팅 불변의 법칙, 비즈니스맵, 2008, p. 37
20) 정봉원·정재원, 관광과 호텔을 위한 마케팅, 형설, 2017, pp. 76-77.

표 4-3 강자와 약자의 전략

강자 전략		약자 전략	
동질화	경쟁요인은 규모경제[21]를 이용하거나, 경쟁업체를 벤치마킹하는 전략	차별화	고객들이 널리 인정해 주는 독특한 식당 특성(서비스, 음식의 맛, 브랜드 이미지, 점포의 분위기)을 경쟁우위로 삼는 전략
간접화	TV, 신문, 라디오와 같은 대중매체를 활용하는 마케팅 전략	직접화	온라인 쇼핑몰을 열어 고객과 직거래, SNS마케팅, 지역신문이나 지역방송 P.R, 경영자의 개인 브랜드(명성) 제고 전략
복합화	지원이 많고, 시장점유율도 높은 1위는 사업을 복합적으로 진행하는 전략	세분화	'상품 · 영업지역 · 고객층 · 물류유통'으로 세분화한 후 세분화된 하나 분야에 집중해서 시장점유율을 1등 만드는 전략

강자 기업도 차별화 전략을 사용한다. 강자인 스타벅스, '차를 타고 차 안에서 커피를 주문할 수 있는 드라이브스루 매장 100개, 아라비카 고급 원두만을 판매하는 리저브스토아(스페셜티 커피) 69개, 스마트 혁신으로 2km 사이렌 주문(핸드폰 주문)은 전체 매장 실시'하고 있다. 지역 특성에 맞는 차별화 매장이 빛을 보고 있다.

2. 경쟁전략 프로세스

경쟁식당들과 구별되는 차별성은 생존을 위한 전제 조건이다. 경쟁적 차별성의 가치는 생존에 대한 전망(지속성), 정체성뿐만 아니라 수익성도 경쟁식당의 미래 전망을 측정하는 기준이 되고 있다.

경쟁전략을 경영에 도입하는 목적은 자기점포의 장점을 극대화하여 활용하고, 단점을 극소화하는데 있다. 또한 시장상황의 변화에 신속히 대처하는 한편, 나아가 사업상 장애요인을 발견 즉시 제거할 수 있도록 하는 데 그 목적이 있다. 이러한 경쟁전략 계획을 수립하는데 필요한 과정을 살펴보자.

21) 일정 한도까지는 생산규모가 커질수록 생산단위가 줄어든다는 경제법칙

가. SWOT 분석

미국 경영컨설턴트 알버트 험프리(A. Humphrey)[22]는 "강점분석과 약점분석을 통해 기업 내부 능력의 문제점을 발견하고, 회사의 강점을 보강해 실력으로 키울 수 있으며, 외부 기회와 위협 분석을 통해 새로운 아이템을 개발하거나, 특정한 '위기를 기회로 삼을 수 있는 발판'을 캐치해 내어 경영이익을 낼 수 있다고" 하였다.

<표 4-4>와 같이, SWOT 분석이란 '내부적 강점(strengths), 내부적 약점(weakness), 외부적 기회(opportunities), 외부적 위협(threats)' 4가지 항목을 분석하는 방법을 말한다.

표 4-4 SWOT 분석

강점	약점
우리 식당이 다른 경쟁 식당이나 유사업종과 비교하여 내부적으로 우월한 요소들이 얼마나 있는지 파악해 보는 일이다.	경쟁 식당이나 유사업종과 비교하여 내부적으로 갖고 있는 단점들이 얼마나 되는지를 파악하여 그를 보완해 나가는 일이다.
기회	**위협**
외식시장의 변동 상황이나 경제전망, 인구의 변동 상황, 도시계획 등 식당과 관련된 외부적 여건들이 사업을 운영하는 데 긍정적 요소로 반영될 수 있는 부분들을 찾아내어 중·장기적 전략을 수립하는 일이다.	외부적 여건이 식당 운영에 부정적인 요소로 작용할 수 있는 부분을 찾아내어 이를 보완해 나가는 일이다.

<표 4-5>와 같이, SWOT분석은 크게 SO(강점과 기회), ST(강점과 위협), WO(약점과 기회), WT(약점과 위협) 등 네 부분으로 구분되는데, 그 중 가장 중요한 것은 시장의 기회와 기업의 강점을 어떻게 조화시키느냐에 있다.

각 부분에 있어서 기업은 어떠한 것이 통제가능하고, 어떠한 것이 통제 불가능한가를 파악하여, 전략 수행의 초석을 마련하고 그 잠재성을 타진하는 것이 SWOT 분석의 최종 목표이다.[23]

22) A. Humphrey, SWOT Analysis for Management Consulting, SRI Alumni Newsletter, 2005, p. 1.
23) 고재용 외 2, 사례로 배우는 마케팅, 파워북, 2014, p. 112.

표 4-5 SWOT분석에 의한 마케팅 전략의 특성

전략	특성
SO전략 (강점-기회전략)	시장의 기회를 활용하기 위해 강점을 사용하는 전략 선택(확대전략)
ST전략 (강점-위협전략)	시장의 위협을 피하기 위해 강점을 사용하는 전략 선택(안정 성장전략)
WO전략 (약점-기회전략)	약점을 극복함으로써 시장의 기회를 활용하는 전략 선택 (우회, 개발전략)
WT전략 (약점-위협전략)	시장의 위협을 피하고 약점을 최소화하는 전략 선택 (축소, 철수전략)

나 목표설정

목표설정은 운명이 아니라 방향이며, 명령이 아니라 조직 구성원의 헌신이다. 또한 미래를 결정하는 것이 아니라 자원을 활용하는 수단이며, 미래를 만들어가기 위한 사업의 에너지이다.

목표설정은 질적·양적 목표로 수립하여야 한다.

질적 목표는 '외식시장의 리더가 된다.', '고객감동경영을 실천한다.' 기타 등등이다.

양적 목표는 <표 4-6>의 역량 항목을 기준으로 분석한다. 고객의 욕구, 경쟁업체 그리고 자사의 강·약점을 파악하여 최적의 목표가 설정되어야 한다.

<표 4-6>과 같이, 경쟁업체(자사)의 역량과 현황을 분석하는 방법이다. 다음은 경쟁에서 이기기 위해서는 핵심경쟁력(KFC, key factors for success)을 발견하여야 한다. 핵심경쟁력은 자사의 경쟁적 우위로 삼는 것이 경쟁전략의 핵심이다.

표 4-6 경쟁업체(자사) 역량 분석

역량	강/약점	현황
경영자	강점	
	약점	
디자인력		
M.D력		
경영시스템		
차별화된 능력		
영업력		
상품력		
생산력		
자금		
경영실적		
서비스력		
점포 수		
브랜드 가치		

다 전략수립

어떤 상권에 어떤 아이템으로, 누구를 대상으로, 어떤 위치에 매장을 오픈 할지를 결정해야 한다. 즉 외식시장을 여러 형태의 사업성이 있는 여러 개의 시장으로 나눠보고(시장 세분화, segmentation), 그 중에서 가장 경쟁력이 있다고 판단되는 목표 시장과 고객을 선정하여(목표시장, targeting), 가장 경쟁력이 있고 차별화 되는 위치에 자리를 잡는(포지셔닝, positioning)이 S.T.P전략이다.

S.T.P전략이 마치면, 마케팅 믹스 전략을 수립하면 된다.

1) 시장세분화

시장세분화란 일정한 특징을 가진 집단으로 분류하는 것이다. 일단 세분화를 한 후에 여러 세분시장 중에서 특정한 세분시장을 선택하게 된다. 즉 이질적인 전체시장을 여러 개의 부분으로 구분하는 과정으로, 각 부분은 모든 중대한 관점들이 동질적인 특성을 갖게 된다.

2) 목표시장

목표시장이란 식당의 '상품, 서비스, 아이디어'를 판매하는데 먼저 고객층을 선택해 나가는 것이 중요하다. 그 대상고객으로서 정하여진 시장을 말한다.

여러 개로 분류된 가능성 있는 시장 중에서 가장 경쟁력이 있고, 사업성이 있는 시장을 찾기 위해 가능한 여러 개의 시장을 세부적으로 평가하고 최종적으로 들어가야 할 시장을 선정하는 것을 목표(표적)시장 선정이라고 한다.

3) 포지셔닝

포지셔닝은 '고객들이 자기 상품을 어떻게 인식하고 있느냐 하는 점이며, 고객들이 여러 경쟁상품을 비교하는 기준을 속성'이라고 한다. 선정된 목표시장을 그 사업의 시장 전체 중에서, 고객의 기억과 마음속에서 타사와 비교하여 자리(위치)를 잡게 하는 것이다.[24)]

포지셔닝에 있어서 성공에 이르는 핵심은 상품－서비스 믹스의 독특하고 고유한 요소를 설정하고 그것을 홍보하는 것이다. 이렇게 하면, 관리자는 경쟁상품－서비스 믹스로부터 자사의 상품－서비스 믹스를 차별화할 수 있으며, 그럼으로써 경쟁적 이점을 얻을 수 있게 된다.

이 접근방법은 독특한 판매제의 설정(USP, unique selling proposition) 설정으로 널리 알려져 있다. USP 설정은 혜택들을 상품－서비스 믹스의 실체적인 면으로 연결시키도록 모든 노력이 기울여져야 한다. 이런 방법으로, 소비자는 식당과 연결될 수 있는 실체적인 어떤 것을 갖게 된다.

근대골목단팥빵은 경쟁전략을 'SWOT분석, 핵심경쟁력, S.T.P전략'으로

24) Philip Kotler, Johe Bowen, James Makens, Marketing for Hospitality and Tourism, 3rd ed., Prentice Hall, N.J., 2014, p. 223.

분석하였다. 다음 마케팅 믹스 전략을 수립하였다.

근대골목단팥빵은 대구 중구 근대골목에 점포를 개장하였다. 베이커리 시장 환경으로 볼 때, 사업가능성이 있고, 소비자들에게도 반응이 좋은 시장으로 지속될 가능성이 많고, 경쟁업체보다 브랜드가 차별화된 콘셉트에 기초한 경쟁력이 있다고 판단하여 <표 4－7>과 같이, 인구통계학적 분석을 하였다.

표 4-7 단팥빵 고객층 분석

10대	20－30대	40－50대	60대
5%	55%	35%	5%
부모를 동반하여 구매, 크림치즈빵 선호	문화브랜딩을 중시하고, 커피와 녹차생크림단팥빵을 선호, 부모 선물용으로 구매	가격과 성분 중시, 자녀를 위해 생크림빵(녹차, 딸기)을 박스로 구매, 단팥빵과 야프리카(야채빵) 선호	옛날 빵에 대한 향수, 달지 않은 빵을 선호(상투과자, 쑥찹쌀 단팥빵, 단팥빵), 인테리어 관심
성별	▪ 여성 : 제품의 맛과 질에 관심 ▪ 남성 : 제품의 양과 가격에 관심		

<표 4－8>과 같이, SWOT분석을 하였다. 최종 목표는 SO(강점과 기회) 전략이다. 이 전략은 우선 전략 방향으로 강점요인을 최대화하고, 기회요인을 활용하였다.

표 4-8 SWOT 분석

강점	기회
▪ 직접 끓인 무방부제 팥 ▪ 마케팅전문가와 커피 전문가 ▪ 빵 제조공장 ▪ 문화브랜딩 관광 상품 ▪ 이업종 간의 메뉴(커피, 단팥빵)	▪ 온라인 주문 증가 ▪ 지역 축제의 활성화 ▪ SRT 개통 ▪ 아침식사의 증가 ▪ 베이커리 시장에서 대기업의 약세 ▪ 골목상권 부활
약점	**위협**
▪ 시장에서의 낮은 고객점유율 ▪ 경쟁업체보다 낮은 브랜드 인지도 ▪ 경영자의 제과제빵 기술 부족 ▪ 경영시스템 약함 ▪ 가족경영 의존도 높음	▪ 대기업 광고 ▪ 패스트푸드의 지속적인 강세 ▪ 샌드위치 전문매장 강세 ▪ 동네빵집 부활

<그림 4－7>과 같이, 자사 역량 분석하여 핵심경쟁력은 '파리바게트 운영 경력, 파리바게트 운영할 때, 전국 매출 1위의 성과를 낸 경영자, 마케팅 능력 있는 가족경영, 라이온 커피 브랜드, 앙금을 사용하지 않는 무방부제 팥, 문화브랜딩 관광상품'이다.

그림 4-7 핵심경쟁력

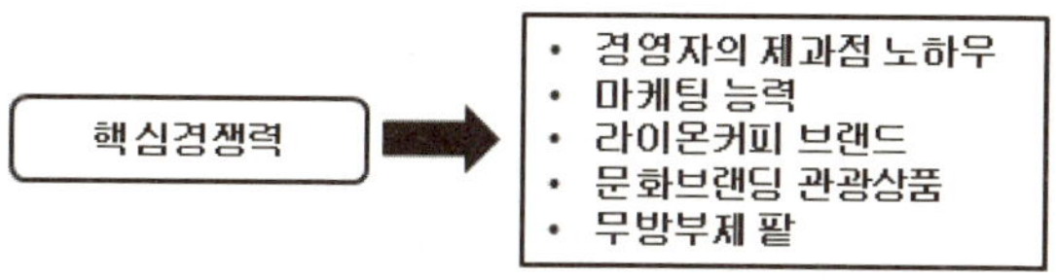

<그림 4－8>과 같이, 시장세분화 분석 결과, 20~30대 연령층은 '문화브랜딩 주도하는 소비자층, 커피와 빵 구매, 부모님 선물용 구매', 40~50대 연령층은 '가격과 성분을 중시, 자녀를 위해 선물용 구매', 60대 연령층은 옛날 빵에 향수로 나타났다.

그림 4-8 시장세분화

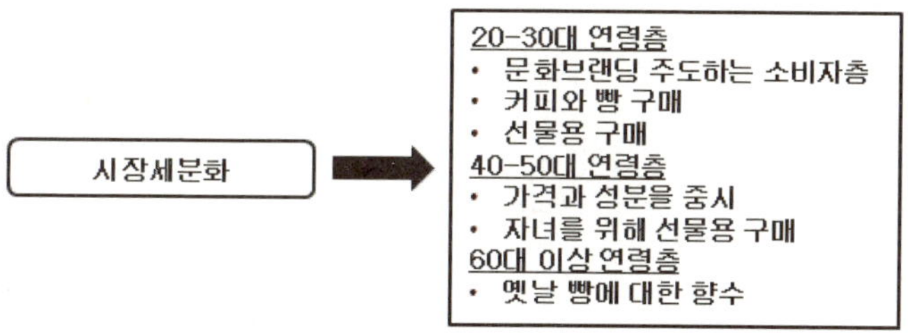

<그림 4－9>와 같이, 목표시장은 직장인, 대학생, 주부 중심의 20~40대 여성층이며, 문화브랜딩 관광상품 디자인과 앙금을 사용하지 않은 무방부제 팥을 선호하는 고객으로 선정하였다.

그림 4-9 목표시장

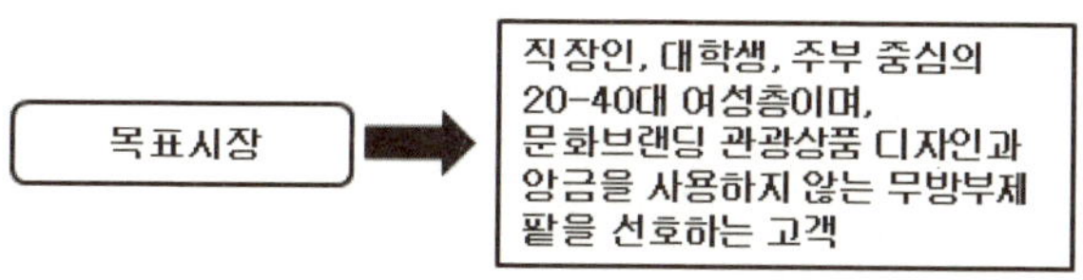

<그림 4－10>과 같이, 현재 근대골목단팥빵은 고품질 제품을 추구하며, 경쟁사보다 비교적 제품들이 높은 가격대로 형성하고 있지만 서비스 품질은 높다. 직접 끓인 무방부제 팥을 사용한다.

이와 같은 분석 결과 후, 마케팅 믹스 전략을 수립하였다.

그림 4-10 포지셔닝

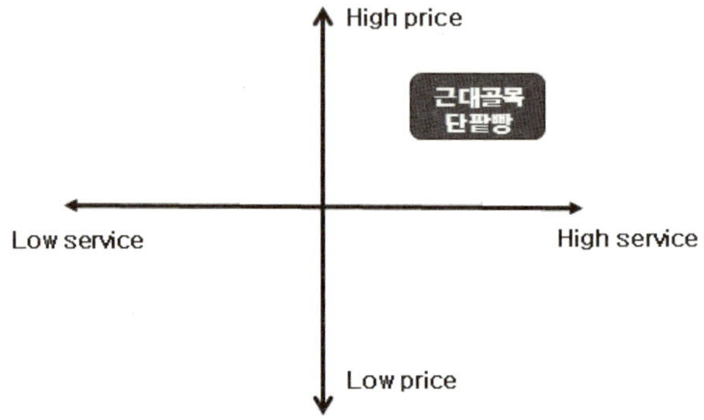

제 5 장 사람을 경영하라

제 1 절 인적자원관리

외식사업은 총매출액 중 '인건비와 식자재원가' 비율이 가장 높다. 두 비율을 'FLCOST'[25)]라고 한다.

외식사업은 직원관리가 어렵고 중요하고, 순이익에 영향을 미친다. 경영자는 직원들과의 갈등으로 식당경영의 회의를 느끼게 만든다.

인적자원관리는 식당이 필요로 하는 인력의 고용·유지·개발·활용을 자발성과 자율성의 원리에 입각하여 계획·조직·지휘·통제하는 것이다.

현대 인적자원관리는 종사원들의 자율성을 강조하고 있다. 자율성은 종사원의 욕구를 어느 정도 충족시킬 수 있는가에 달려 있다. 이들의 욕구가 식당 업무에 충족되자면, 종사원의 욕구도 적당해야 한다. 또한 경영자는 그들의 욕구를 충족할 수 있는 능력을 갖추어야 한다.

25) 식자재원가(food cost), 인건비(labor cost)

1. 채용관리

식당 인적 구성은 생물과 같다. 종사원들은 영원히 한 위치에만 머물러 있는 것이 아니라 승진하거나 다른 직무로 전환하거나 퇴직하게 된다. 따라서 식당은 계속 변화하는 상황을 수용해야만 한다. 식당은 인적자원의 의존도가 높고, 이직률이 높은 사업으로 인적자원 수급계획이 매우 중요하다.

인적자원 수급계획에 지원자를 확보하는 활동이며, 선발은 지원자를 평가하여 선택하는 것이다. 지원자는 '신문·인터넷·직업소개소·교육기관·학원 기타' 등을 통해서 확보된다. 선발과정은 '지원서·인터뷰·시험·면접' 등을 이용하여 모집 선발한다.

모집인원을 결정하기 위한 간단한 공식은 아래와 같다.

> 모집인원수=소요인원수−(현재 인원수−퇴직예상 인원수)
> 모집결정인원수=모집인원수+(모집인원수×퇴직률)

채용은 지원자 중 식당 업무에 가장 적합한 자질을 갖추었다고 판단되는 인력을 고용한다. 채용 시 유의점은 '직무의 명확성, 윤리적 고려, 인성과 직무에 부합되는 사람'이어야 한다. 식당종사원 채용의 관건은 우수한 인재를 택하기 보다는 성실한 인재를 택하는 일에 달려있다 해도 과언이 아니다.

> 필자의 한마디, 미소 짓는 사람, "감사합니다."라고 말하는 사람, 남의 이야기를 잘 듣는 사람을 고용하라. 인사(人事)가 만사(萬事)이다.

그림 5-1 구인모집

종사원 채용 시 확인사항은 아래와 같다.

① 성명, 생년월일, 주소, 연락처 등 이력서 기재사항
② 얼굴 확대 사진
③ 건강수첩
④ 주민등록등본
⑤ 주요경력
⑥ 성격
⑦ 취미 및 기호
⑧ 언어사용 및 태도
⑨ 점포의 선택 이유
⑩ 장래의 희망, 꿈

식당인력계획 수행 목적은 다음과 같다.

- 조직이 필요로 하는 인력의 양과 질을 획득한다.
- 식당의 인적자원을 최대한 활용한다.
- 잠재적인 인력의 부족현상과 과잉상태를 예측하고 적절히 대응한다.

2. 임금관리

식당경영은 인간 활동에 의해 이루어진다. 따라서 식당은 종사원 각자에게 일정한 직무를 부여하고, 각 직무는 목표달성을 위해 관리되어야 한다. 직무계획은 앞에서 논의한 인력계획과 함께 인사관리시스템의 투입요소가 된다.

임금수준은 두 가지의 의미로 나누어 생각할 수 있다.

첫째, 동일 식당 내 직무의 차이와 직위의 차이에 따른 임금격차
둘째, 식당 자체의 임금수준, 즉 식당이 일정기간 동안 지급하는 평균임금으로 노동시장과의 관계에서 균형을 유지하고 임금의 상한과 하한을 관리하는 것을 의미한다.

임금수준의 결정요인은 다음과 같다.

- 생계비 수준
- 식당의 지불능력
- 통상적 임금수준
- 최저임금

식당경영자는 업무 처리 능률을 최대한 발휘할 때, 종사원의 능률을 극대화시킬 수 있다. 따라서 식당경영자는 업무 처리에 최선을 다하여 경영 효율성을 극대화시켜야 한다.

경영자는 중요한 업무와 그렇지 않은 업무를 명확히 구분하고, 중요한 업무에 우선적으로 대처해야만 한다. 특히, 주방관리는 통제하기 어렵다. 주방 실무 책임자에게 주방관리 결정권을 위임해야 한다. 식당경영자는 요리를 맛있게 만들 줄 알고, 적당량의 분량을 잘 조절할 줄 아는 주방장을 채용해야 한다. 이와 같은 역량을 갖춘 주방장은 이윤 폭이 높은 메뉴를 신속하게 만들어내는 방법까지도 알고 있고, 재료도 절약한다.

스스로 업무를 개선하고자 하는 조리사에게는 업무개선이 이루어질 수 있도록 뒷받침 해주는 것이 매우 중요하다. 잔소리 한 마디에 말없이 떠

나는 미성숙한 조리사도 아직도 많다. 좋은 인성과 주인의식 있는 직원을 만나는 것도 경영자의 운이다.

종사원은 약간의 금전적 인센티브보다는 상사의 부하 능력 인정, 부하 이름 기억, 칭찬, 격려, 사랑, 신뢰와 같은 정신적·비금전적 인센티브와 자기 직장에 대해서 느끼는 긍지, 소속감, 일체감, 보람, 충성심, 애사심, 가족적 분위기, 행복감과 같은 정신적 동기부여를 훨씬 중시한다.

경영자는 종사원에게 베푼 다음 대가를 바라지 않고 답례가 없더라도 섭섭하게 여기지 않은 덕(德)이 있어야 한다.

종사원 노무관리는 아래와 같다.

- 상여금과 특별 수당
- 종사원들의 식사 규정
- 유급 휴가
- 종사원 복장에 관한 규정
- 종사원 건강진단 및 진료
- 유급 휴일
- 단체 생명보험 가입
- 상해 및 재해에 대한 보험
- 종사원의 특별 이익 분배
- 종사원의 교육비 보조
- 종사원의 국민연금, 산재보험, 고용보험, 의료보험
- 종사원을 위한 퇴직금과 연금
- 종사원지주제도

<표 5－1>은 인건비 및 제경비 일람표를 작성하는 양식이다.

표 5-1 인건비 및 제경비 일람표

年 月

일자 \ 품목	급여	P/A 급여	복리 후생비	소모 품비	수선비	연구 개발비	세탁비	교통비	교육비	기타
1										
2										
3										
4										
5										
합계										

3. 교육훈련

채용된 종사원을 유능한 종사원으로 양성하기 위해서는 교육훈련이 필요하다. 교육훈련은 인재를 외부로부터 조달할 것이 아니라, 내부에서 교육·훈련·개발하여 인력을 조달·확보하는 것이다.

교육은 특정직무와 관련되지 않는 일반지식과 기초이론이고, 훈련은 특정직업 또는 직무와 관련된 학문적 지식, 육체적인 기능 등을 습득시키며 숙달시키는 것을 의미한다. 교육훈련이란 종사원의 능력개발을 목표로 한다.

교육훈련의 주요 목적은 다음과 같다.

- 인재육성을 통한 기술축적
- 원활한 의사소통을 통한 조직협력
- 자기발전의 욕구충족을 통한 동기유발

교육훈련의 목적 중 인재육성과 의사소통은 주로 경영자의 입장에서 추구하는 목적이고, 자기발전은 종사원의 입장에서 추구하는 목적이다.

교육훈련의 분류는 직무수행에 필요한 종사원의 전문적 능력을 개발하고, 근무의욕의 개발 방향으로 구성된다.

직무몰입과 직무만족은 업무성과를 높이고, 이는 직업의식과 기업의식에서 나온다. 직무의식은 직업에 대한 자부심이고, 기업의식은 직원의 일원으로 느끼는 인식이다. 기업의식은 식당의 존재의의, 전통 및 실태를 이해함으로써 그 식당에서 주어지는 자기의 역할·입장·대우에 대해서 만족하고, 자발적·적극적으로 조직 목표달성에 노력하는 단체정신을 말한다.

교육훈련방법은 사내교육훈련과 사외교육훈련으로 분류된다. 다시 사내교육훈련은 3가지의 기본 방향이다.

1) 현장훈련

OJT(on the job training)는 직장훈련, 직무상훈련, 또는 현장훈련이다. 교육훈련 담당자는 현장의 직속상사를 주축으로 종사원을 개별적으로 실무 또는 기능을 훈련시키는 것이다. OJT의 장·단점은 <표 5-2>와 같다.

표 5-2 OJT의 장·단점

장점	단점
-훈련이 현실적이고 실제적이며 실시가 용이하다. -훈련과 생산 활동이 연결되어 경제적이다. -상사나 동료 간에 이해와 협동정신을 고양한다. -종사원의 능력에 맞게 훈련할 수 있다.	-우수한 상사가 반드시 우수한 교사는 아니다. -훈련과 생산 모두가 철저를 기하지 못 할 가능성이 있다. -다수의 종사원을 한꺼번에 훈련할 수 없다. -원재료의 낭비를 초래한다.

2) 직장 외 훈련

Off JT(off the job training)는 직장 외 훈련, 직무 외 훈련, 또는 현장 외 훈련이다. 직장 외 훈련은 교육훈련을 담당하는 전문 스텝의 책임 하에 이루진다. 직장교육훈련 이외의 모든 사내교육훈련을 말한다. Off JT의 장·단점은 <표 5-3>과 같다.

표 5-3 Off JT의 장·단점

장점	단점
– 현장작업과는 관계없이 예정된 계획에 따라 실시할 수 있다. – 많은 종사원을 동시에 교육할 수 있다. – 전문적인 지도자가 실시한다. – 수강자는 업무 부담에서 벗어나 훈련에 전념하므로 훈련효과가 높다.	– 교육훈련 결과를 현장에 바로 활용하기가 어렵다. – 작업시간이 감소한다. – 훈련시설과 비용이 많이 든다.

3) 조직개발 교육훈련

OD(organization development)는 조직개발 교육훈련이다. 이는 행동과학 이론과 실천 결과에 영향을 받아 이루어진다. 지금까지 논의한 훈련방법은 개인의 능력을 향상이고, OD는 집단훈련으로 팀워크를 제고하는 것이다. OD는 맥그리거(McGregor)의 Y이론에 기초를 두고 있다. 인간은 좋은 환경조건을 부여받으면 자율성과 책임감으로 일한다.

OD방식의 특색은 다음과 같다.

- 훈련대상으로 같은 직장의 상하근로자들을 모아서 훈련한다.
- 훈련은 직장의 불만과 반성으로부터 출발한다.
- 구성원의 태도변화와 행동변화를 통하여 조직풍토를 개선한다.
- 훈련의 내용은 직장의 문제점과 해결방법을 발견하는 데 초점을 둔다.
- 훈련기법은 강의식보다는 토의와 체험학습에 치중한다.
- 원칙적으로 직장의 관리자 또는 감독자가 훈련지도자가 된다.

제2절 인력수급관리

I. 인건비 관리

가. 인건비 관리의 개요

외식사업은 노동집약적인 사업이다. 매출에 따른 노동 인력 확보가 매우 중요하다. 종사자 인력수급은 판매예측에 기초하여 수립되어야 한다. 많은 식당들은 판매예측에 의한 인력수급을 하지 못한다. 종사원의 원활한 채용은 식당경영에 매우 중요하다. 판매예측은 식재료 수급측면에서도 필수적이다.

'식당경영 판매예측은 어떻게 하는 것이 효율적인가?'

물론 경영자 경험에 따른 방법도 있지만, 인건비 관리는 다음과 같은 방법을 사용한다.

1) 총매출액에 대한 인건비율

'인건비 비율 = (인건비 / 총매출액) × 100%'이다. 한국은 인건비를 보통 20~25% 정도로 책정한 뒤 전체 점포의 비율을 종합하여 작성한다. 이것은 점포의 콘셉트, 업종업태에 따라 상이해진다.

2) 작년 영업현황

이 기준은 특별한 예약에 의한 단체고객 판매를 제외시킨 후, 금년 추정 총매출액을 산출하여야 한다. 추정 총매출액은 올해의 각종 생산수치와 경기유동지수를 고려해야 한다. 유의할 점은 금년도와 전반적 영업실태가 작년에 비해 증감을 퍼센트(%)로 추정한 후, 예상 총매출액을 산정하여야 한다.

3) 내점객수 처리 능력

내점객수 처리 능력은 인시매상고[26] 비율이다. 인시매상고는 동작·작업효율을 알 수 있다. 높낮음은 문제가 아니다(총 내점객수 / 총 근무시간 = 시간당 내점객 수).

4) 1인당 매출 수준

1인당 매출(총매출액 / 근무시간)은 다른 식당과의 수준을 비교하는데 유용하다.

5) 파트타임 비율

'파트타임 비율 = (파트타임 근무시간 / 총 근무시간) × 100%', 전체 근무시간에 차지하는 파트타임과 아르바이트생들의 근무시간으로 70% 이상인 것이 일반적이다.

이와 같은 방식에 의해 추정 총매출액이 산정되면, 평소 매출액을 비교한 후 종사원의 수를 고려하여 인력수급 계획을 수립할 수가 있다. 식당 업종업태에 따라 매출액에 대한 종사원 인력소요가 다를 수 있지만 경영자는 쉽게 소요인력을 산출할 수가 있다.

최근 식당 인력수급이 어려워지고 있다. 경영자는 비상조치를 할 수 있는 방법을 강구해야 한다. 월별 혹은 주별로 필요 인력 충원을 위한 구직 알선업체나 인력파견업체에 대한 정보도 있어야 한다.

종사원의 탄력적인 근무시간 조정이 인력 수급에 도움 될 수 있다. 이것은 식당경영 특성과 지역적 특성에 따라 달라질 수가 있다.

26) 1인당 1시간당 몇 명의 고객을 처리할 수 있는가를 나타내는 서비스 수준의 지표

나. 적정인원 배치표

경영자들은 총매출액 감소와 불황에 봉착하면, 첫 번째 작업이 종사원의 수를 감소한다. 이것은 경영 악순환을 초래한다. 종사원의 수를 줄이면, 업무의 양이 많아져서 서비스 수준은 떨어진다. 서비스가 나쁘면, 고객은 불평·불만을 표현하고, 식당을 떠난다. 고객이 식당을 방문하지 않으면, 매출은 감소한다. 이것은 말장난 같지만, 현실에서 발생하고 있다.

경영자들은 직종별 적정인원 배치와 근무자 시간 조정은 총매출액에서 순이익을 높이는 중요한 요인이라는 것을 명심해야 한다.

우선 직종별 적정인원 배치표를 작성한다. <표 5-4>는 적정인원을 설정하는 최저단위로서 시간당 투하 인원의 설정이다. 내점고객 수 기준과 시간대 매출을 기준 방법이다. 어느 것이나 점포의 운영과 직결되므로 점포 사정에 따라 방법을 택하면 된다.

결국 내점객수와 매출액을 1일·주간·월간기준으로 분류하여 근무시간을 관리한다. 이것이 인건비 관리의 시작이다.

표 5-4 직종별 적정인원 배치(고객 수 기준)

직종별 \ 내점객수	0~20명	21~40명	41~61명	61~80명	81~100명	101~120명
매니저	1	1	1	1	1	1
호스티스	0	1	1	1	1	1
웨이터	2	2	3	4	5	6
패스보이	0	1	1	2	2	2
조리사	2	2	2	3	3	3
접시닦이	0	1	1	1	2	2
계	5	8	9	12	14	15

2. 근무자 시간 조정

가. 개 요

식당 근무 시간대를 보면, 관리자와 종사원 사이에 갈등이 발생할 소지가 있다. 이것은 식당운영에 있어 근무 시간대에 따라 노동량이 달라질 뿐만 아니라 피로도 다르게 나타나며, 가급적 좋은 근무 시간대를 원하기 때문이다.

또한 점차 팁에 대한 관심도 높아지고 있다. 좋은 시간대 근무할 경우, 부수적인 수입이 좋기 때문에 이러한 갈등이 있을 수 있다. 따라서 종사원 근무시간은 객관적인 기준에 의해 관리자가 공평하게 편성해야 한다.

종사원 개인의 성격, 체력, 숙련도 등을 감안하여 상호 보완적인 조 편성을 하는 것이 효율적이다. 일부 식당에서는 종사원이 희망 근무시간을 우선 배정하고 나머지 시간을 조정하는 경우도 있다. 또 다른 경우는 종사원과 관리자가 협의하여 근무 시간대를 편성하기도 한다.

이와 같은 근무시간 편성은 종사자들의 가장 중요한 관심사 중 하나이다. 경영자나 관리자가 특정인에게 특혜를 주는 것 같은 의구심이 생기면 종사원들 간 인간관계가 나빠질 수 있다. 결과적으로 서비스 수준의 저하와 매출액 감소로 이어질 수가 있으니 유의해야만 한다.

주방 근무자들의 교체 근무 조 편성은 체력적 요건과 기술 숙련도 등을 고려해야 한다. 객장의 종사원들은 접객 서비스 숙련도에 따라 조별로 편성해야 한다. 단, 근무 스케줄이 확정된 후라도 종사원들의 개인 사정에 의해 비슷한 수준의 종사자가 상호 근무변경 신청을 할 경우 특별한 이유가 없는 한 조정하는 것이 좋다.

또한 근무 종사자의 업무 시작 10분 내지 15분 전에 관리자에게 근무 정위치 준비가 끝났음을 스스로 신고하도록 하는 것이 좋다. 왜냐하면 근무시간을 전후하여 갑자기 나오지 않는다든지 다른 사유로 근무에 지장을 초래할 수 있다. 전체 근무자 재조정에 시간이 걸리기 때문에 사전에 원활히 조처를 취할 수 있기 때문이다.

물론 유니폼이나 복장을 갖추는 데에도 시간이 소요되는 것을 감안해야 한다.

나. 근무시간 관리

근무시간 관리는 단순히 근무시간을 줄인다는 것이 아니다. 시간 효율성을 높여서 '소모시간'을 극소화시켜 수익성을 높이는 방법이다. 고객서비스가 원활히 이루어지면서 관리해야 한다.

근무시간 관리는 급료지불관리(payroll control) 방식에 의거하여 설명한다.

1) 정시시스템

이 시스템은 종사원 출·퇴근시간이 일정하게 편성하는 관리방식이다.

2) 시차제시스템

이 시스템은 종사원들을 조를 나누어 출·퇴근 시간을 차이를 두는 방법이다. 다시 말하면 각 조를 3인 1조라고 가정할 때, 1조는 9시에 출근해서 17시 퇴근하고, 2조는 11시에 출근해서 19시에 퇴근한다.

이 방법은 고객이 가장 많을 때, 적정인원의 종사원을 배치하고, 고객이 없을 때 종사원을 배치하지 않는 장점이 있다.

3) 갱 시스템

갱(gang) 시스템은 3~4명이 1조가 되어 고객에게 서비스를 제공하는 방법으로 프렌치서비스에서 이용한다. 1조당 4~5개 테이블을 서비스한다.

4) 참모 시스템

이 시스템은 바쁘지 않은 업장에 있는 종사원들을 바쁜 업장에 투입하여 서비스하는 방법이다. 종사원이 주방에 가서 일하다가가 홀이 바쁠 때, 주방에서 홀을 지원할 수 있는 시스템이다.

이 시스템은 완벽한 메뉴 레시피를 보유하고 있는 식당만 가능한 방법이다. 또한 종사원의 이직률이 적어야 하고, 훈련이 잘 되어 있어야 하면, 유니폼이 상·중·하로 만들어야 한다.

패스트푸드의 근무 스케줄을 <그림 5-2>와 작업 스케줄 <그림 5-3>을 살펴보기로 하자.

그림 5-2 패스트푸드의 근무 스케줄

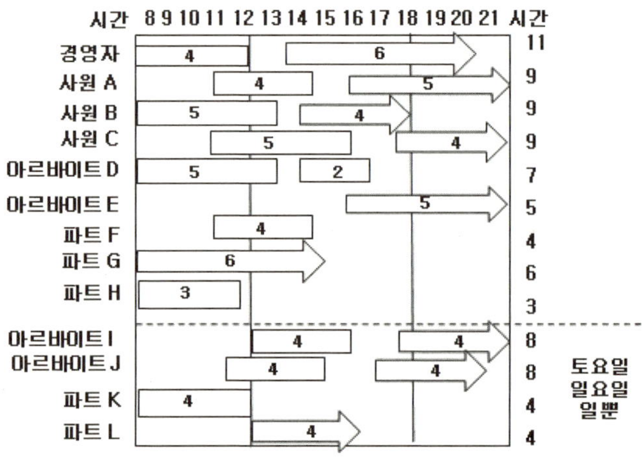

그림 5-3 작업 스케줄

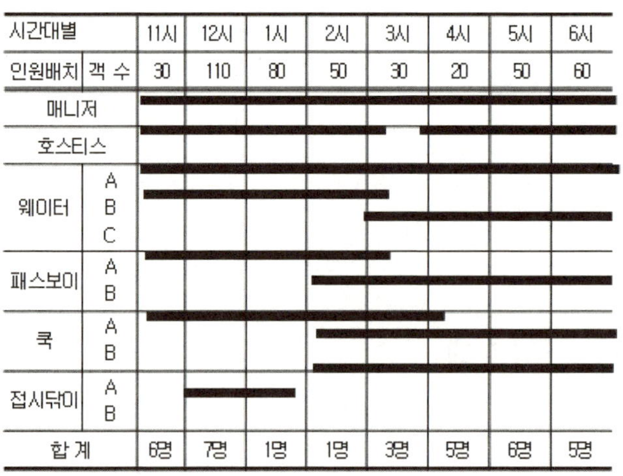

종사자의 시간당 매출액에 대한 급료 지급 현황을 기록하여 예상 판매 예측과 근무 소요 인력 산출에 활용하는 것도 외식업소 경영에는 필수적인 요소가 된다.

제 6 장

수치는 경영의 필수

제 1 절 식음료 원가관리

메뉴가격은 '경쟁업체의 가격표, 고객들의 반응, 고객들의 수준, 관례적으로 받아온 금액 비교, 요리·음료의 재료비가 일정비율이 되도록 가격을 설정하는 방식' 등 여러 방법으로 가격을 설정한다.

경영자는 '원가<가격<가치'의 식당경영 생존부등식을 잊지 말아야 한다. 즉 우리 식당의 가치(맛, 입지, 서비스, 분의기 기타 등등)를 생각하고, 메뉴가격을 고려한 후에 원가를 정해야 한다.

경영자가 식음료 원가관리 개념이 없다면, 절대 식당을 기업화시킬 수 없다. 경영자는 '식음료 재료비 관리, 재무장부, 판매일지'를 가지고 원가관리를 분석하여야 한다. 또한 이 자료를 데이터베이스화 하여야 한다.

Ⅰ. 식음료 재료비 관리

한국 외식업체 FLCOST(식자재+인건비)는 평균 원가비율을 60% 이하가 되어야 한다. 만약 60% 이상이면, 문 닫아야 한다.

경영자들이 명심할 게 있다. 식자재 원가비율이 높으면, 인건비가 낮아야 한다. 인건비가 높으면, 식자재 원가비율이 낮아야 한다.

한정식은 인건비가 높고, 식자재 원가비율이 낮다. 패스트푸드는 인건비가 낮고, 식자재 원가비율은 높다. 중식당(제과점)은 인건비가 높고, 식자재 원가비율이 낮다. 커피전문점은 인건비도 낮고, 식자재 원가비율도 낮다.

고급 일식당은 인건비도 높고, 식자재 원가비율도 높다. 한국 일식당의 생존은 이자까야처럼 소규모 점포에서 메뉴 가격을 낮추어야 하고, 경영자가 주방장이 되어야 한다. 일식당 폐업하는 점포가 늘면 국내 경기가 나빠진다는 말이 있다.

평균적으로 '패스트푸드는 식자재 원가비율은 45%이고, 패밀리레스토랑의 식자재 원가비율은 35%이고, 고급 레스토랑의 식자재 원가비율은 25%'라고 한다. 고급음식점은 식자재 원가비율이 낮아지고, 인건비가 높아진다고 하였다.

식자재 원가비율은 메뉴 품목 수량이 많으면 높아질 수밖에 없다. 메뉴품목 수량은 품목마다 특징이 있어야 하지만 주 메뉴 품목 수는 10~15개 정도라면, 고객이 주문할 때 선택하기 어렵다. 주 메뉴는 4개 정도면 충분하다. 또한 그 날의 특별메뉴를 2~3개 정도 있으면 된다. 경영자는 금(토)요일에 매출을 높이도록 노력해야 한다.

식음료 재료의 기본은 '신선한 맛, 자기 식당에서 직접 만든 것, 메뉴의 품질, 1인분의 분량'을 말한다.

고객의 기대와 욕구는 움직이는 표적물이므로 경영자는 고객의 취향에 맞추어야 한다. 또한 고객은 가성비가 좋은 식당을 선호한다. 경영자는 고객에게 가성비를 만족시키기 위해서는 식자재 원가관리가 중요하다.

경영자는 식자재 관리에 있어서 원가율 상승 원인을 발견하여야 한다. 그러면 원가율 상승 원인을 발견하는 방법은 아래와 같다.

첫째, 표준원가율과 실제원가율의 차이를 분석하여야 한다.

표준원가율은 구매한 식자재의 평균 가격이고, 실제원가율은 구매한 식자재가 가격 변동에 의해 실제 매입된 가격을 말한다. 실질적으로 표준원가율과 실제원가율의 차이는 발생한다.

둘째, 고기에 날짜, 가격, 양을 기입하여, 재고관리를 통제한다.

경영자는 주방에서 선입선출법(first in first out)[27]을 사용하고 있는가를 체크하고, 식자재가 썩어서 없애는 것, 요리하는 과정에서 망쳐진 것, 1인분보다 많이 나가는가를 신경 써야 한다. 재고관리는 창고에 20% 정도 재료만을 유지한다.

셋째, 매일매일 주방을 체크하여야 한다.

경영자는 주방에 있는 냉장고와 냉동고의 식자재에 관심을 가져야 한다. 그러면 주방에 있는 직원들이 원가관리에 관심을 갖는다. 식자재 재고일람표를 작성하여야 한다.

식자재 재고일람표는 <표 6-1>과 같다.

표 6-1 식자재 재고일람표

분류 : 육류, 육가공

품명	단위	전월 잔액			금월 매입			금월 잔액			금월 사용량		
		수량	단가	금액	수량	단가	금액	수량	단가	금액	수량	단가	금액

27) 먼저 들어온 식자재는 우선적으로 요리

2. 재무장부와 판매일지

가. 재무장부

재무장부란 업체의 금전출납을 상세히 기록하는 것이다. 재무장부는 변동요인을 분석하여야 한다. 고정비는 변함이 없다. 그러므로 변동비를 파악하여 원가관리하고, 재무장부에서 변동요인을 분석하여야 한다. 변동요인은 아래와 같다.

- 구매량을 지나치게 주문해서 음식을 낭비하였는가?
- 질이 좋지 않은 물품을 구입하였는가?
- 고가로 구입하였는가?
- 저장과 반출시 철저한 관리를 하지 않았는가?
- 조리사의 잘못으로 많은 양이 감소하였는가?
- 종사원들이 재료를 절제 없이 사용하였는가?
- 계절적인 요인인가?
- 메뉴들이 이익이 적은 음식들로만 구성되어 있는가?

나. 판매일지

1) 판매일지의 개요

판매일지란 그날의 판매기록을 상세히 써 놓은 일기장을 말한다. 판매일지는 '일기, 요일, 판매상태, 고객 수, 종사원의 상태' 등 식당의 모든 움직임을 기록하는 것이다.

이 일지는 고객동향을 파악하는 중요한 자료이다. 다시 말해서, '좌석회전율, 고객 당 평균지출액, 판매량 예측과 어느 음식이 인기 있는지'를 기록하는 자료이다.

판매일지는 '원가절감, 매달 행사, 계절별 메뉴 분석, 인적자원관리, 계절별 메뉴분석, 주중과 주말 매출 분석 기타'를 분석할 수 있다.

식당 매출을 높이는 방법은 아래와 같다.

- 주문하는 1인당 객단가를 높여라
- 영업시간을 늘려라
- 인시(人時) 매상고[28]를 체크하라
- 좌석회전율을 높여라

2) 좌석회전율

먼저 좌석회전율을 분석하여야 한다. 식당경영자들은 한 시간 동안 좌석회전율을 매출에 가장 중요한 요인으로 생각하고 있다.

좌석회전율 = 고객 수 / 좌석 수 × 100%

좌석회전율은 식당 매출액과 능률성을 나타내는 지표가 된다. 시간당 좌석회전율은 얼마나 되는가에 따라 경영자가 식당경영을 '잘하고 있느냐, 못하느냐'의 평가로 나타난다.

좌석회전율은 음식이 아닌, 술·음료만을 전문적으로 취급하는 업소는 별 의미가 없을 수도 있다. 왜냐하면 고객 1회전에 머물러도 몇 잔을 마시느냐에 따라 매출액이 크게 달라지기 때문이다.

보편적으로 보면, 식당은 가급적 회전율을 높이려 한다. 특히 패스트푸드는 회전율을 높이기 위해 총력을 기울여야 한다. 인기가 있는 패스트푸드점은 시간당 5회전 이상 회전율을 유지한다. 일반적인 식당은 고객 집중 이용 시간대 최소 1시간에 2회전 이상 되어야 한다.

식당 좌석회전율을 분석하면, 좌석회전율이 높은 식당은 고객 1인당 객단가가 낮지만, 매출액이 높기 때문에 수익은 높다.

28) 시간당 매출 보고

경영자는 발생할 수 있는 좌석회전율의 문제점을 알고 있어야 한다.

바쁘면, 조리사나 종사자의 의존성이 높아지면, 추가비용(보너스, 회식비 기타 등등)과 인건비 비율도 높아져 수익이 감소할 수 있다. 미성숙한 직원은 경영자에게 요구사항이 많아져 곤란하게 만든다. 뿐만 아니라 좌석회전율이 낮을 때, 유휴노동력이 발생한다.

좌석회전율이 높은 식당은 이런 문제점을 해결하기 위해서 노동력 저장 개념이 있어야 한다. 노동력 저장 개념은 바쁜 시간대에 신속히 음식을 제공하고, 한가한 시간대에 반제품 상태의 음식 준비를 한 후, 필요시 짧은 조리시간으로 음식을 제공할 수 있는 준비과정을 말한다.

이러한 방법은 경영전략의 효율성을 높이고 수익성에 크게 도움이 된다.

좌석회전율 향상은 음식 준비 상태에만 국한되는 문제가 아니다. 빠른 회전을 위해서 신속한 테이블세팅은 필수이다. 이러한 신속한 준비는 업무처리 요령을 종사원이 명확히 알고 있어야 하고, 관리자와 종사원의 팀워크를 갖추어 일사불란하게 호흡이 맞아야 한다.

매출액은 좌석회전율에 크게 의존하기 때문에 서비스 행동지침도 식당 운영 방침과 일치해야 한다.

좌석회전율 높이는 방법은 아래와 같다.

- 고객이 가장 붐비는 시간대에 인원 배치와 판매 총력전을 기울여라
- 목표 판매량을 달성할 수 있도록 종사원을 교육하라
- 종사원이 일하는 동선거리를 줄여서 신속성을 유지하라

이와 같이 좌석회전율은 매우 중요하다. 좌석회전율을 높이기 위해 음식만 빨리 제공한다고 이루어지는 것은 아니다. 경영자의 식당경영에 대한 깊은 연구와 노력이 좌석회전율 제고에 절대적 요건이 된다.

<표 6－2>와 같이, 판매일지로 평균 1인당 고객단가를 파악하여야 한다. 매출을 높이려면, 1인당 객단가를 높여야 한다. 1인당 평균 객단가는 아래와 같다.

<table><tr><td>1인당 평균 객단가 = 총매출액 / 고객 수</td></tr></table>

판매일지는 '인기 있는 음식과 인기 없는 음식', 1년 정도만 지나면 판매량 예측과 매출이 증대하는 시기를 파악할 수 있고, 식당이익 감소하는 요인도 알 수 있다. 판매일지는 전산화시스템으로 구축하면, 식당의 변동사항을 한 눈에 알 수 있다.

표 6-2 판매일지

00년 월 일

<table>
<tr><td rowspan="2">매출집계</td><td>현금매출</td><td colspan="2"></td></tr>
<tr><td>카드매출</td><td colspan="2"></td></tr>
<tr><td colspan="4">금전출납</td></tr>
<tr><td rowspan="4">수입</td><td>현금입금</td><td colspan="2"></td></tr>
<tr><td>카드</td><td colspan="2"></td></tr>
<tr><td>상품권(기타)</td><td colspan="2"></td></tr>
<tr><td>합계</td><td colspan="2"></td></tr>
<tr><td rowspan="9">지출내역</td><td>품목</td><td>내역</td><td>금액</td></tr>
<tr><td></td><td></td><td></td></tr>
<tr><td></td><td></td><td></td></tr>
<tr><td></td><td></td><td></td></tr>
<tr><td></td><td></td><td></td></tr>
<tr><td></td><td></td><td></td></tr>
<tr><td></td><td></td><td></td></tr>
<tr><td></td><td></td><td></td></tr>
<tr><td>합계</td><td></td><td></td></tr>
<tr><td rowspan="3"></td><td rowspan="3"></td><td>합계</td><td></td></tr>
<tr><td>+, -</td><td></td></tr>
<tr><td>통계</td><td></td></tr>
</table>

3. 손익계산서

식당 창업자 중 의욕만 있어 타당성을 분석하지 않고 많은 자본을 투자한 후, 영업이 되지 않아 폐업하는 사례도 있다. 필자는 창업하는 사람들에게 명심해 줄 말이 있다.

수치 개념이 없는 식당 창업자(경영자)는 망한다.

식당의 목표는 이윤 창출이다. 이윤 창출을 위해서는 매출을 분석하여야 한다. 식당매출 분석은 손익계산서를 분석할 수 있어야 한다.

식당경영자는 현재 및 장래 수익에 대한 재정 상태를 나타내는 대차대조표 계정과목보다도 손익계산서에 표시된 식당회계로 분석한다.

손익계산서는 크게 나누어 '플러스 요소'의 수익과 '마이너스 요소'의 비용이 있다. 이익은 수익에서 비용을 뺀 잔액을 의미한다. 식당경영 활동에 의해 발생하는 가치 증식 수익이다. 이것에 대응하는 가치의 희생, 즉 비용을 일정기간에 대해 계측하고, 차액인 순이익을 파악하는 것이 손익계산서의 역할이다. 따라서 일정기간 발생한 수익과 비용을 정확히 인식·측정이 식당 회계이다.

<표 6-3>과 같이, 수익은 식음료 판매에서 생긴다. 비용은 식자재원가, 영업비용(판촉비, 수도광열비, 인건비, 일반관리비), 영업외 비용(감가상각비, 소모품비, 통신료, 도서인쇄비, 카드수수료, 기타 등등), 임대료, 세금 등이 있다.

총매출액에서 식자재원가와 영업비용을 제외하면, 영업이익이다. 영업이익에서 영업외 비용과 임대료, 세금을 가감한 결과가 '당기순이익(순손실)'이다.

표 6-3 손익계산서

00년 月分

항목		전월누계	금액	구성비%	당월누계
매상고					
원재료비					
기수재고					
기중재고					
기말재고					
정사원인건비					
급여					
파트아르바이트급여					
복리후생비					
제경비					
수도광열비	GAS				
	수도비				
	전기료				
홍보・판촉비	명함				
	잡지광고				
	전단지				
	메뉴제작비				
	POP				
소모품비	집기류				
	사무용품비				
	청소용구				
통신료	전화료				
도서인쇄비	신문, 잡지, 책				
수선비	설비				
	인테리어				
지불수수료	카드수수료				
연구개발비	경쟁업소상품시식				
세제공과	VAT				
경조사비	종사원등 경조사비				
세탁비	조리복 및 세탁물				
교통비	주차비				
	차량유지비				
	종사원 교통비				
교육・세미나비	교육・세미나 참가비				
	해외시찰 세미나				
	컨설팅비용				
기타	쓰레기처리등, 잡비				
점포관리이익					
고정비(초기조건)					
임대・관리비					
금리					
감가상각비					
리스료					
본부비					
세전이익					

경영자는 식당경영 경제활동에 있어 어느 정도 이하이면 손실이고, 어느 정도 이상이면 이익이 되느냐를 분석하여야 한다.

특히 고정비가 많을수록 매출액은 높아져야 하며, 그렇지 못할 경우 비용 회수불능이라는 중대한 난관에 봉착하게 된다. 어떠한 외식업체라도 이러한 분기점 이상으로 매상을 올려서 이익을 내지 못한다면 계속 식당을 존속할 수가 없다. 식당은 손익분기점을 산출해서 분기점 이하로 떨어지지 않도록 최대한 노력해야 한다.

<그림 6-1>과 같이, 손익분기점(BEP, break-even point)이란 비용과 수익이 같아서 이익도 손실도 생기지 않은 경우의 매출액을 말한다. 즉 이익과 손실의 갈림길이 되는 매출액이다.

그림 6-1 손익분기점

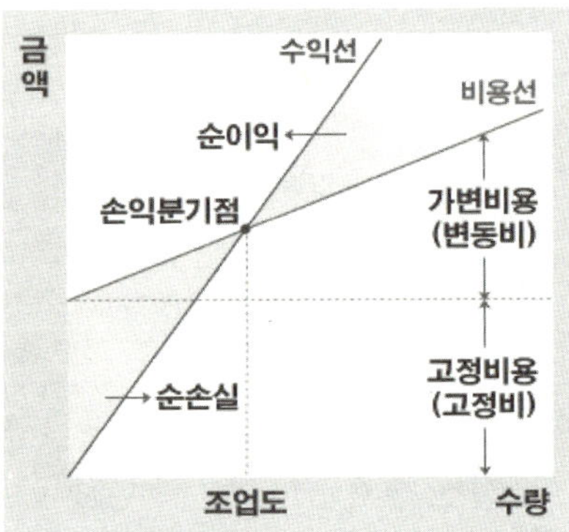

이윤 극대화를 목적으로 하는 식당은 경기침체, 경쟁식당 등장, 최저임금 상승 등 어떠한 경영환경 변화에도 손익분기점 이상 매출액을 달성해야 장기적으로 유지될 수 있다.

고정비란 일정기간 동안 매상고에 관계없이 항상 일정액으로 발생하는 원가로서, 고정자산의 '감가상각비, 경영자의 급료, 보험료, 지불이자, 제세공과금, 임대료' 등이 이에 속한다.

변동비는 매상고에 비례하여 변동하는 비용으로서, '식음료재료비, 임금, 수도광열비, 일반관리비, 판촉비, 소모품비' 등이 이에 해당한다.

총매출액, 고정비, 변동비가 주어졌을 때, 구체적인 손익분기점의 계산 방법에는 여러 가지 있다. 그 대표적인 공식을 소개하면, 다음과 같다.

- 손익분기액 $=$ 고정비 $\div (1 - \frac{\text{변동비}}{\text{매상고}})$
- 목표매상고 $= \dfrac{\text{고정비} + \text{목표이익}}{1 - \frac{\text{변동비}}{\text{매상고}}}$

사업아이템이 아무리 훌륭하여도, 우선 현실적으로 적은 비용으로 실현 가능성이 있어야 한다. 식당의 고정비가 적을수록 좋은데, 매상액의 9~12%가 바람직하며 수익성이 있다고 한다.

제2절 구매 관리

I. 구매의 개요

구매란 식당경영자가 제품 또는 식재료를 구입하기 위하여 생산자 또는 유통업체와 상담을 하고, 유형·무형의 계약을 거쳐 상품을 인도 받고, 그 대금을 지불하는 전체 과정을 말한다.

식당경영관리에 있어서 광의의 구매 활동은 '토지, 건물, 기계, 비품, 설비 원재료 및 노동력의 조달'이 포함될 수 있다. 여기서 기계·설비 등의 구입은 생산관리나 경영관리 부문에서 취급한다. 노동력의 조달 문제는 인사관리 부문에서 취급한다. 따라서 순수한 의미의 구매 관리 대상을 원재료와 제품의 구매활동에 국한된다고 할 수 있다.

이를 좀 더 구체적으로 살펴보면, 경영관리에 필요로 하는 적정한 조건과 품질의 물품을 선정하고, 구매량을 결정하며, 시장조사를 통해 공급자를 선정하고, 유리한 조건으로 구매할 수 있도록 협상을 하고, 적당한 시기에 적당량이 납품되도록 관리하며, 구매활동에 관계되는 검수, 저장,

불출, 원가관리 등의 사무 처리를 명료하게 하는 활동이다.

구매활동에서 필수적으로 고려되어야 할 것은 품질, 수량, 시기, 가격, 공급원, 장소 등이다. 이 모든 것이 조화를 이루어 기업의 원가절감과 메뉴개발 및 고객만족이 이루어 질 수 있다. <그림 6-2>는 구매활동의 흐름을 나타낸 것이다.

그림 6-2 구매활동 흐름

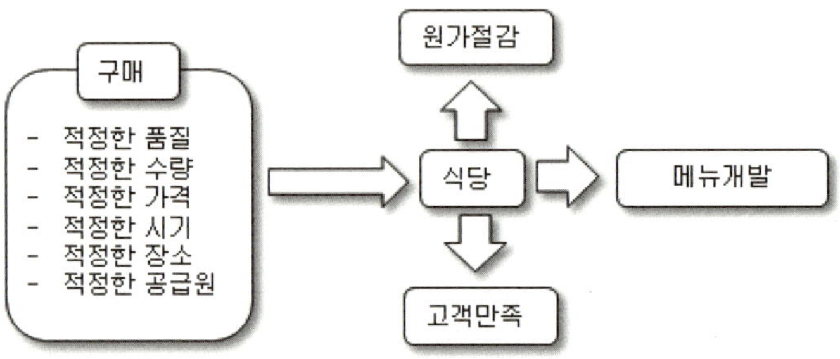

구매담당자가 책임 있는 구매업무를 수행해야 함은 물론이려니와 구매담당자는 아래와 같은 행동을 하여야 한다.

- 청렴해야 하며,
- 신뢰성이 있어야 하고,
- 적극적이고 자발적이어야 하고,
- 근면하고 성실하며,
- 임기응변과 재치가 있어야 하며,
- 성격이 치밀하고, 대인관계 원만해야 하며,
- 효율적인 직무 수행능력이 있어야 한다.

2. 식자재 구매 관리

가. 효율적인 구매 관리

식음료 구매 관리란 적정의 질을 적량, 적가에 구매하여 최적의 상태로 확보 보관하는 것이다. 또한 이를 필요로 하는 부서(주방 또는 주장)에 적기에 조달하여 상품인 메뉴 제공을 원활하게 함으로써, 식당 영업을 활성화하는 것에 그 의의를 찾을 수 있다.

특히, 핵가족화, 개인소득 향상, 생활의 질 향상, 교통기관의 발달 등 각종 경제생활 환경이 외식산업 영역을 넓혀주고 있다. 이에 따라 외식산업에 양과 질이 한층 다변화되고 있다. 현대사회에서는 식음자재에 대한 관리평가가 그 식당의 사활을 좌우하는 중요한 관건이 되고 있다.

식자재는 구매부서의 인적 구성에서부터 체계적이고 효율적인 물자관리에 이르기까지 조직적으로 관리되어야 하는 것이다.

① 정기적이고 치밀한 시장조사를 통하여 용도에 적합한 물품 및 원재료를 구매하고,

② 해당되는 물품 및 원재료 취급업체를 주기별로 평가하여 우량업체를 선정하고,

③ 납품시간, 기일에 알맞도록 관리하며,

④ 각 원재료의 유효기간, 포장상태 등 보존특성을 잘 파악하여 저장기간과 구매시점을 적절히 관리하고,

⑤ 불량품 또는 사용불가능 물품 등의 처리, 재활용, 반품 방안을 모색하는 등 구매 관리 활동이 총체적으로 통제, 관리되어야 한다. 그러면 식당 영업이익에 큰 기여를 하게 되는 것이다.

효율적인 구매 관리를 위해서는 철저한 계획이 수립되어야 한다.

1) 기초자료의 보관

- 구매 청구서, 발주서의 보관
- 가격변화에 대한 기록유지
- 재고 및 소모량 파악
- 식음자재 취급 업체에 대한 정보유지
- 상품카탈로그
- 시장상황 파악(계절상품, 법적조치, 기후적 영향 등)
- 각종 관계문헌(경제지, 전문서적, 각 협회 발행 잡지 등)

2) 시장 조사연구

- 각 원재료별 시장의 특수성
- 취급 품목에 대한 연구(대체상품, 유사상품, 금지 상품 등)
- 원가분석 자료
- 취급업체가 평가(업체방문, 견학, 경쟁업체 비교 등)

3) 식자재의 구매실행

- 구매 청구서(purchase request)의 검토
- 취급업체와의 상담
- 견적서 관리
- 견적 내용의 분석
- 납품 조건의 결정(서면계약, 수의계약, 구두계약, 시기, 방법 등)
- 계약 내용의 분석
- 구매의뢰서 접수 및 납품시기의 결정
- 검품
- 납품대금 조건 협상(대금청구서 내용점검, 영수증점검 등)
- 신청부서와의 연락관계

4) 식음자재의 관리

- 최소한의 재고량 유지
- 재고량의 일정량 유지
- 재고 회전율의 합리적 방안모색
- 선입선출법 이행
- 보관 적정 온도의 유지(육류, 와인류, 야채류, 과일류 등 분류)
- 보관상태 점검(용기, 포장상태, 유효기간, 선반사용 등)
- 공병, 빈 통 등 수거 가능한 용기에 대한 관리

나. 식자재 검수관리

검수란 구매 요청서에 의해서 주문되어 배달된 물품의 내용(품질, 규격, 성능, 수량 등)을 구매하는 것이다. 또한 해당 식재료와 일치하는가를 검사하고 받아들이는데 따른 관리활동이다. 따라서 검수담당자는 무엇보다도 주문 상품에 대한 요구품질내용을 숙지해야 하며, 그래야만 그가 배달되어 온 물품의 품질, 수량구매명세서, 가격 등 제요표에 비추어 정확하게 검사하고 평가한다. 또한 그 물품을 받아들일 것인지 반품시킬 것인지를 결정할 수 있게 될 것이다. 이때 가격의 검토는 대개 식음료 재료와 함께 보내온 송장(invoice)과 구매요청서의 내용을 비교함으로써 이루어진다.

검수방법은 아래와 같다.

① 전수 검수 법은 납품된 식음자재를 전부 검사하는 방법으로 손쉽게 검수할 수 있는 물품이나 고가의 품목에 실시한다.
② 발췌 검수 법은 납품된 식음자재 중에서 샘플을 뽑아 검사하여 그 결과를 판정기준과 대조하여 합격/불합격을 결정하는 방법이다.

검수관리의 근본 목적은 계약된 가격에 의해 주문한 내용의 품질과 수량에 일치되는 식음재료를 구매하는데 있다. 검수원이 납품된 식재료를 정확히 검수하여 그의 직무를 능률적으로 수행하기 위한 검수원의 주요 업무는 다음과 같다.

① 검수원은 관계서류(주문서, 계약서 또는 견적서)에 근거하여 검수를 하여야 한다. 필요에 따라서 구매업무와 관련 있는 감독직원의 입회하에 해당 물품의 내용에 대한 검수를 해야 한다.
② 주문물품의 내용(품질, 규격, 성능 등)과 수량에 관해서 검수를 하여야 한다.
③ 시식 또는 시험에 의하여 검수할 때도 있다.
④ 검수원은 검수를 거쳐 인수한 식료, 음료 및 기타 모든 물품에 대한 일을 검수보고서를 작성하여야 한다.
⑤ 검수원은 때로는 구매거래에 필요한 자료를 제공해 줌으로써 구매자에 대해 협조자로서의 역할까지도 수행하지 않으면 안 된다.
⑥ 검수결과에 대한 내용을 기록하고 검수원이 반드시 사인함으로써 구매에 관련된 기록으로서 남겨야 할 것이다.
⑦ 미납품 또는 반품 현황을 해당부서와 구매부로 전달해야 한다.
⑧ 납품된 업체의 물품대금청구서에 검수 확인하여 대금청구에 이상이 없도록 한다.

제 7 장 서비스로 승부하라

제 1 절 매출 증대를 위한 서비스

<그림 7-1>과 같이, 일기일회(一期一會), 이치고이치에(いちごいちえ)는 다도에서 유래한 속담으로 '평생에 단 한 번 만남, 그 일이 생애에 단 한 번뿐인 일, 소중함의 비유'이다.

그림 7-1 이치고이치에(いちごいちえ)

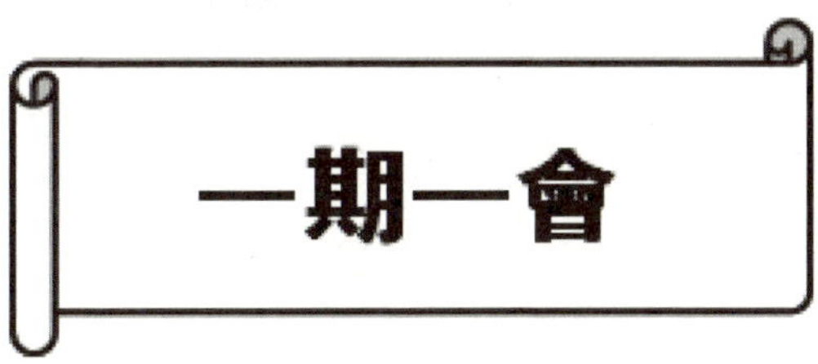

이 글은 오늘날 일본의 손님 모시는 장사를 하는 집의 중요한 철학이 되었다. 즉 직원이 고객을 만나는 이 시간은 다시 돌아오지 않을 단 한 번 뿐이라는 의미이다. 그래서 만나는 이 순간을 소중히 생각하며, 지금

할 수 있는 최고의 서비스를 고객에게 제공하라는 뜻이다.

쉐이크쉑(shake shack)은 맨해튼 공원서 핫도그카트로 시작, 9가지 토핑으로 손님별 취향 기억하여 16년만에 시총 1조4700억원 성장하였다. 쉐이크쉑은 음료 '쉐이크(셰이크)'와 간이 카트를 일컫는 '쉑(색)'을 합친 말이다.

<그림 7-2>와 같이, 창업자이자 미국 외식기업그룹 USHG(유니언스퀘어 호스피탤리티 그룹) 회장인 대니 마이어(59세), "살다보면 제일 간단한 게 가장 어려울 때가 있죠. 누구나 아는 햄버거지만, 우린 가장 맛있게, 행복한 경험으로 만들어 낸 겁니다."라고 하였다.

마이어 회장은 '환대(hospitality)'를 경영철학으로 강조했다. "사람들에게 즐거운 테이블을 마련해 대접하는 것이 핵심이다. 어렸을 적 항상 우리 집 문은 열려 있었고, 이웃과 친척들을 초대해 즐겁게 식사를 했던 경험이 사업의 소중한 밑천이 됐다"고 하였다.[29)]

그림 7-2 대니 마이어회장

29) 곽도영, "쉐이크쉑 성공비결은 손님 환대", 동아일보, 2017.2. 28.

I. 고객을 감동시켜라

가. 오감을 자극하라

음식은 섹스와 같다. 종사원은 고객의 모든 감각을 자극하여야 한다. 그래야 고객은 먹고 싶어 하는 충동을 느껴서 만족감이 높아질 것이다. 오감효과는 <표 7-1>과 같다.

표 7-1 오감효과

감각	효과
청각(10%)	시즐(sizzle)효과를 노려라. 시즐이란 용어는 고기를 구울 때 나는 소리를 '지글지글'이라고 표현하는 것이다.
미각(7%)	종업원이 고기를 굽는다. – 항상 한 면을 익힌 후 뒤집어야 한다. 고객에게 설명한다. "고기의 제 맛은 육즙에서 우러나는 아미노산의 맛입니다."
후각(7%)	최근 고객의 취향과 매장의 분위기에 맞는 수십 종의 향기로 손님을 끌어들여 매출의 극대화를 노리는 향기마케팅이 새로운 판촉 전략이다. 카페나 레스토랑의 경우 당연히 커피향이 좋다. 커피 향 외에도 계절 등을 감안하여 바다향이나 쟈스민 향, 샤넬 향 등을 선호한다. 횟집이나 일식집에서는 바다 향을 선호한다.
촉각(7%)	커피 잔을 따뜻하게 제공하는 것
시각(80%)	'보기가 좋은 떡이 먹기도 좋다.'라는 말처럼 상차림(table setting)에 집기종류와 색상과 조화를 이루어라.

실험 결과, 식당에서 빠른 박자의 음악을 틀면 고객들이 빨리 식사를 하고 나가고, 느린 박자의 음악을 흐르게 하면 오래 앉아 후식이나 커피를 더 주문하는 결과를 보였다.

영국 맥도날드 매장은 늦은 밤 빅맥과 감자튀김을 사러 패스트푸드점에 들리는 이들 중 상당수는 적당히 취했거나 만취하여 직원들과 소동 때문에 심각한 문제였다.

소동을 예방할 방법으로 클래식 음악을 선택하였다. 회사 측은 풀 오케스트라곡 부터 솔로 피아노곡까지 부드러운 고전 음악이 술김에 벌어지는 문제를 최소한으로 유지하는 동시에 진압할 것이라고 기대했다. 실제로 그들을 차분하게 하는 데 영향을 미쳐 큰 소동으로 번지지 않았다.30)

오감은 '제과점에서 빵 냄새, 중국집의 짜장면 냄새, 스테이크 지글지글 소리, 한식당의 그릇 기타 등등'으로 고객의 필요와 요구를 자극하라.

나. 불평불만을 즉시 해결하라

고객에게 불평불만 없이 편안하고 즐거운 시간이 되도록 분위기를 제공하는 게 최상의 서비스이지만 모든 고객에게 만족하는 서비스를 제공하기는 어렵다. 고객은 기대를 가지고 찾아왔기 때문에 물적 서비스부터 인적 서비스에 이르기까지 어느 정도의 서비스를 바란다. 그 기대가 어긋났다고 느낄 때, 직원에게 불평불만을 표시하게 된다.

나쁜 서비스를 받았을 경우 고객들은 어떻게 반응하는지, 조사결과를 보면, <표 7－2>와 같다.

표 7-2 불만 공식

- 불평불만을 호소한 고객이 4%라면, 불평불만 가지고 있지만 침묵하는 고객은 96%가 있다.
- 불평불만을 호소하는 고객이든, 불평불만은 가지고 있지만 겉으로 표현하지 않는 침묵하는 고객은 10명~20명에게 나쁜 경험을 다른 사람과 공유한다.
- 불평불만이 즉각적으로 만족스럽게 해결된 고객은 평균 5명의 다른 사람에게 자신이 제공받은 만족스런 경험을 이야기한다.
- 새로운 고객을 유치하는 비용은 기존고객의 유지비용보다 5배가 더 든다.

고객 불평불만 해결 효과는 '소중한 정보 제공, 고객 이탈 방지, 부정적 소문을 최소화하는 기능'을 가지고 있다.

SNS마케팅은 적은 비용으로 높은 효과를 가지고 있는 반면, 나쁜 소문도 너무 빠르게 전달되는 부정적인 요소도 있다. 식당경영자는 조심해야

30) 서울신문, "24시간 맥도날드에서 클래식 음악 트는 이유", 2017. 7. 5.

한다.

식당 환불제도는 불평불만 고객이 즉각적으로 해결이 되면, 해결된 고객은 단골고객으로 확보할 수 있다. 환불하여 준 금액은 한 명 고객을 창출하는데 드는 마케팅 비용보다 적은 비용이다.

다. 래폴을 형성하라

래폴(rapports)은 신뢰관계이다. 식당이미지에 대한 고객의 신뢰하는 마음으로 연결된 상태를 '래폴가 형성되었다'고 한다. 신뢰관계 형성된 고객은 단골고객으로 식당을 방문한다.

고객에게 편익을 제공하고 종사원의 열의가 고객에게 전달되었을 때, 고객은 종사원에게 고마움을 전달하고 식당을 신뢰하고, 경영자의 도덕성을 믿는다.

종사원은 친절하고 믿을 만한 태도로 고객에게 서비스를 제공하여야 한다. 믿을 만한 태도는 '환영하는 미소, 시선의 마주침, 주의집중과 기꺼이 들어주는 마음'을 의미한다.

맥도널드 매뉴얼에 따르면, 계산대에 있는 사람은 항상 웃어야 한다고 한다. 웃지 않고 상냥하지 않으면, 손님 중 절반은 다시 오지 않는다는 것이다. 맛있게 먹고 나서 불만족스런 얼굴을 보는 것만큼 기분 나쁜 것은 없기 때문이다. 다시 찾은 고객의 이름을 불러주는 것 또한 고객에 대한 관심과 친절의 이미지를 강화시킨다는 점에서 대단히 중요하다고 하였다.

라. 기대이상으로 제공하라

고객에게 기대이상으로 제공하는 이유는 고객이 다시 업소에 찾아와서 음식을 구매하고, 만족한 고객이 다른 고객에게 구전광고를 하여 새로운 고객이 생겨나도록 한다.

음식중앙회가 전국 성인남녀 대상으로 외식정보 취득 경로를 조사한 결과, 구전광고가 가장 높게 나타났다.

빅마우스(big mouth)법칙은 입소문효과, 구전효과라고 한다. 이미 음식이나 서비스를 이용해 본 고객들의 입소문에 의해서 다른 고객들이 영향을 식당을 방문하는 것을 말한다. 마케팅에서 빅마우스법칙은 버즈(buzz) 마케팅이라고 한다.

버즈마케팅은 인적네트워크를 통하여 소비자에게 상품정보를 전달하는 마케팅 기법이다. 버즈마케팅은 소비자들이 자발적으로 메시지를 전달하여 상품에 대한 긍정적인 입소문을 내는 것으로 꿀벌이 윙윙(buzz)거리는 데 유래됐다.[31)]

그림 7-3 버즈(buzz)

경영자들도 이제 만들어 팔기만 하면 되는 시대는 지나갔으며, 파는 것만이 문제가 아니라, 고객만족이 식당의 장래가 걸려 있다는 사실을 깨달았다.

<표 7-3>과 같이, 고객이 음식이나 서비스를 구입하고 나서 만족할 때와 그렇지 않을 때의 차이이다.

표 7-3 만족과 불만족의 영향

음식점 방문	만족	■ 계속 방문을 한다. → 단골고객이 된다. ■ 다른 고객들에게 → 새로운 고객을 만들어 주는 충성고객으로 변화면서 매출이 늘어난다. ■ 업체를 추천한다. ■ 때로는 식당 경영자에게 귀중한 정보와 노하우를 제공해 준다.
	불만족	■ 재방문하지 않는다. → 고객이 감소하고, 매출이 감소한다. ■ 그 식당에 대한 나쁜 소문을 퍼뜨린다. → 잠재고객을 잃는다. (매출액이 줄어든다.)

31) 정연승, 49가지 마케팅의 법칙, 한스미디오, 2014., p. 290

<그림 7－4>와 같이, 배가 고파서 햄버거를 먹으려고 매장을 방문하여 "이 매장의 햄버거는 빵 안에 야채, 고기에 케첩이 뿌려져 있고, 빵 위에는 들깨가 있다고" 기대하고 주문하였다.

- 고객은 매장을 방문하기 전, 기대했던 햄버거를 생각하고 먹어 본 결과 야채도 없고 납작한 빵을 경험한 결과(인식)가 기대보다 낮다면, 이 결과는 고객 불만족이다(기대 > 인식).
- 기대한 것과 인식한 것이 같다면 고객만족이다(기대 = 인식).
- 햄버거를 먹어 본 결과 생각했던 외에 빵 속에 치즈와 양파 그리고 토마토도 많이 넣어져 있어 기대했던 생각보다 인식한 결과가 기대 이상이라면, 이것은 고객감동이다(기대 < 인식).

그림 7-4 기대와 인식의 관계

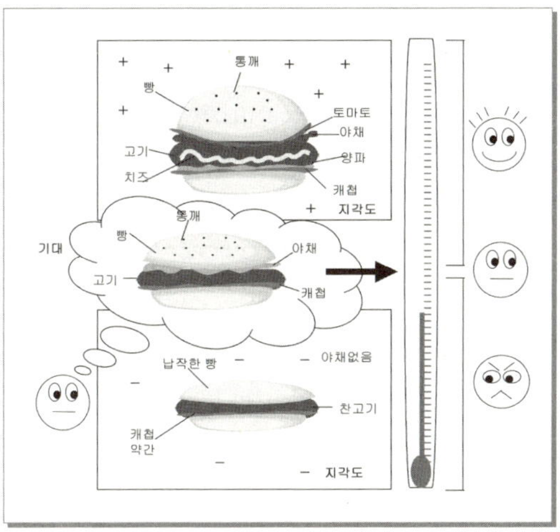

경영자들은 명심하라. 만약 경쟁업체가 없다면 고객만족도 괜찮다. 그러나 치열한 경쟁에서 고객만족으로는 생존하기 어렵기 때문에 고객감동을 실천하여야 한다. 고객감동을 정의하면 다음과 같다.

고객감동이란 고객의 기대수준 이상으로 높은 가치를 제공하여 고객이 만족감을 느끼게 함과 동시에 고객으로부터 신뢰와 존경을 얻는 것이다.

마. 권유판매로 고객에게 정보를 제공하라

권유판매는 결코 강압적인 행동이 아니라는 점을 명심해야 한다. 권유판매는 고객에게 이익이 되는 선택에 도움을 준다. 음식점이 가장 바쁠 때야말로 가장 권유판매하기 좋은 때이다. '오리는 날고 있을 때 잡아라!'는 속담도 있다.

맥도날드는 주문을 받고 나서 딱 3초 후 "콜라는 어떠세요?"라고 묻는다. 주문을 하고 고개를 돌리려던 손님들은 이 질문에 별 생각 없이 "좋아요"라고 대답하게 마련이다.

깊이 생각할 여유도 없기도 하지만 당연히 콜라를 먹어야 하는 듯이 물어 오는 질문에 "아니오!"라는 대답이 왠지 부자연스럽게 여겨지기 때문이다. 이와 같이 어떤 말을 사용하느냐에 따라서 손님의 반응도 바뀐다는 점이다.

- "~뭐로 할까요?" 혹은 "~은 어떠세요?"라고 하면 대부분 70~80%의 고객은 긍정적인 반응을 보인다.
- "~안 필요하십니까?"라고 물어보면, "예"라는 부정적인 대답이 70% 정도 나온다.

권유판매로 고객 1인당 평균단가를 높여라. 만약, 고객 1인당 객단가 700원만 높이면, <표 7－4>와 같다.

표 7-4 1인당 평균단가 상승 공식

권유판매로 고객의 1인당 평균단가 700원만 높여라.
① 우선 당신의 식당 평균 방문 고객수를 적으시오. 만약, 100명×700원＝70,000원 ② 당신 식당의 영업일수 (1년) 70,000원×337일＝16,870,000원

바. 셀링 포인트를 사용하라

종사원은 고객에게 메뉴를 설명할 때, 셀링 포인트를 사용하라. 셀링 포인트(selling point)란 판매기점에서 음식을 권장할 때, '그 음식의 장점, 영양분, 재료, 맛'을 설명하는 권유 포인트이다.

셀링 포인트의 요소는 <표 7-5>, <그림 7-5>와 같다.

메뉴를 설명할 때, '형용사를 활용하고, 알아듣기 쉬운 용어, 단어'를 활용한다. 또한 구매결정에 가장 크게 영향을 미치는 점을 짧고 효과적인 말로 표현하여야 한다.

표 7-5 셀링 포인트가 되는 요소와 메뉴 설명

메뉴명	장점	주재료	맛	소스	술
낙지전골	돌 판에 맛을 낸다.	낙지, 야채, 우동	매콤하다		
고노와다 백반정식 · ·	스태미나 음식 · ·	해삼창자 젓갈 · ·	· ·	· ·	· ·

"낙지전골은 돌 판에서 맛을 냅니다. 재료는 신선한 낙지와 야채 그리고 우동입니다. 맛은 매콤하고 얼큰합니다."

그림 7-5 셀링 포인트 방법

2. 서비스 불변의 법칙

가. 10 - 10 - 10 법칙

10-10-10 법칙은 '한 명의 고객을 유지하기 위한 마케팅 비용이 10$ 든다면, 그 고객을 잃어버리는 시간은 10초 걸리고, 잃어버린 고객을 다시 방문하는데 걸리는 시간은 10년 걸린다. 아니면 영원히 오지 않을 수도 있다.'라는 말이다.

다시 말해 경영자는 한명의 고객을 창출하기 위해서 엄청난 마케팅 비용을 투자하지만, 고객을 잃어버린 시간은 너무 순간적이다. 불만이 있는 고객은 조용히 식당을 떠나서 나쁜 소문을 다른 사람에게 전달한다.

고객들이 접점지역에서 전체 이미지를 평가 받는 데는 17초가 걸리지만 첫인상의 핵심을 평가받는 데는 7초밖에 걸리지 않는다.

경영자는 서비스 접점지역 중요성을 인식하고, 서비스 서클을 가동하여야 한다. 경영자나 관리자 밑에서 일하는 최소 단위의 종사원 집단으로 구성하여 정기적으로 서비스에 관한 문제를 발견하거나, 개선하여야 한다. 이 모임은 접점지역에서 일하는 직원들을 참가시켜 문제를 발견하고 해결할 수 있는 유효한 방법이다.

나. 1만 시간의 법칙

사람이나 식당도 한 단계 더 높은 수준으로 도약하기 위해서는 도약에 필요한 에너지를 지속적으로 투입해야 한다. 바둑이나 골프를 보면, 한 단계 더 높은 수준으로 비약하기 위해서는 어느 정도 이상의 절대적인 시간과 노력이 필요하다.

요즘 유행하는 이론 중, 1만 시간의 법칙이 있다. 무엇이든 어느 분야든 나름대로 도(道)의 경지에 이르기 위해서는 최소한 1만 시간을 투자하라는 것이다.

하루 3시간씩 투자한다고 했을 때, 1만 시간은 딱 10년이다. 무슨 일을 하든 10년 정도는 노력을 해야 더 높은 수준으로 도약할 수 있다.

1만 시간은 하루 3시간이면 10년, 하루 5시간이면 5년, 하루 10시간이면 3년이다. 진정으로 이루고 싶은 소망이 있다면, 그 정도의 노력은 있어야 한다는 의미일 것이다.

창업자들도 3년 이상 열심히 노력할 때, 식당경영 기법을 알 수 있다. 식당에 종사하는 직원들은 창업이 목표라면, 1만 시간을 경험하여야 한다. <그림 7-6>과 같이, 숙련된 요리사가 되기 위해서 더 많은 시간이 필요하다.

그림 7-6 프랑스 최고 요리사 알랭 뒤카스

자료 : 조선일보 2018. 4. 9

다. 최소량 곱셈의 법칙

21세기는 감성이미지의 시대라고 한다. 다른 사람에게 보여 지는 자신의 이미지를 만들어내고, 가꿔나가야 좋은 인상을 심어줄 수 있고, 아울러 좋은 관계를 유지할 수 있는 세상이다.

좋은 인상, 괜찮은 식당이미지를 남기지 못하면 영원한 충성고객도 없다. 순간순간 고객의 마음은 수시로 변한다. 그래서 식당이미지는 고객에게 99가지를 잘해도 한 가지를 못하면 그전에 쌓아올린 이미지를 다 잃는다는 의미로 '최소율의 법칙 또는 깨진 유리창의 법칙'이라고 한다.

깨진 유리창의 법칙은 제임스 윌슨(J. Wilson)과 조지 켈링(G. Kelling)의 범죄학 이론이다. 건물 주인이 깨진 유리창을 그대로 방치해 두면, 지나가는 행인들은 관리를 포기한 건물로 판단하여 돌을 던져 나머지 유리창까지 모조리 깨뜨리고, 심지어 그 건물에서는 강도 같은 강력 범죄가 일어날 확률도 높아진다는 것이다. 즉 '100 − 1=99'가 아니라 '100 − 1=0'이 될 수도 있는 사소하지만 치명적인 1이 바로 깨진 유리조각이다.[32)]

최소량 곱셈의 법칙은 '식당이미지 구성요소 중 가장 나쁜 요소 하나에 의해 결정된다는' 의미이다.

99% 만족스러운 서비스를 제공했더라도 1%의 불만으로 나쁜 이미지로 굳어진다. 아래와 같이, 식당이미지 중 하나의 요소가 '0'점을 받는다면, 전체가 '0'이 되는 것이다. 이것이 최소량 곱셈의 법칙이다.

'Image=A+B+C'가 아니라 'Image=A x B x C'

전화를 받는 직원 한 명의 이미지가 식당이미지를 결정하고, 식당 구성인자 하나하나의 이미지는 전체적인 이미지를 각 요소의 합이 아니라 곱에 의해 결정된다. 최소량 곱셈의 법칙이 가장 잘 적용되는 분야는 외식사업이다.

식당의 구성인자는 '종사원의 친절성, 음식의 품질, 관리자의 도덕성, 위생, 음식의 영양, 소음, 빈 그릇 처리, 음식점 분위기, 서비스의 신속성, 남은 음식처리, 주차시설, 가격, 대기시간, 종사원의 유니폼, 의자의 안락성, 진열상태, 점포입지, 조명, 점포의 외형, 음식점 선전이나 광고, 자녀의 취향, 메뉴의 다양성, 이용고객의 유형, 배경음악, 음식점내의 광고, 상호 명' 기타 등등의 많은 요소가 있다.

---

32) 상게서, p. 57

라. 콘크리트 법칙

콘크리트의 법칙, '한 번 평가된 나쁜 첫인상의 이미지는 콘크리트처럼 고착되어 시간이 지나도 크게 변하지 않는다. 40시간 이상의 다시 방문이 있어야 수정이 가능하다'는 법칙이다.[33] 결국 한번 굳어진 첫인상은 평생 간다.

식당이미지는 첫인상이 중요하다. 첫인상은 최초 MOT(moment of truth, 진실의 순간)에서 식당이미지를 결정하는 순간이 중요하다. 결정적인 순간(moment of truth, 진실의 순간, 피할 수 없는 순간, 실수가 허용되지 않는 순간)은 중요한 사태에 직면해 모든 것이 시험에 놓이게 된다는 뜻이다.

스페인의 투우경기에서 나온 말이다, 투우사가 투우와 한동안 밀고 당기는 싸움을 하다가 칼을 뽑아 소의 급소를 찌르는 순간이다. 대부분 소가 죽긴 하지만, 투우에서 소가 죽는지 사람이 죽는지 그 죽음의 진실이 가려지는 순간이다. 1932년 어니스트 헤밍웨이가 '오후의 죽음(death in the afternoon)'에서 최초로 사용된 말이다.

첫인상은 일회성의 법칙과 시각이미지 법칙으로 설명할 수 있다.

1) 일회성의 법칙

한번 내린 자신의 판단은 되도록 부정하고 싶어 하지 않는다. 첫인상에 있어서만큼은 한번 실수는 병가상사가 아니라 평생고생인 것이다.

2) 시각이미지의 법칙

첫인상은 마치 소리 없는 신호등과 같아서 표정, 자세, 몸짓, 헤어스타일 등으로 순간순간 상대방에게 보내는 시각적인 이미지의 결정체이다. 이러한 신호들이 만드는 이미지는 그 사람의 말보다 훨씬 더 많은 것을 판단하게 한다.

---

33) 유혜선, 당당한 서비스, 엑스퍼트컨설팅, 2005, p. 63.

<그림 7－7>은 좋은 첫인상이다.

그림 7-7 좋은 첫인상

음식의 맛은 시간이 지나면 잊기 쉽지만, 서비스는 여전히 고객의 마음속에 자리 잡는다. 특히 불친절한 서비스는 고객 마음속에 간직되어 다시는 식당을 찾지 않게 만들지도 모른다.

요즘 고객은 자신의 존재에 대한 확인을 받고 싶어 하고 있다. 특히 식당 공간에서는 자신에 대한 가치를 부여받고 싶어 한다.

만인을 충족시킬 수 있는 서비스는 분명 없다. 하지만 만인에게 인정받을 수 있는 서비스는 분명 우리 가슴 속에 존재한다. 그것은 진실에서 우러나오는 가식 없는 미소, 따뜻한 몸가짐, 격의 없는 말 한 마디와 같은 평범한 것들이 아니겠는가?

이제 만인에게 공감을 줄 수 있는 가슴 속의 서비스를 공개하자.

식당에 종사하는 사람은 결단과 인내심이 있어야 한다. 경영자와 직원들이 하고자 하는 의욕만 있다면, 매출 증대는 시간문제이다.

외식사업을 서비스로 승부하기 위해서는 고객제일주의를 생명처럼 여겨야 한다. 고객경시 풍조는 외식사업체 패망의 주범이 될 수 있다.

제2절 서비스 판매기법

1. 서비스 접점 지역에서 매출 증대 방안

판매란 1인 또는 그 이상의 고객에게 회화에 의한 구두정시로서, 고객과의 직접면담으로 고객의 욕구나 필요를 환기시키고, 구매저항을 배제해서 구매행동을 일으키게 하는 의사전달과정이다.

판매행위란 주문하고 싶지 않은 음식을 최면적으로 유도하여 권유판매를 통하여 매출액을 증대시키는 기법이다.

- 메뉴의 특징을 팔기보다 편익을 판매하라.
- 고객은 아직 경험하지 못했으나 종사원이 이미 체험했던 것을 언급하라.
- 의견 선도자를 단골고객으로 유도하라.
- 고객을 확신시켜라.
- 고객을 알아보라.

경영자는 서비스 접점 지역에서 매출을 높이기 위해서는 내부고객을 신바람 나게 일할 때, 외부고객에게 고품질의 서비스를 제공함으로써 매출은 증대될 수 있다.

마케팅의 최우선 과제는 대외적인 활동을 전개하기 이전에 우선 내부적인 접근을 시도하여 당해 음식점의 판매계획과 음식에 관한 지식 그리고 접객서비스 역할의 중요성을 종사원들에게 교육시키는 일이다. 이것은 경영자가 직원을 1차 고객으로 생각하라.

경영자들이 명심해야 할 것은 다음과 같다.

가. 직원을 동기부여 시켜라

경영자는 종사원들이 스스로의 동기부여를 받아 자기가 맡은 직무자체에서 직무만족을 주어야 한다. 종사원은 봉급, 복리후생, 기타 수당으로부터 근로 의욕을 얻고, 유니폼에 자부심을 갖는다.

나. 잘 표현하도록 교육시켜라

고객감동을 위하여 그들의 욕구와 기대를 충분히 인식해야 한다. 판매할 메뉴 조리법과 영양분 그리고 먹는 요령까지 잘 표현하여야 한다.

다. 고객만족경영을 인식시켜라

식당은 외부고객에 대한 서비스차원뿐만 아니라 종사원에 대한 교육훈련 및 처우 면에서 다른 유사업체와 경쟁하고 있다는 사실을 인식시켜야 한다. 종사원들에게 음식 문화와 점포 분위기를 소개하면서 그들이 맡게 될 직무의 성격을 소개할 때, 음식의 생산차원이 아닌 고객만족 측면에서 이해시켜야 한다.

라. 권한을 위임하라

직원들에게 어느 한도액 음식을 구매할 때, 음료수를 서비스할 재량권을 부여해 준다면, 신속한 고객 서비스를 제공 할 수 있다.

결론적으로 내부마케팅 시스템은 고객을 환대하고 정성스럽게 모시는 분위기를 창출하여야 한다. 경영자는 점포를 종사원들이 움직인다는 것을 항상 잊지 말아야 한다.

경영자는 서비스 품질을 체크하여 개선하여야 한다. 서비스의 효율성을 제고하기 위해서는 서비스 품질의 표준화가 작성되어야 한다. <표 7-6>은 서비스 품질점검 평가표이다.

표 7-6 서비스 품질 점검 평가표

내용
1. 당신이 매장에 들어서는 즉시 적어도 한 명의 직원이 상냥한 미소로 인사했습니까?
2. 당신의 완벽한 식사를 위해 직원이 주문 결정을 도와주거나 적어도 한 가지 이상 권유판매를 했습니까?
3. 당신이 주문한 품목에 대해 직원이 반복 확인을 했습니까?
4. 당신은 음료수를 주문한 지 3분 이내에 제공받았습니까? 시간 : 분
5. 음식은 주문한 지 15분 이내에 전달되었습니까?
6. 당신이 주문한 메뉴를 정확하게 받았습니까?
7. 식사 후에 친절하게 만족도를 묻고 적절한 메뉴를 권유했습니까? (예를 들면, 커피 등)
8. 모든 직원이 명찰을 부착한 깨끗하고 단정하게 다림질한 유니폼을 착용했습니까?
9. 서비스하는 직원이 친절하고 정중했습니까?
10. 금전등록기 계산 과정은 정확하고 정중했습니까?
11. 환송의 말이 있었습니까?
12. 손님이 많은 바쁜 시간 중에 적어도 1명의 관리자가 매장 및 고객관리를 했습니까?
13. 매장 직원의 친절도를 1에서 10까지의 점수로 평가한다면 몇 점입니까?
14. 주차장은 정리정돈 되었으며 깨끗합니까?
15. 빈 테이블은 정리가 잘 되어 있으며, 매장 전체 주방, 화장실이 정돈되어 있습니까?
16. 화장실에는 화장지가 준비되었으며 Hand Dryer, 물비누가 잘 작동합니까?
17. 에어컨, 온풍기 온도가 적절하게 쾌적합니까?
18. 매장 음악은 켜 있으며 적절한 소리로 고정되어 있습니까?

·점수 : 훌륭함(12개 이상), 평균이상(9~11개), 만족할 만한(6~8개), 보통(3~5개)

2. 감동을 주는 접객서비스

종사원은 서비스 접점지역에서 고객을 감동시킬 수 있는 접객서비스 3

단계를 설명하면, <표 7－7>과 같다.

표 7-7 감동 접객서비스 3단계

구분	경우	인사말	세부사항
1단계	접객 시 주문 시 주문 후	- 어서 오십시오 - 주문 받겠습니다 - 감사합니다. - 맛있게 준비해 드리겠습니다. - 요리 - 주문하신 000 - 서빙	즉각 접근할 수 있는 대기 자세를 취한다. 상품지식에 의한 설명으로 추천을 한다. 주문한 상품은 반드시 복창을 한다. 시간이 걸리는 상품은 사전 설명을 드린다. 식당의 경우 식사 전 음료주문을 받는다. 맛있게 드십시오. 혹은 즐겁게 드십시오. 'OOO요리입니다'라고 말씀드린다.
2단계	고객주시	고객주시 오차 따라 드리겠습니다. 한 잔 더 드시겠습니까? (응시)	고객이 손짓이나 눈짓으로 부를 때 즉각 접근할 수 있는 위치에 바른 자세로 대기한다. 1/2 정도 오차가 비면 빨리 채워드려야 한다. 음료 추가 주문 시 여쭈어 본다. 고객이 종업원을 찾지 않도록 항시 고객을 주시하고 고객이 말씀하기 전에 불편을 해소해드린다. 고객의 대화내용에 귀 기울여서는 절대 안 된다.
3단계	요리를 다 드셨을 때 그릇을 치울 때 전송 시	추천해 드린 요리 어떠셨습니까? 또는 오늘의 요리는 어떠셨습니까? 그릇을 치워도 되겠습니까? 맛있게 드셨습니까? 그릇 치워 드리겠습니다. 불편한 점은 없으셨습니까? 사장님 안녕히 가십시오. 또 오십시오.	밝고 명랑한 어조로 질문한다. 잘못된 사항이 있으면 즉시 감사한 마음으로 메모하여 불평불만대장에 기록 유지하여 반영 조치한다. 항시 고객에게 맛있게 다 드셨는지의 여부를 묻고 그릇을 치워야 한다. 그릇을 치울 때, 소리가 나지 않도록 주의한다. 밝고 명랑하게 입구까지 전송해 드린다. 감사하는 마음으로 "안녕히 가십시오." "또 오십시오."라고 인사한다.

제 8 장 고객을 유혹하는 촉진전략

제 1 절 돈 되는 촉진 믹스 전략

1. 식당마케팅 믹스

음식점은 자기 상품이 다른 업체의 상품들보다 더 가치가 있다는 것을 고객들에게 알려야 한다. 외식사업은 고객의 욕구를 충족시켜 줄 식음료, 분위기, 시설, 서비스 및 메뉴를 계획하고 그 가격을 결정하며, 이들의 구매 및 소비에 필요한 정보를 제공하고, 배분하는 데에 소요되는 일련의 조화된 인간 활동이다.

식당마케팅 믹스는 선정된 외식시장 표적에 가장 효과적으로 도달할 수 있도록 각 마케팅 요소 내지 변수를 최적으로 배합시키는 것을 말한다.

다시 4장을 살펴보자. 어떤 상권에 어떤 아이템으로, 누구를 대상으로, 어떤 위치에 매장을 오픈 할지를 결정해야 한다.

전략의 핵심은 '자기식당(company, 자사), 경쟁식당(competition), 고객(customer), 시장(channel)'을 분석하고, SWOT 분석하여 경쟁에서 이기기 위해서는 핵심경쟁력(KFC, key factors for success)을 발견하여야 한다.

S.T.P전략을 분석한다.

외식시장을 여러 형태의 사업성이 있는 여러 개의 시장으로 나눠보고(시장 세분화, segmentation), 그 중에서 가장 경쟁력이 있다고 판단되는 목표 시장과 고객을 선정하여(목표시장, targeting), 가장 경쟁력이 있고 차별화 되는 위치에 자리를 잡는(포지셔닝, positioning)이 S.T.P전략이다. S.T.P전략이 마치면, 마케팅 믹스 전략을 수립하면 된다.

식당마케팅 믹스는 4P's, 즉 '상품(product), 가격(price), 유통(place), 촉진(promotion)'을 사용하여 마케팅 전략을 수립한다.

이것은 마케팅 목표를 달성하기 위해 전략적으로 실시하는 마케팅 활동으로, 이 네 가지 요소를 어떻게 잘 활용하느냐에 따라 마케팅효과가 극대화될 수 있다. 이러한 전략을 '마케팅믹스 전략'라고 한다.

마케팅 믹스의 세부요소는 <그림 8-1>, <표 8-1>과 같다.

그림 8-1 마케팅 믹스 전략

표 8-1 마케팅 믹스 전략의 개요

마케팅 믹스	개요
상품	소비자 욕구를 충족시킬 수 있는 상품과 서비스, 디자인, 브랜드, 이미지 등을 폭넓게 포함하고 그것을 관리하는 전략이라고 할 수 있다. 무형의 서비스나 브랜드 가치 포함한 개념
가격	제품의 가치를 가장 객관적으로 나타낸 수치이다. 생산자가 생산한 제품의 가치를 가격이라는 숫자를 통해 판단함
유통	고객과의 접촉이 이루어지는 부분의 전체적인 유통경로의 관리를 포함한다. 생산자에서 소비자에게 까지 전달되는 과정
촉진	대중들과의 의사소통을 기반으로 매출을 이끌어내는데 크게 광고, PR홍보, 판매촉진, 인적판매의 방법

8장은 '상품, 가격, 유통, 촉진' 중 촉진전략에서 판매촉진에 집중한다. 창업자나 소상공인, 중소기업들은 약자이므로 마케팅 비용이 적게 드는 판매촉진을 설명하려 한다.

촉진은 식당위치 및 식당 메뉴를 시장에 제공함으로써 고객들이 식당 정보를 정확하게 파악하여 음식점을 방문시키는 수단이다. 촉진 믹스는 '광고, P.R, 판매촉진, 인적판매'을 의미한다.

2. 촉진 전략의 수단

촉진 믹스(promotion mix)는 잠재력 소비자에게 설득적 판매촉진을 주요 역할로 하는 마케팅 믹스의 모든 수단을 포괄하는 활동이다.

촉진 믹스 수단은 '광고, 판매촉진, PR, 인적판매'가 있다. 인적판매는 7장에서 자세히 설명하였다.

가. 광고

오늘날 우리는 광고의 홍수 속에 일상생활을 보내고 있다. 인간은 하루에 1,500개 정도의 광고와 접촉한다고 한다. 그 만큼 광고의 종류도 다양하다.

광고란 매스커뮤니케이션을 통한 통제된 명시적 정보와 설득이다. 즉, 소비대중에게 자기 점포의 위치나 분위기, 시설, 가격, 서비스의 이용을 궁극적인 목표로 삼고, 이에 필요한 정보를 미디어를 통해서 유료로 전달하는 일체의 행위라 한다.

광고란 '판매촉진을 목적으로 한 특정한 스폰서에 의한 비대인적이고, 유료적인 매스커뮤니케이션의 형태'라고 하였다.

식당은 '어떤 매체를 통해, 어떤 시장에, 언제, 어떠한 방법'으로 광고할 것인가를 적절히 배합하여 고객의 구매행동을 유발시켜야 한다. 식당은 입지 의존도가 높다. 고객 내점동기(來店動機)를 추구하는 유인전략으로 상권에 적합한 광고를 선별해야 한다. 광고비용도 천차만별이다.

광고의 종류는 매스컴 4매체(신문, 잡지, TV, 라디오) 이외에 케이블광고, 교통광고, 옥외광고, DM(direct mail)광고, PPL광고가 대표적이다.

1) DM광고

DM광고(직송우편광고)는 광고물을 특정 대상자에게 직접 우송하는 것이다. 장점은 광고 소구 대상을 불특정 다수인 속에서 자유 선택이 가능하고 예정 고객에 대한 광고 소구이다. 또한 단일 광고만의 광고이므로 대상을 독점할 수 있다. 그러나 SNS마케팅의 발달로 DM광고는 줄어들고 있다.

2) 신문

신문광고는 지역적 매체로서 가능한 한 자주 많은 고객에게 값싼 광고료로 원하는 고객층에게 메시지를 전할 수 있다.

3) 잡지

잡지는 모든 시장 세분화에 도달할 수 있다. 잡지 구매 가족은 대부분이 광고되는 식당에 대해서 높은 '신뢰도·수용성·친화력'을 갖는다. 이는 신문에 비해 생명이 길고 중복 노출을 제공할 뿐만 아니라 일반적으로 구매력이 높다.

4) 방송광고

방송광고는 고객에게 식당 정보를 알리는 가장 좋은 매체이다. 매스컴 4대 매체(신문, 잡지, TV, 라디오)는 인쇄매체, 전파매체 중에 압도적 호소력을 가지고 있다.

TV광고는 거의 모든 계층들에게 전달될 뿐만 아니라, 일반적으로 시청 시간이 길다. 외식사업체 중, 대기업과 중견기업은 TV광고를 하지만 창업자, 소상공인, 중소기업은 광고비 부담으로 TV매체를 이용하지 못하고 PR형태나 판매촉진을 활용한다.

라디오광고는 사람들과 친근한 매체로서 경제적이고 적은 비용으로 메시지 반복 효과를 가지고 있다. 음식점은 지역 라디오 광고를 이용도 바람직하다. 방송 프로그램에 음식점 쿠폰을 협찬하여 구매 욕구를 유발할 수 있다. 또한 경제적이다.

5) 옥외광고

옥외광고는 전주광고(電柱廣告)에서 시작되어 역, 공항 등 전기 간판, 네온사인 등 그 종류는 다양하다. 입지산업인 식당 유인 효과와 브랜드 지명도의 향상에 좋다. 상황에 따라 다양하게 사용한다.

6) 케이블 TV

케이블 지역 광고는 외식업에서 활용할 수 있는 유용한 광고매체이다. 케이블 TV의 주된 장점은 선택성, 낮은 비용 및 유연성이 높다. 외식사업은 케이블 TV를 통해 쉽게 접근할 수 있고, 목표고객 시청자들에게 광고할 수 있다.

7) PPL광고

간접광고(PPL, Product placement)는 영화, TV드라마, 뮤직비디오, 게임 소프트웨어 등 엔터테인먼트 콘텐츠 속에 식당의 상품을 소품이나 장소 배경으로 등장시켜 소비자들에게 의식, 무의식적으로 상품을 광고하는 것이다. 간접광고는 에펠탑 효과를 가지고 있다.

에펠탑 효과는 마케팅에서 가장 흔하고 쉽게 이용되는 효과로서 소비자에게 제품을 단순 반복 노출시키면서 인지도를 상승시키고 긍정적인 이미지까지 형성시키는 효과이다.

장점은 TV광고보다 비용이 적고, 노출 효과로 인지도 상승, 자연스러운 연출로 친근감이 상승한다. 단점은 드라마 흐름이 끊고, 과도한 PPL은 반감을 일으킨다.

<그림 8-2>와 같이, 과거 서브웨이는 한국지사의 경영 잘못으로 가맹점과의 갈등이 심해 폐업한 점포도 많았다. 현재 서브웨이 본사는 한국지사를 재정비하여 실시한 마케팅 전략이 PPL광고였다. 서브웨이는 '시그널, 도깨비, 태양의 후예, 연애의 발견, 미녀공심이, 총리와 나, 시카고 타자기'에 PPL을 통하여 매출이 상승하였다.

그림 8-2 서브웨이 PPL광고

자료 : 네이버, 서브웨이 PPL 효과

창업자, 소상공인, 중소기업은 PPL광고비용 때문에 엄두도 내지 못한다.

나. PR

광고는 비대인적·시각적·청각적 메시지로부터 성립되는 유상(有償) 수단이라면, PR (Public Relations)은 판매촉진의 의도를 갖는 정보, 사진, 기사 등이 신문, 잡지, TV, 라디오 등에 무상(無償)으로 제공된다.

광고는 다만 광고주의 관점에서 고객에게 보여 지는데, PR의 장점은 기사통첩이나 사진이 보통 편견 없이 일반 공중에게 인지되므로 광고보다 더욱 신뢰도가 높다.

<그림 8－3>과 같이, 주인 열망의 글은 PR의 중요성을 의미한다.

그림 8-3 주인의 열망이 담긴 글

PR도 중요한 촉진수단 중의 하나이다. PR은 식당이 광고비를 지불하지 않고 판매목적 실현에 도움이 되는 메시지가 인쇄매체나 시청각 매체를 통하여 보도되는 것을 말한다.

PR업무는 식당과 고객 사이의 가장 우호적인 관계를 맺도록 정보를 교환한다. PR의 목적은 자기점포에 대한 이미지 형성과 좋지 못한 내용의 일소 등이 포함한다.

PR의 용도는 '상품·인적 서비스·아이디어·활동·조직' 등의 촉진에 사용되고, 음식점이미지를 높이기 위하여 이용하고 있다. PR의 용도가 제한적이고 사용 횟수도 낮기 때문에 음식점에서는 경시되는 경향이 높다. PR은 광고와 비교하여 극히 낮은 비용으로 대중 인식도를 높일 수 있는 방법이다.

매체 사용 공간이나 시간에 대한 비용을 지불하지 않고 단지 뉴스거리를 개발하고 배포하는 비용만 충당하면 된다.

홍보는 늘 긍정적인 것만은 아니다. 예를 들면 '화재사고, 식중독, 과다 쓰레기 발생, 경영자의 비도덕적 행위' 등과 같은 문제가 발생되면 부정적 이미지를 극복하기 위해 장시간이 소요된다.

PR의 4대 원칙은 아래와 같다.

- 인간적 접촉의 원칙이다.
- 상호의사전달의 원칙
- 대중이익의 원칙
- 진실성의 원칙

PR의 종류는 '기자회견, 특별기사제공, 공개강좌, 이벤트, 카운슬링, 강연회' 기타 등등이 있다.

1) 기자회견

식당은 마케팅 수단 중에서 기자회견을 통한 홍보가 매출 증대에 가장 효과적이다. 취재 내용은 '성공한 경영자, 대박 집 성공사례, 맛의 비결, 새로운 메뉴 개발, 경연대회 수상, 봉사활동' 기타 등등 많은 사례가 있다.

<그림 8-4>와 같이, 브랜드도 자기 PR시대이다. 여러 홍보 매체들과 미디어 매체들을 이용하여, 브랜드를 자연스럽게 대중에게 전파하는 방식이다.

<그림 8-4>와 같이, 근대골목단팥빵은 각종 잡지, 신문, 뉴스까지 작은 이벤트부터 큰 이벤트 까지 PR작업을 하고 있다. PR 팀에서는 신규 매장오픈 뉴스부터 BI(brand identity), 회사소개, 경영자의 스토리텔링까지 사회 분위기에 따라서 대중들의 관심을 가질 기사를 쓴다. 그런 다음 각종 중소기업부의 프레스와 데스크에 기자를 배포하면 새로운 뉴스에 관심을 보인 기자들이 '근대골목단팥빵'의 기사를 쓴다.

그림 8-4 PR 기사

한차례 실패 딛고 우뚝 일어선 청년사업가… '근대골목단팥빵' 정성휘 대표

"대구지역 명물 넘어 '전국구 빵집' 될 것"

수도권 백화점 잇따라 입점
당분간 신규매장 확대보다
신제품 개발에 몰두할 계획

'근대골목단팥빵' 매장을 운영하는 정성휘 ㈜홍두당 대표가 매장 앞에 'SOLD OUT(매진)'을 알리는 표지판을 내놓고 포즈를 취하고 있다.

최근 영남권을 중심으로 무서운 기세로 성장 중인 빵집이 있다. 바로 '근대골목단팥빵'이다. 옛날식 단팥빵인 '모단 단팥빵'이 대표 상품이다. 빵 마니아들 사이에선 '모단빵' 혹은 '모단빵집'이란 애칭으로 더 유명하다. '모단'은 근대를 의미하는 영어 단어 'modern'의 옛날식 발음이다.

미국 미시간대에서 외식산업경영학을 전공한 대구 출신의 32살 청년 기업가 정성휘 ㈜홍두당 대표(사진)는 고향 대구를 대표하는 먹거리 관광상품 개발을 목표로 근대골목단팥빵을 기획, 2015년 3월 롯데백화점 대구점에 1호점을 열었다.

'근대골목단팥빵'은 최근 전국적인 골목투어 바람을 주도하며 가장 대표적인 명소로 부상한 대구 '근대골목'에서 따왔다. 근대골목은 대구 원도심 지역의 오래된 골목길을 가리킨다. 근대골목이 대구를 대표하는 전국적인 문화관광 명소로 부상한 것처럼 대구를 대표하는 전국구 명물빵이 되겠다는 의지가 담겨 있다.

2015년 1호점을 연 정 대표는 27개월 만인 지난 6월 기준으로 전국에서 14개의 직영점을 운영 중이다. 두달에 1개 매장을 늘려온 셈이다. 14개 매장 중 11개가 대구를 중심으로 한 영남권에 포진해 있다. 입점이 까다롭기로 유명한 백화점 식품관 매장 비중이 높다.

올해엔 서울을 포함한 수도권 공략에 주력하고 있다. 지난 1월 신세계 스타필드 하남, 5월 초엔 신세계백화점 인천점에 입점한 후 5월 말엔 현대시티아울렛 가든파이브점 푸드 스트리트에 서울 1호점을 오픈하며 서울에 공식 입성했다.

현대백화점은 현대시티아울렛 가든파이브점 푸드 스트리트에 전국의 수많은 지방 맛집 중 5곳을 엄선해 입점시켰는데 베이커리 브랜드로는 유일하게 '근대골목단팥빵'을 선택했다.

수도권 공략은 계속된다. 오는 8일 현대백화점 판교점과 이달 말 현대백화점 디큐브점에 이어 9월에는 현대백화점 중동점과 인천 송도 현대 프리미엄 아울렛에도 오픈할 예정이다.

정 대표는 올 4월에 결혼했다. 한참 신혼생활을 즐겨야 하지만 4개 지점 오픈을 앞두고 정신없는 나날을 보내고 있다.

그는 "9월 현대 프리미엄 아울렛점을 오픈하면 당분간 추가적인 직영점 오픈은 하지 않을 것"이라며 "외형 확장보다는 새로운 메뉴 개발을 비롯해 조직을 정비하고 내실을 다지는 데 집중할 것"이라고 말했다.

확장보다 내실 다지기를 하겠다는 계획엔 이미 한차례 실패 경험이 있어서다.

그의 첫 사업은 길거리 음식인 씨앗호떡과 부산어묵을 판매하는 전문점 '호오탕탕'이었다. 부모님의 지원과 은행 대출로 사업 자금을 마련하고 2012년 10월 부산 KTX 역사에 플래그숍 스토어 콘셉트의 '호오탕탕' 1호점을 오픈했다. 때마침 씨앗호떡과 부산어묵 붐이 불어 장사가 잘됐다. 덕분에 순식간에 매장이 10호점까지 늘었다. 하지만 경험이 전무하고 의욕만 앞선 20대 청년에게 가맹사업은 생각만큼 녹록치 않았다. 결국 6개밖에 안되는 가맹점 관리에 구멍이 나기 시작하면서 사업을 접어야만 했다.

정 대표는 "호오탕탕에서 얻은 실패의 경험을 자산으로 철저한 기획과 준비를 거쳐 시작한 사업이 바로 '근대골목단팥빵'"이라며 "단계적으로 지역을 확장하고, 가맹사업은 하지 않는다는 원칙을 가지고 내실 있게 한발 한발 나아갈 것"이라고 강조했다.

그는 고향 대구에 대한 마음이 남다르다. "대구를 떠나지 않아도 취업을 할 수 있는 괜찮은 회사를 만들고 싶었다"면서 "근대골목단팥빵이 작지만 젊은이들에게 하나의 희망으로 자리잡기를 기대한다"고 말했다. yutoo@fnnews.com

최영희 중소기업전문기자

2) 특별 기사제공

특별기사제공은 특정기획기사를 '조사 데이터와 전문가, 평론가의 코멘트'로 사회시류를 표현한 사진과 함께 제공하는 것이다. 타이밍이 맞으면 큰 반응을 기대할 수 있다.

3) 오픈 하우스

오픈 하우스는 음식점이 보도관계자와 여론지도자(opinion leader)를 식당으로 초대하여 메뉴 비법을 발표한다든지, 창업방법, 식당의 철학을 매체를 통하여 일반 소비자에게 전달하는 방식이다.

4) 이벤트

음식점에서 이벤트 행사를 주관하여 알리는 방법이다. '불우 이웃돕기 행사, 봉사활동, 노숙자 돕기, 결식아동 돕기' 등 사회의 귀감이 될 만한 행사를 실시한다.

5) 카운슬링

경영진에게 '공공적 이슈와 음식점의 위치 및 이미지, 경영 노하우, 맛의 비법' 등에 대하여 자문하는 것을 말한다.

6) 강연회

성공한 식당경영자가 초대되어 청중 앞에서 강연하는 것.

다. 판매촉진

판매촉진은 상품이나 서비스를 판매하기 위한 단기적 인센티브이다. 즉각적인 구매행동의 유도는 판매촉진의 중요한 목적이지만, 외식시장은 단골고객을 유도하는 중요한 촉진수단이다.

판매촉진이란 소비자가 보통 때보다 앞당겨 식당을 방문하도록 하는 것을 말한다. 예를 들어, 식당을 방문할 의사가 없었지만, 생일선물로 무료 쿠폰이 제공되면 쿠폰을 이용하려고 업체를 방문한다. 보통 그와 같은 구매행동의 변화는 판매촉진으로 인한 인센티브의 결과로 나타난다.

소비자는 특별제공의 혜택을 받기 위해 식당을 방문한다. 판매촉진은 전체 판매량을 증가시키지는 않지만, 고객은 많은 혜택을 받는다. 판매촉진을 이용해 방문한 고객은 편익을 제공받음으로써 단골고객으로 유도할 수 있고, 경쟁하는 식당에 타격을 줄 수 있다.

판매촉진은 '단골고객, 예상고객, 잠재고객, 유통업자, 종사원에 대해서 음식점이미지, 매장 시설, 메뉴 및 가격에 깊은 관심을 가지고 찾아오는 고객에게 소비 의욕을 자극시키기 위해서 작용하는 활동이다.'라고 정의할 수 있다.

판매촉진의 종류는 너무나 다양하다. 경영자가 창조적 사고를 가지고 있다면 다양한 판매촉진을 만들어 낼 수 있다. 판매촉진의 일반적인 종류를 설명하면 아래와 같다.

1) 하우스 오간

하우스 오간(house organs)은 잡지나 사내지의 형태로 정기적으로 발행되는 음식점의 간행물로서 사보라 일컬어진다. 오늘날에는 직접 소비자에게 우송하는 경우가 많다.

2) POP광고

POP광고(point of purchase advertising)는 '식당 전경, 메뉴가격, 특별메뉴, 세트메뉴' 등을 최종 판매단계로 구매시점 광고라고도 한다. <그림 8－5>와 같이, 음식점 안에서 고객이 직접 소구할 수 있는 각종 형태의 광고와 진열로서, '벽판 쇼윈도(show－window), 계산대 위의 입간판과 디스플레이, 시계, 상품 진열을 겸한 진열 상자, 태엽·전기·전파로 움직이는 디스플레이, 점포의 내외에서 카탈로그, 영화·슬라이드·사진·포스터, 음식모형 디스플레이' 기타 등등에 의해 직접 소비자의 구매의욕을 자극시켜 구매를 결정하도록 하는 것이다.

그림 8-5 POP 광고

3) 선물로서의 판매촉진

선물로서 판매촉진을 미끼효과라 한다. 미끼효과는 본래 구매하려고 했던 상품에 공짜로 무언가 덤으로 얻는 기분이나 더 싸게 샀다는 것을 소비자에게 느끼게 마케팅이다. 미끼마케팅은 왝더독(wag the dog)현상을 볼 수 있는데, 꼬리가 개의 몸통을 흔든다는 뜻으로 상품과 매력적인 사은품으로 소비자의 눈길을 사로잡는 전략이다.

<그림 8－6>과 같이, 던킨도너츠는 케이크나 도너츠를 일정 개수 이상 구매한 소비자에 한해 '무민' 캐릭터 인형을 저렴하게 살 수 있도록 했다. '무민 인형을 샀더니 도너츠를 주더라'라는 우스갯소리가 나올 만큼 인형 때문에 매장을 찾는 발걸음이 늘었다.

음식점들은 '아이디어, 트렌드, 고객층'을 분석하여 선물을 증정하여야 한다. 이와 같이 음식점의 선물은 고객을 또 다시 방문할 수 있게 하는 판매촉진 중의 하나이다.

그림 8-6 미끼마케팅

무료로 선물을 증정하는 경우도 있지만, 포인트 제도를 도입하여 마일리지에 의해 선물을 증정하는 경우도 있다. 포인트 제도를 자물쇠 효과라 한다.

자물쇠 효과는 소비자를 묶어 둘 수 있는 그 무엇을 제공한다는 의미이다. 외식사업체는 신규 고객 유치보다는 기존 고객 한 명을 계속 유지하는 것이 비용적인 면에서 더 유리하다는 판단이다. 파리바게트, 베스킨라빈스 31 등에서 사용할 수 있는 해피 포인트 카드, 투섬플레이스, 뚜레쥬르, VIPS 등의 CJ에서 운영하는 곳에서 적립 · 할인이 가능한 CJ푸드빌 패밀리 포인트 카드, OK cashbag 카드, 교보문고 카드 기타 등등 포인트 카드들이 쌓여있다.

4) 이벤트

이벤트(event)는 고객을 위해 식당에서 개최하는 각종 행사의 총칭이다. 소비자의 참가를 촉진해서 행사·쇼·페스티벌 등을 개최함으로써, 음식점 PR이나 홍보 효과를 높이고자 하는 대소비자 판매수단의 일종이다.

이벤트는 소비자와의 친근감을 보다 깊게 하는 판매 수단이기도 하고, 비수기를 타개하는 수단이지만, '장소의 제약이 있고, 이벤트 개최 비용, 개최 노하우 부족'의 애로점 때문에 음식점에서 쉽게 손을 대지 못하는 이유도 있다. 이벤트는 아이디어로 연출하여야 한다. 예를 들면, 생일 맞는 고객을 위한 축하공연, 칵테일 쇼, 음식 시범 등 다양한 행사를 연출 할 수 있다.

내부 이벤트는 고객창출기법을 연관 지어야 한다. 내부이벤트 기획할 때, 중요사항은 고객 입장과 식당 입장을 고려해야 한다.

내부이벤트 판매촉진 전략을 기획 할 때, '지역성(지역의 특산물, 지역 토속요리), 계절감각(봄, 여름, 가을, 겨울), 기념일, 유행 감각, 개성적(고전감각, 현대감각 조화), 시대감각, 식당 위치 및 주변고객의 성향 판단, 기간계획, 중식(간단한 메뉴)과 석식(화려한 식단)' 고려하여야 한다.

<표 8-2>와 같이, 내부이벤트 판매촉진 전략은 1년 계획으로 수립하여야 한다.

표 8-2 내부이벤트 판매촉진 전략(○○년도 판매촉진 전략)

월별	행사	이벤트 기준 및 판촉 활동
1	시무식, 신년회, 민속의 날, 대입 축하회	DM
2	입춘, 봄방학, 졸업식, 환송회	봄맞이 환경처리 실시
3	입학식, 환영회, 대학 개강 파티	꽃씨를 드립니다.

4	봄나들이, 한식, 식목일	DM, 각종 차량에 안내장 부착
5	어린이 날, 어버이 날, 스승의 날, 성년의 날	광고, 효도대잔치
6	각종 체육회, 현충일	국가 유공자 가족 초대전
7	여름 보너스, 휴가, 초중고 방학	DM, 여름철 특선 메뉴 실시
8	여름휴가, 초중고 개학	한여름 더위를 식힐 화채 개발 시식
9	대학 개학, 초가을 레저	도시락 개발
10	운동회, 축제, 결혼러시 행락	DM 발송
11	학생의 날, 취직·승진 축하	광고, 회식 안내
12	망년회, 겨울 방학, 겨울 레저	크리스마스카드 및 연하장 발송
기 타	생일 축하, 월 시식일 등	

5) 전단

전단(bill)은 판촉에 중요한 수단으로 이용되고, 주로 일정 지역을 대상으로 광범위하게 전달되는 미니콤 매체이기 때문이다.

전단은 '이벤트(오픈 행사)시의 즉효, 새로운 메뉴의 개발, 시설의 개조, 서비스나 분위기의 소구를 통한 이미지 고취, 통신판매의 수단'에 유효하다. 식당은 SNS마케팅 발달로 전단 판매촉진이 감소하였다.

<그림 8－7>은 과거 황장군 오픈 할 때, 사용한 전단지이다. 이 전단지는 판매촉진 효과가 높아서 그림으로 사용한다.

그림 8-7 황장군 전단지

6) 세트메뉴

가성비가 좋은 세트메뉴는 구매행동을 쉽게 할 수 있다. 음식점의 세트메뉴는 저가격으로 인식하기 때문에 고객의 행동이 충동적 구매를 유도할 수 있다.

7) 쿠폰

쿠폰(coupons)은 우대권을 일정기간 동안에 가져오면 가격 할인판매 수단이다. 쿠폰 발행으로 소비자들에게 실질적인 금전적 혜택을 부여함으로써 쿠폰 자체보다 가치성을 지니게 되고, 고객이 메뉴에 많은 관심을 보여 준다. 이와 같이 가격을 낮추어 줌으로써 고객에게 구매행동을 유발시키는 것이다.

8) 간판과 파사드

간판(sige)과 파사드(facade)는 식당의 얼굴이다. 보행자(운전자)가 한 지점을 바라보는 시간은 0.3초이다. 이것은 첫 이미지를 연출시키는 중요한 역할을 담당한다.

간판은 '이름, 색상, 크기'에 따라 업체를 떠오르게 된다. 간판의 종류는 '돌출간판(2층 이상 건물에 차도에서 4m, 인도에서 3m 높이 이상에 설치), 스탠드 간판, 정면 간판, 기둥간판(인도로부터 3m 이내에 설치하는 간판으로 높이가 10m)'이 있다.

간판은 '점포 명, 업종명, 주력상품, 서비스 내용, 영업시간, 저렴한 가격'을 내포하고 있어야 한다.

좋은 간판은 6가지를 고려하여 만들어야 한다.

- 무엇을 알리고 싶은가?
- 어떤 문자로 알리고 싶은가?
- 어떤 서체를 사용하는가?

■ 어떤 그림을 넣는가?
■ 어떤 색채로 호소하는가?
■ 야간에도 눈에 띄는가?

<그림 8-8>, <그림 8-9>는 점포 외장의 구성요소이다.

그림 8-8 점포 외장 구성의 내용

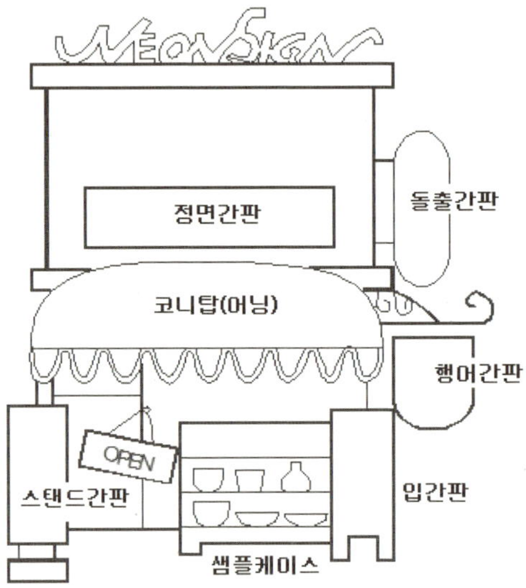

그림 8-9 점포 외장 구성요소

파사드는 건축물의 주된 출입구가 있는 정면부로, 내부 공간을 표현하는 것과 내부와 관계없이 독자적인 구성을 취하는 것 등이다.

<표 8-3>과 같이, 파사드는 '시인성, 주목성, 가독성, 설득성'의 기능을 가지고 있어야 한다. <그림 8-10>은 파사드 그림이다.

표 8-3 파사드의 주요 기능

기능	내용
시인성	식별이 쉬운 성질, 멀리서도 잘 보여야 함
주목성	사람들의 시선을 끄는 힘이 강한 정도
가독성	얼마나 쉽게 읽을 수 있는 정도
설득성	최종적으로 들어오게 만드는 능력

자료 : 케이타운, "개념 있는 간판, 파사드가 식당 경쟁력을 높이다.", //kktown.blog.me.

그림 8-10 식당 파사드

9) 콘테스트와 경품

콘테스트와 경품은 판촉기법 중 가장 효과적이다. 기획이 잘 되기만 하면, 콘테스트와 경품만큼 신나는 판촉행사도 드물다.

콘테스트와 경품의 마케팅 비용에서 볼 때, 행사가 실제보다 크게 보일 수 있는 기회를 준다. 콘테스트는 소비자로 하여금 어떤 문제를 풀거나 완성시키게 하도록 초대되는 행사이다. 경품은 응모권을 통하여 추첨으로 상품을 주는 것이다.

10) 스탬프

이 판매촉진의 형태는 고객으로 하여금 스탬프를 연속적으로 모아서 상품으로 교환하거나 식사를 무료로 제공하는 방법이다. 이 기법은 새로운 메뉴나 인기 없는 메뉴를 시식을 통해 고객의 입맛을 길들이는데 상당한 효과가 있고, 경쟁업체의 판매촉진을 봉쇄하는 데에도 효과가 있다. 고객의 이탈을 방지할 수 있다.

11) 가격할인

음식점에서 "가장 비싼 메뉴가 무엇인지" 질문한다면, 음식점의 빈 의자이다. 이 말은 가격을 할인하더라도 고객을 늘리라는 의미이다.

가격할인은 상품의 값을 깎아주는 것이다. 이것은 마진을 깎아먹는 행위이므로 조심하여야 한다. 가격할인 판매효과는 경쟁이 치열한 경우 가장 적합하다.

일정기간 대에 가격할인 혜택을 주는 반짝 할인을 실시하는 패밀리 레스토랑들도 늘고 있다.

12) 환불

환불이란 말 그대로 돈을 돌려주는 것이다. 음식점에서는 상품의 현저한 잘못이 있을 때, 무조건 돈을 되돌려 주는 것을 말한다.

13) 사내광고

<그림 8-11>과 같이, 사내광고는 식당 안에서 고객의 의사를 촉진한다. 고객은 결정하기를 싫어한다. 음식점 안에서 그들이 결정할 수 있도록 도와줘야 한다. 즉, 식음료와 디저트를 소개하는 텐트카드(tent card)를

놓거나, 로비나 승강기에 식당 메뉴, 상점 판촉포스터를 걸어서 특색을 표시하라.

고객이 음식점에 들어와서 주문할 때까지 여섯 번 정도 사내 광고를 보면, 고객의 의사결정에 도움이 된다.

그림 8-11 사내광고

판매촉진의 종류를 종합하여 <표 8－4>와 같이, 이용을 자극하는 판매촉진 방법이다.

표 8-4 이용을 자극하는 판매촉진 수단

방법	수단
신규고객 유치 방법	전단지 배포, 광고 · 홍보, 이벤트, SNS 마케팅
현 고객만족도 증대 방법	VIP카드 발행, 신상품 개발, 생일(기념일) 카드 발송, 판촉상품 제공
내점빈도 증대 방법	스탬프 활용, 마일리지 제공, 적립금 제공
객단가 증대 방법	세트상품 개발, 고단가 상품 개발, 기획상품 개발
성수기 매출 증대 방법	오늘의 런치메뉴 개발, 금일의 베스트 메뉴개발, 계절 특선메뉴 개발
비수기 매출저하 방지 방법	일부 상품 D/C 제공, 특정 상품 페스티벌, 상품 및 상품권 제공

자료 : 은종성, SNS를 활용한 우리점포 알리기, 에이드북, 2013, p. 12.

제2절 프로모션 매출 증대 기법

I. 충성고객 만들기

외식정보 취득 경로 80%가 주변사람이다. 경영자는 고객의 마음을 사로잡는 방법과 단골고객이 다른 식당으로 이동하는 것을 방지하여야 한다.

단골고객은 우리 식당을 자주 방문하는 고객이고, 충성고객은 우리 식당을 자주 방문하면서 다른 고객에게 추천하는 고객이다. 고객의 마음을 사로잡아 충성고객 만드는 방법을 학습하자

가. 특별 날을 기억하라

고객의 특별한 날을 기억하고 선물을 제공하라. 즉, 생일축하(꽃, 가족기념 사진, 사진액자, 샴페인, 케이크), 졸업축하, 입학축하, 결혼기념, 기타 등등.

나. 기대 이상으로 제공하라

고객의 기대 이상으로 서비스를 인식시켜야 한다. 설명하면 아래와 같다.

- 기다리는 고객에게 신문, 잡지를 제공하라.
- 어린아이에게는 놀이 서비스를 제공하라. 또한, 어린아이에게 아이스크림을 무료로 제공하는 키드마케팅이 가능하다.
  추가로 부모와 동행한 어린아이에게는 표현에 맞는 기분 좋은 인사를 하라.

"아이가 참 예쁘네요!", "아이가 잘 생겼네요!", "아이가 건강하네요!"

- 차와 알파서비스(사탕, 쿠키, 아이스크림)를 제공하라.
- 화장실은 향기마케팅을 이용하라.
- 식사 전에 특별한 음료서비스를 제공하라.
- 영접 및 배웅 서비스를 잊지 말아라.
- 고객과의 대화를 일반적 사무적 응대에서 가족적이고 감정 교류형 대화하라.
- 노인고객을 정중하고, 효성 있는 대접으로 인간미 넘치는 업소라고 인식시켜라.

다. 단골고객 및 충성고객 관리하라.

- 무료음식을 제공하라
- 명함 받기 전개하라.
- 고객 신상카드 비치 활용
- 연락처, 기념일(생년월일), 성격, 기호, 방문실적, 특이사항 등을 기록해 둔다.
- 고객을 도와 줄 수 있으면 도와주어야 한다.

라. 경청하라

고객소리를 경청하여야 한다. 고객의 소리카드 비치하여 고객의 만족도를 측정해야 한다. 고객이탈 방지방법은 사회, 문화의 변화에 맞추어 고객의 욕구는 변화를 파악하여 메뉴개발 및 인테리어 변화를 통한 분위기를 연출하여야 한다.

2. 오피스텔 매출 증대 기법

가. 아침 식사 개발

서울 잠실역 주변엔 오피스 빌딩이 밀집해 있다. 롯데캐슬프라자 1층 샌드위치전문점은 이른 시간에 출퇴근하는 직장인을 겨냥해 오전 7시 문을 연다. 50% 싸게 파는 '모닝햄 플러스세트', '모닝 햄 에그세트'가 인기다. 맥도날드의 맥모닝과 같다.

나. 맞춤형 전략

오피스 상권은 주 5일 근무제 실시 이후 주말 매출이 줄어들면서 인기가 시들했다. 하지만 불황인 요즘 상대적으로 매출 감소가 덜한 곳으로 꼽힌다. 직장인들의 식사 수요가 받쳐주기 때문이다.

오피스 상권은 주변 직장인의 연령층에 따라 잘되는 업종이 다르다. 그래서 맞춤형 전략이 필요하다.

여의도는 금융과 대기업 본사가 있는 대표적인 오피스 상권. 외부에서 오는 고객이 적고 점심시간에 주로 손님이 몰린다. 러시아워에 효과적으로 영업하는 노하우가 필요하다.

30~40대 남성 직장인이 70%를 차지하기 때문에 분식집보다 반찬이 간소한 고급음식이 잘 나간다. 여의도의 일본식 라멘전문점은 늦은 저녁시간에도 사케와 일본식 안주를 찾는 고객이 몰린다. 점심 메뉴는 세트 위주로 구성해 반찬 수를 줄이고 조리가 간단하도록 했다. 자연스레 테이블회전이 빠르다.

잠실·강남 등 첨단 기업이 많은 지역에선 퓨전 음식이 서양식 음식의 매출이 다른 오피스 상권에 비해 높다.

다. 관공서에선 전통 음식이 강세

관공서가 많은 지역에선 한식과 전통 음식이 인기다. 광화문·종로 상권은 정부 기관과 기업 본사, 신문사, 외국계 기업, 금융기관, 대사관 등이 들어찬 국내 최대 오피스가다.

종로구 다동에서 찌개전문점 '찌개예감동'은 다니던 회사 근처에서 자영업을 시작했다. 종로는 중장년층 직장인의 비율이 높아 전통 음식점을 주로 찾는다.

초기부터 중장년층 고객 확보에 중점을 뒀다. 동동주를 무료로 주고 경품이나 쿠폰이벤트를 꾸준히 펼쳐 단골을 확보했다. 저녁에 세트메뉴를 주문하면 소주를 싸게 주는 행사도 했다.

종각에 있는 삼겹살전문점 '떡쌈시대' 본점은 원래 여성고객 비중이 컸다. 하지만 인근 상권의 특성을 살린 메뉴를 추가해 중장년층 직장인까지 고객으로 끌어들였다. 점심 메뉴는 낮은 가격으로 '김치찜·부대찌개·두루치기·해물김치칼국수' 등이다. 밥은 무제한으로 준다.

라. IT기업 상권에선 분식집

IT 기업에 종사하는 20~30대 직장인 6만~7만 명이 운집한 구로디지털단지와 가산디지털단지는 부상한 오피스 상권이다. 계획적으로 만들어진 오피스 타운답게 빌딩마다 지하구내식당이 있다. 구내식당의 점심 가격은 저가격이고, 비싼 음식에 대한 저항이 심하다. 저렴하고 간단히 즐기는 분식전문점이 성과를 낸다.

오피스텔 매출 증대 방안은 아래와 같다.

- 인근 회사의 성격을 파악하고 고객의 라이프스타일을 이해하라
- 주변 직장인의 연봉을 조사해 가격 책정에 반영하라
- 단체 고객 중 오피니언 리더가 누구인지 파악하라
- 의사결정권을 가진 상사를 특별 대우하라

- 퇴근시간 이후 매출을 어떻게 올리느냐가 관건이다
- 점심시간 회전율을 높이는 방안을 마련하라
- 회의 시간이나 이른 아침을 공략한 틈새 상품을 개발하라
- 단골 장사가 대부분이라 맛없으면 성공하기 어렵다
- 소비 회전이 높고 질리지 않는 상품을 택하라
- 단체석을 마련하고 단체고객 유치 방안을 고민하라

3. 매출 증대 불변의 법칙

가. 바이럴 마케팅의 법칙

고객들이 인터넷 포털사이트에 검색하기 전에 해야 할 마케팅은 SNS(social networking service)마케팅이다. SNS마케팅은 낚시 글이다. SNS 마케팅은 트위터, 인스타그램(instagrm), 페이스북(facebook) 또는 UCC(user created contents)광고 회사 의뢰하기 전, '포털 사이트 검색광고, 콘텐츠 등록, 파워블로그, 카페지기' 등에 웹(web) 기사(신문기사)를 게재하여야 한다. 대중매체에 이슈를 만들고, 스토리텔링 만들어 바이럴마케팅 후 판매를 시작하여야 한다.

바이럴(viral)마케팅은 누리꾼이 이-메일이나 다른 전파 가능한 매체를 통해 자발적으로 식당 메뉴를 홍보하기 위해 널리 퍼뜨리는 마케팅 기법으로, 컴퓨터 바이러스처럼 확산되는 마케팅이다.[34] 또는 빅마우스 법칙, 구전광고라고 한다.

'근대골목 단팥빵' 바이럴 마케팅 사례를 살펴보자.

<그림 8-12>와 같이, 정성휘 대표는 우선 젊은 층의 고객 또는 잠재고객들을 상대로 페이스북이나 인스타그램을 통하여, 많은 사진 및 자료들을 유포하였다. 물론 SNS에서 유포하기 좋은 사진, 다르게 설명하여, 고객들의 요구를 잘 파악 할 수 있는 메뉴사진이 필요 하였다. 근대골목 단팥빵 메뉴 중 생크림단팥빵과 녹차 생크림 단팥빵이 고객들의 요구를

34) 정봉원, 정재원, 전게서, p. 231.

충족시킬 수 있는 비주얼의 메뉴였다.

마구잡이로 우리 사진을 유포한다고, 젊은 층의 고객들은 우리 제품을 구매하기 위해서 대구에 오지 않는다. 그래서 그들에게 다가 갈 수 있는 매체 또는 플랫폼을 찾았다. 그것은 바로 얼짱 출신 모델, 페이스 북 인기 페이지, 먹빵 방송 VJ, 파워블로거 등이다.

그림 8-12 근대골목단팥빵 SNS마케팅

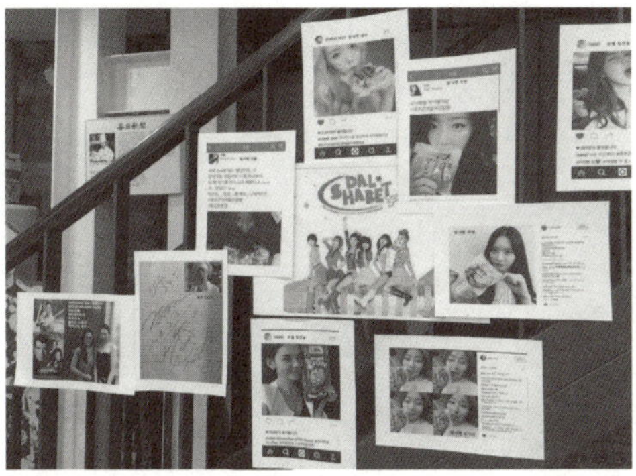

하루에도 몇 백만명씩의 유저들의 트래픽이 생기는 곳이다 보니, 댓글이나 '좋아요'는 한번에 6,000~7,000개씩 달리기 시작했다. 이것이 SNS마케팅의 시작이다.

우선 고객들에게 '근대골목단팥빵'의 생크림단팥빵에 대한 이질감을 없애주고, SNS를 하면서 자주 노출되도록 한다.

그런 다음 SEO(search engine optimization)를 바로 포털사이트에 세팅을 해야 한다. 가장 어려운 단계가 바로 SEO단계이다. 많은 외식창업자들이 SNS마케팅을 하고 실패하는 이유가 바로 SEO를 하지 않았기 때문이다.

SEO는 검색엔진 최적화로 SNS에서 고객이 브랜드의 음식이나 메뉴를 보면 그 다음으로 하는 행동이 바로 그 브랜드를 포털 사이트에 검색 하게 된다.

잠재고객들이 검색을 했을 때, 더 많은 뉴스자료, 블로거 자료 등 고객들이 검색엔진에서 더 많은 정보를 얻을 수 있게 만들어 줘야 한다. 한 단계 더 나아가서, 브랜드를 검색한 다음, 고객들이 그 온라인상에서 제품을 주문하도록 유도해야 한다. 그러기 위해서는 자연스럽게 온라인 쇼핑몰이 필요하다.

‘근대골목 단팥빵’은 온라인 쇼핑몰을 열어서 고객들이 전국 어디에서도 인터넷, 핸드폰, 카카오톡, 전화로 주문 할 수 있는 시스템을 구축 하였다. 이렇게 판매는 촉진되었고, 그 다음 작업이 바로 미디어 플레이(meida play)였다.

‘KBS, JTBC, tvN, SBS, TBC’에서 소개되었다. 시청자들의 반응은 자연스럽게, SNS 상에서 한번 쯤 접했던 브랜드여서 이질감이 없고, TV 프로그램을 시청하면서 자연스럽게 포털 사이트에 ‘대구근대골목단팥빵’을 검색하게 된다. 그러면 더 많은 정보와 즉시 구매 할 수 있는 시스템이 검색엔진에 전부 세팅이 되어 있다. 바로 뿌려 놓은 씨앗은 이 때 수확이 되는 것이다.

나. 밴드웨건 마케팅

밴드웨건(band wagon) 마케팅은 남이 하니까 나도 하다는 식의 의사결정을 내리는 현상으로, 소위 ‘친구 따라 강남 간다.’는 식으로 타인의 선택에 따라 의사결정이 영향을 받는 현상을 말한다.

미국의 하비 라이벤스타인(Harvey Leibenstein)이 발표한 네트워크 효과(network effect)의 일종으로 서부개척 시대의 역마차 밴드웨건에서 힌트를 얻어 붙여진 효과이다.

밴드웨건은 전쟁당시 항상 밴드들이 필두에서 음악을 연주하면서, 병사들을 독려하는 마차를 말하는데 사람들의 관심을 끄는 역할을 한 마차이다. 즉 밴드웨건 효과는 소비자들이 시장 안에서 유행을 추종하여 소비하는 것을 뜻한다.

밴드웨건 효과는 모방소비로 특정상품에 대한 어떤 사람의 수요가 다른 사람의 수요까지 영향을 미치는 현상으로 편승효과라고도 불린다.[35)]

<그림 8 - 13>과 같이, 밴드웨건 마케팅은 한번 줄을 서는 집에 손님이 계속 끊이지 않는 효과로 소비자의 충동구매를 부추기는데 자주 활용하고 있다. 밴드웨건 마케팅은 로드샵뿐만 아니라 백화점 및 특수상권까지 많은 효과를 보고 있다.

---

35) 정연승, 전게서, p. 24.

그림 8-13 밴드웨건 마케팅

다. 스토리텔링의 법칙

미래학자 롤프 옌센(Rolf Jensen)은 "사람들은 쓸모 있는 상품보다 자신의 꿈과 감성을 만족시키는 상품을 구매하는 경향이 있다. 사람들을 매혹시키는 것은 사용가치나 교환가치가 아니라 그 상품에 깃들여 있는 이야기"라고 말함으로써 스토리텔링의 중요성을 강조하였다.

영양의 음식디미방은 330년 전 주방의 비밀과 장계향 스토리가 성공비결이었다. 박정희 전 대통령이 교사시절에 하숙을 했던 문경에서는 당시 박 전 대통령이 즐겨 먹었던 막걸리와 칼국수, 비빔밥 등을 관광상품화 하고 있다. 이 역시 대통령 하숙시절 이야기를 기반으로 하고 있다.

일부 지자체에서는 음식문화해설사 혹은 향토음식해설사 제도까지 두고 있다. 기존의 문화관광해설사를 대상으로 음식 스토리텔링 교육을 시켜, 지역의 대표 음식을 알리고 있다.

스토리텔링은 부가가치를 높이는 마케팅의 일환이다. 음식도 마찬가지다. 단돈 5천원짜리 '수삼냉채'를 시켜도 먹고 나면, 비싸다고 느낄 때가 많다. 하지만 '82세까지 장수한 왕, 영조 임금이 즐겨 먹던 수삼으로 만든 여름 보양식'이라고 하면 비싼 값을 치르더라도 젓가락이 간다. 이왕이면 다홍치마라고 했다. 이야기를 양념처럼 곁들이면 똑같은 음식도 다르게 보이기 마련이다.

라. 명불허전의 법칙

중국 전국시대 제나라 공자 맹상군은 제나라·진나라·위나라의 재상을 지낼 만큼 재주와 인품이 걸출한 인물이었으나 인재들과의 교유(交遊)를 특별히 중하게 여겼다. 맹상군이 식객을 후하게 대접한다는 소문이 나자 그의 영지(領地) 설(薛)지역엔 항상 사람들이 넘쳐났다. 훗날 사마천은 "맹상군은 천하인재와 협객, 모사꾼까지 불러 모았으니 설(薛)로 이주한 가구가 대략 6만호나 되었다."고 사기(史記) 열전(列傳)에 기술했다. 그리고 "맹상군이 객을 좋아하고 스스로 즐거워했다고 하니 그의 이름이 헛된 것이 아니었다."고 적었다. 명불허전(名不虛傳)이란 사자성어의 유래다.

세인들은 왜 숱한 작곡가 중에서도 베토벤과 모차르트를 가장 위대한 음악가 반열에 올리고 악성이나 신동, 천재란 수식을 붙일까? 이름값을 하기 때문이다.[36] 이름값은 브랜드 가치이다.

식당은 '전통의 브랜드 가치와 식당경영자의 퍼스널 브랜드 효과(personal brand effect, 개인적 브랜드 효과, 명성)'을 만들어야 한다.

전통의 브랜드 가치는 하루아침에 탄생하지 않는다. <그림 8-14>와 같이, 대를 잇는 식당들로, '한일관, 천황식당, 은호식당, 전통식당, 안일옥, 중앙회관, 역전식당…… 기타 등등' 너무나 많다.

그림 8-14 한일관 창업주 고 신우경여사(1939년 국밥집 화선옥)

자료 : 한일관 홈페이지

36) 박규완, 명불허전, 영남일보, 2018. 2. 20.

식당경영자의 퍼스널 브랜드 효과는 '명성, 실력자, 영향력 있는 경영자'라고 표현으로 후광효과이다. 후광효과는 어떤 사람을 평가할 때, 그 사람에게 하나가 현저하게 우수한 특징이 있으면 다른 특징도 모두 좋아 보인다.

'백종원, 이연복, 박이춘, 오진권, 김순례…… 기타 등등', 이름만 들어도 식당명이 생각나고 방문하고 싶다.

<그림 8－15>와 같이, O'live와 tvN 공동으로 제작한 한食대첩 4 우승한, '대구 용지봉 변미자 고수와 경산 뜰안 최정민 고수'이다. 우승 후 식당 매출 오르고, 음식관광지로 변하였다.

그림 8-15 변미자고수와 최정민고수

마. 덤의 법칙

덤의 법칙은 미끼효과이다. 미끼제품은 효과적인 마케팅전략으로 본래 구매하려고 했던 제품에 공짜로 무언가를 덤으로 얻는 기분이나 더 싸게 샀다는 것을 소비자에게 느끼게 해 준다.

미끼효과는 가성비와 실속을 강조하며, 밖으로 드러나는 브랜드보다 가격 대비 맛의 품질을 말한다. 한식뷔페는 가격이 저렴한 편이다. 1만 원대의 가격으로 80~100여 종의 한식을 즐길 수 있다.

<그림 8－16>은 맥도날드은 '빅맥송' 노래를 다 부르면, 빅맥을 공짜로 제공하는 행사이다.

그림 8-16 빅맥송 마케팅

바. 최초의 법칙

마케팅의 기본 사안은 식당경영자가 최초가 될 수 있는 영역을 만들어 내는 것이다. 더 좋기보다는 최초가 되는 편이 낫다. 이미 외식시장에서 최초가 되어 있는 어떤 식당보다 자기 식당이 더 좋다고 소비자를 설득하기보다는 그들의 기억 속에 최초로 들어가는 편이 훨씬 쉽다.

가맹사업 기간 상위 10개 브랜드[37] 순서는 '크리스피크림도넛, 쉐라톤호텔, 림스치킨, TGI Friday's, 롯데리아, 우노시카고그릴, 페리카나, 록키마운틴초콜릿팩토리, 신라명과'이다.

외국계 1위는 크리스피크림도넛(제과제빵, 가맹사업 게시일 1947년 1월 1일, 69년 11개월)이고, 국내 1위는 림스치킨(1977년 7월 24일, 39년 5개월)이다. 림스치킨은 우리나라 최초의 프랜차이즈로 아직까지 가맹사업을 진행하고 있고, 고객은 기억한다.

CJ '비비고', 최초의 한식세계화전문브랜드로 키운다. 맥도날드, 외식업계 최초 온실가스 저감 과학적 감축을 제시하였다,

37) 2016. 12. 31. 기준

사. 버즈마케팅 법칙

고객에게 기대이상으로 제공하는 이유는 고객이 다시 업소에 찾아 와서 음식을 구매하고, 만족한 고객이 다른 고객에게 구전광고를 하여 새로운 고객이 생겨나도록 한다.

워드 오브 마우스(word of mouth) 법칙은 입소문 효과, & 구전효과 라고 한다. 이미 음식이나 서비스를 경험한 고객들의 입소문에 의해서 다른 고객들에게 방문 하도록 한다.

버즈(buzz)마케팅은 특정 제품, 서비스, 브랜드, 또는 새로운 고객 창출에 효과적이다. 버즈 마케팅은 호기심을 유발할 때, 신제품을 확산할 때 효과적이다.

마크 휴는 "기업 브랜드에 대한 스토리텔링을 만들어 고객들이 브랜드를 떠들썩하게 만들어야 한다."라고 하였다. 예를 들면, '논쟁거리를 만들고, 특이하고, 터무니없는 것이나, 재미있는 것, 비밀' 같은 이야기 거리를 만들어야 한다.

<그림 8－17>과 같이, 홍콩 KFC의 마케팅 캠페인은 실용 매니큐어를 출시하여 '손가락에 묻은 것까지 핥을 정도로 맛이 좋다.(Finger Lickin Good)', 슬로건으로 내걸고, KFC 소셜 미디어 광고를 하였다. 고객들은 열광하였다. KFC 제품을 대량 생산 하지 않았지만 마케팅 캠페인을 통해 소셜 비디오도 주목을 받았다.

홍콩 KFC 성공은 뉴질랜드 KFC가 벤치마킹 하여 '닭 향기가 나는 양초를 만들어' 전 세계적으로 몇 주에 걸쳐 소비자들에게 큰 인기를 얻었다. KFC 홍콩과 뉴질랜드의 버즈 마케팅의 성공사례이다.

버즈마케팅은 인적 네트워크를 통하여 소비자에게 상품정보를 전달하는 마케팅 기법이다. 버즈 마케팅 소비자들이 자발적으로 메시지를 전달하여 상품에 대한 긍정적인 입소문을 내는 것이다.

경영자들도 이제 만들어 팔기만 하면 되는 시대는 지나갔고, 파는 것만이 문제가 아니라 고객만족이 식당의 장래가 걸려 있다는 사실을 깨달아야 한다.[38]

---

38) 영남일보, 사라정의 마케팅스토리, 2019. 4.13.

그림 8-17 KFC 버즈 마케팅

자료 : https://coconuts.co/hongkong/news

제 9 장 메뉴, 식당의 얼굴

제 1 절 메뉴전략

I. 메뉴의 개요

가. 메뉴의 가치

메뉴는 식당의 상품 전략을 나타낸 것으로 마케팅전략상 극히 중요한 위치를 차지하고 있다. 메뉴는 말없는 세일즈맨이다.

메뉴(menu)는 '상세히 기록한다.'라는 의미를 지니고 있다. 메뉴의 어원은 라틴어로 미누뚜스(minutus, 아주 작은, 간단한, 상세히 기록한다.)에서 유래하였다. 메뉴는 우리말로 '차림표, 식단'이고, '불어(Carte), 일어(곤다떼효, 獻立表), 중국(채단자, 菜單子), 영어(Bill of Fair), 스페인어(Minuta)' 등으로 쓰인다. 메뉴는 세계 공용어로 통용된다.

메뉴란 말의 시작은 1498년경 프랑스 어느 귀족의 아이디어라고 전해지고 있다. 그 후 1540년 프랑스 그랑위그 후작이 요리에 관한 내용, 순서 등을 메모하여 자기 식탁 위에 놓고 차례로 나오는 음식을 먹은 것이 손님들에게 좋은 평판을 들으면서 유럽에 전해졌다.

메뉴는 식당의 얼굴이고, 판매수단에 중요한 역할을 한다. 식당경영에서 메뉴는 '전략을 세우고, 판매를 계획하고, 점포·고객·경쟁을 분석하여 판매'하고, 식음료 원가관리를 정확히 작성하여 고객으로 하여금 식사 욕구를 자극하여 선미를 일으켜야 한다.

성공한 음식점의 메뉴를 살펴보면, <그림 9-1>과 같이 네 가지 특성을 가지고 있다. 메뉴 가치란 '차별성 + 시장성 + 가성비 + 영양성'의 공식에 의해 탄생한다. 메뉴는 항상 독창적이면서 대중적인 메뉴를 개발하고, 가격 대비 품질에 만족하고, 영양가 있어야 한다.

그림 9-1 메뉴 가치

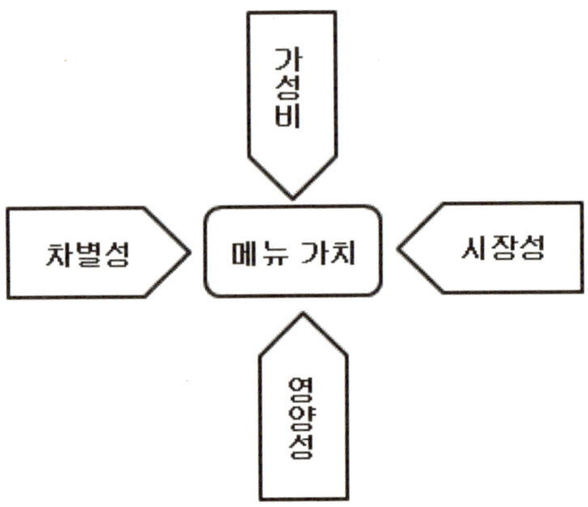

메뉴 가치를 높이는 방법은 고객의 지불 가능 금액(적정 객단가)을 파악하고, 적정 객단가에 부합되는 경쟁업체 메뉴 구성 조사하고, 경쟁업체와 같은 원가로 다양한 메뉴가 구성 되어야 하고, 메뉴 가격 결정 방법을 선택하고, 고객의 가치인식을 적절하게 조절하여야 한다.

메뉴 가치는 '품질, 가격, 서비스'와 가장 연관성이 깊다. 특히 품질과 가격은 가성비에 의해 결정한다. 서비스와 가격 사이에도 유사한 관계가 존재한다. 고객은 더 높은 가격을 질 좋은 서비스 제공 받는 다고 인식하고 있다. 식당 경영자는 고객이 원하는 것이 무엇인지를 파악하여 지속적으로 가격결정 전략을 수정하여야 한다.

나. 영양식 메뉴전략

칼슨(Beth L. Carlson)은 "식당은 메뉴품목의 영양식 증진을 위한 가장 확실한 법칙을 발견하지 못했다. 영양가 있는 메뉴품목을 적정량만큼 생산하여 판매하면 보다 이윤을 높일 수 있고 대중화시킬 수 있다."고 하였다.

요즈음 '한식'이 대세이다. 패밀리레스토랑의 인기가 내려가고 '한식뷔페'가 그 자리를 꿰찼다. 한동안 최고의 인기를 누렸던 파스타나 스테이크 같은 메뉴가 점차 내식화되면서 그 매력을 잃었다. 오히려 제대로 된 집밥에 대한 니즈 커지면서 한식이 역으로 외식시장에서 인기를 얻게 된 것이다. 건강과 다이어트 측면에서도 고열량·고단백질의 서양식 메뉴보다 담백하고 건강한 음식을 선호하게 된 영향력도 컸다. 가격도 저렴한 편이고, 계절성을 잘 살린 점도 특징이다.[39]

많은 업자들은 '영양가'에 대하여 잘못된 인식을 가지고 있기 때문에, 영양가 있는 메뉴를 찾고 있는 고객들의 수요에 대하여 이에 상응한 공급을 해주지 못하고 있다.

영양가 증진에 대한 잘못된 인식과 근거 없는 개념들을 배제하고 몇 가지 기본원칙을 제시한다.

- 고객의 욕구 파악
- 원가와 수익성
- 식재료 구입여부
- 조리기구와 시설의 수용 능력
- 다양성과 매력
- 영양적 요소

영양가 증진의 기본은 현재적·잠재적으로 존재하는 대고객 시장조사를 실시하는 일이다. 작업에 착수하기 위해 우선 조사대상이 되는 고객을 선정하고 필요한 정보를 수집하기 위하여 문제들을 작성한다.

39) 김난도 외 5, 전게서, p. 56.

다음은 <표 9－1>과 같이, 시장조사를 하여야 한다.

표 9-1 대고객 시장조사

대고객 시장조사

1. 우리 식당에서 식사하는 빈도는?
   - 매주 1회 이상
   - 매주 1회 정도
   - 2~3주당 1회 정도
   - 1개월마다 1회 정도
   - 2~3개월마다 1회 정도
   - 3개월마다 1회 미만
   - 첫 번째 방문(First visit)
2. 손님께서 오늘 이 식당에 온 목적은
   - 아침식사
   - 점심식사
   - 저녁식사
   - 간이식사
3. 외식 목적이 생일축하, 데이트 등 특별 행사 때문인가요?
   - 예　　　　아니오
4. 외식할 때 주문하는 음식은 :

	항상	가끔	좀처럼	전혀
소금을 넣지 않고 요리한	______	______	______	______
콜레스테롤과 지방질이 보다 낮게 함유된	______	______	______	______
열량관리가 잘되어 있는	______	______	______	______
섬유질이 풍부한	______	______	______	______
분량형태가 다양하여 먹기 용이한	______	______	______	______
싱싱한 재료로 요리된	______	______	______	______

5. 간이 건강요리, 광천요리, 살코기 요리를 제공하는 식당에 방문한 적이 있습니까?
   - 예　　　　아니오
6. 위에서 말한 식당에 방문하는 빈도는?
   - 매주 1회 이상
   - 매주 1회 정도
   - 매 2~3주마다 1회 정도
   - 매월 1회 정도
   - 매 2~3개월마다 1회 정도
   - 매 3개월에 1회 미만
7. 간이 요리를 주문하는 빈도는?
   - 항상
   - 가끔
   - 좀처럼
   - 전혀

메뉴품목 전략은 '고객의 욕구, 요구 그리고 태도'를 정확하게 파악하고 충족시켜야 한다. 고객의 니즈 파악은 객장에서 들었던 이야기, 고객

소리함을 비치하여 적은 내용으로 영양가 증진을 위한 지침을 만들어야 한다.

영양가 증진을 위한 노력은 외식시장에서의 지위(market position)를 높이려는 노력과 함께 병행되어야 한다. 메뉴품목의 영양가를 높이기 위한 단기적 목표는 우선 목표고객들의 흥미를 끌어 매상고를 높여야 한다. 보다 장기적인 목표는 고객들의 마음에 심어주고 싶은 식당이미지를 만들어야 한다.

고객들에게 식당이미지의 영향력을 위한 5가지 요인은 다음과 같다.

- 영양가 메뉴품목에 대하여 종사원들이 갖고 있는 태도와 지식, 그리고 고객들로부터 질문에 성실하게 답변해주는 자세
- 영양가 메뉴품목들이 식당에서 제공하는 기존 메뉴품목과 분위기 면에서 부족한 점을 어느 정도 보완시켜 주는가?
- 기존 메뉴품목의 가격과 비교하여 영양가 메뉴품목의 가격 차이는?
- 영양가 메뉴품목들의 제공과 배열 면에서의 상관관계
- 영양가 메뉴품목의 판매촉진 및 광고 선전

식당은 성공적인 영양가 메뉴품목 전략은 다음과 같이 제시한다.

1) 직원들이 충분한 지식을 가져라

식당은 고객에게 영양가에 대해 신경 쓰고 있는 분위기 연출이 중요하다. 고객을 접대하는 종사원들로 하여금 영양가에 대한 관심을 가지고 있고, 메뉴품목에 대한 충분한 지식을 갖도록 하여 고객들의 질문에 응답하여야 한다.

2) 가격할인을 이용하라

판매촉진을 위한 영양가 메뉴품목을 개발하여 특별히 싼값 또는 무료로 제공함으로써 판매의 붐을 일으켜야 한다.

3) 건강이미지를 부각시켜라

경쟁식당과는 다른 건강이미지를 부각시켜 주는 품목을 개발하여 판매촉진 하여야 한다. 이색적이고 싱싱한 과일음료(알코올 성분 없는) 또는 조그마한 분량의 야채 전채요리를 제공하면 판매실적을 평균수준 이상으로 올릴 수 있다.

4) 판매시점 광고를 활용하라

영양가 품목의 판매촉진을 위하여 'POP광고, 테이블 텐트, 양 목표(recipes), 포스터, 배너' 등을 활용하라. 영양가 품목에 대한 고객들의 관심을 불러일으킨다. 단순히 고객의 관심을 끄는 것만으로는 부족하며 구매의욕을 불러 일으켜 판매실적과 연결해야 한다. 광고 효과를 얻기 위해서는 고객들에게 생생한 이미지와 메시지를 전달하는 일이 중요하다.

메뉴품목의 영양가를 증진하면, 식당에 대한 소비자가 고객들의 이미지를 부각시키기 위한 무한한 잠재력을 제공해 준다. 수익성 있는 틈새시장을 확보하게끔 도움을 준다.

지금까지 영양가를 증진하여 수익을 얻은 식당들은 전체의 25%에 불과하다. 요즈음 많은 사람들이 자신의 건강에 관심이 많다. 메뉴품목의 영양가를 증진하여 시기적절하게 판매를 촉진함으로써 매출 증진에 도움이 된다.

2. 효율적인 메뉴전략

효율적인 메뉴전략을 위해 '물류공급의 안정성, 매뉴얼 작성과 활용'이 있어야 한다.

가. 물류공급의 안정성

물류공급의 안정성은 '식품원가와 인건비'의 절감과 재고관리 통제가 용이하고, 집중적 연구개발이 가능하다. 이것은 식당의 고유한 맛을 창출하여 경쟁력을 강화할 수 있다.

물류공급의 안정성 하기 위해서는 아래와 같은 시스템이 구축되어야 한다.

- 냉동, 냉장, 레토로트(retort) 등의 물류시스템을 확립하여야 한다.
- 식재료를 공급하는 식재메이커 업자와의 신뢰관계는 식재료의 신선도와 유통기한 준수와 같은 시스템이 구축된다.

시스템이 구축되어야 메뉴작업이나 합리화가 진행된다. 물류 안전하게 공급되지 않으면, 물류비용이 높아져 식당경영을 압박한다. 물류시스템은 상품력을 효율화 시킬 수 있다.

나. 매뉴얼 작성과 활용

경쟁력을 향상시키기 위해서는 '표준량 목표와 조리작업 매뉴얼' 작성하여 메뉴 표준화를 이루어야 한다. 즉, 고객들에게는 항상 같은 맛과 같은 품질을 제공하여야 한다.

모든 체인점들은 메뉴의 균일성이 있다. 요리의 균일성을 유지하기 위한 중요한 작업은 메뉴의 매뉴얼화이다. 즉, 재료의 표준화와 조리작업의 매뉴얼 및 활용이다.

표준화를 위한 메뉴 매뉴얼의 첫 단계는 재료의 표준화인 식재료 매뉴얼이라고 할 수 있다. 즉, 표준량 목표 작성이다. 두 번째 단계는 조리작업 매뉴얼의 작성과 활용이다.

아무리 요리 재료의 품목과 양이 동일하다고는 하여도 조리작업이 통일되지 않으면 음식의 맛이나 모양 등이 동일하게 만들어지지 않는다.

<표 9-2>, <표 9-3>과 같이 표준량 목표와 조리작업 매뉴얼을 설명한다.

표 9-2 표준량 목표

육계장				
재 료	단 위	기준량	가 격	비 고
쇠고기	그람	100		① 쇠고기는 양지머리나 사태를 준비(내장은 사용치 않음)하여 푹 삶아 육수를 만들고 건져내어 죽죽 찢어 쓰는데 기름이 많으면 적당히 떼어 낸다. ② 파는 굵은 파를 사용하는데, 많이 넣을수록 육계장의 맛이 시원하다. 너무 굵은 파는 절반으로 갈라 사용한다. ③ 고추기름을 만들 때 끓는 기름을 너무 많이 넣으면 고춧가루가 타서 맛이 달아날 뿐만 아니라 육개장의 빛깔이 좋지 않다.
굵은 파	그람	100		
고사리	그람	50		
마 늘	쪽	1		
후춧가루	작은 술	1/10		
화학조미료	작은 술	1/10		
참기름 · 소금	작은 술	각 1/4		
고춧가루	큰 술	1		
식용유	큰 술	1/2		
간 장	큰 술	1/8		
식재료원가		( )		
판 매 가		( )		

표 9-3 조리작업 매뉴얼 작성법

건강식으로 가장 인기 있는 삼계탕에서 가장 중요한 것은 닭 고르기! 100마리 중 10마리가 될까 말까 하는 육질이 부드럽고 맛있는 420g 영계만을 골라 최상급의 인삼과 찹쌀을 사용한다. 어렵게 고른 닭에 정성으로 정말 맛있는 삼계탕을 제공하고 있다.	
1	닭은 깨끗이 씻어 대추, 인삼, 찹쌀로 속을 채운다. 420g 되는 영계만을 골라 깨끗하게 손질하여 찹쌀, 인삼, 대추 등을 넣는다.
2	얼음에 하루를 재어 하루를 숙성시킨다. 금방 잡은 닭이 맛있다고 하면 진정한 맛을 모르시는 말씀. 냉동고에 닭을 한 줄 깔고 그 위에 얼음 한 줄, 또 닭을 한 줄… 하는 식으로 저장을 해야 한다. 왜냐하면, 닭이란 것은 속 열이 많은 것이므로 얼음 없이 그냥 보관하면 개도 못 먹게 되어 버리기 때문이다. 얼음은 닭 10마리당 5마리분 정도로 넉넉히 깔아줘야 한다. 명심 또 명심할 것.
3	75℃의 물에 닭 75마리를 넣고 20－30분 후 물이 끓기 시작하면 불을 약하게 낮춰 다시 30분 → 찹쌀이 응고 되었다 싶으면 다시 강한 불에서 30분 → 다시 약한 불에서 1시간 정도 끓인다.(이때 소량의 미원과 다시다가 들어간다) 최고의 육수를 만들기 위한 최적의 과정이니 반드시 준수할 것. 대충하게 되면 대충 만들어진 육수를 맛보게 되므로 절대 준수.
4	땅콩, 잣, 참깨, 들깨, 콩이 들어가 소스를 붓고 다시 1시간 정도 끓인다.(75마리분 500g) 이 소스의 비결은 금산만의 것. 이 비결을 알기 위해 호시탐탐 기회를 노리고 있는데 이제 만천하에 공개하니 눈치 보지 마시고 편안히 참고하시길…
5	마지막으로 찹쌀가루를 풀어 넣는다. 백포도주를 조금 첨가하면 아주 뛰어난 풍미를 즐길 수 있으나, 솔직히 고백하건대 백포도주는 비싸서 우리 집에선 소주를 사용. 집에서 조리할 때는 백포도주나 청주를 사용하면 맛이 좋다.
닭은 75마리씩 솥에 넣고 끓이고 있으나 금산에서는 150마리를 끓이고 난 육수가 나가기 때문에 국물 맛이 두 배로 진하다. 소금은 항상 볶아서 사용. 통풍이 잘 되는 곳에서 소금을 후라이 팬에 붓고 고약한 연기(불순물)가 날 때까지 잘 볶은 다음 갈아서 사용하면 항상 깨끗한 소금을 먹을 수 있다. 가정에서는 죽염을 사용하면 더욱 맛이 좋다.	

자료 : 금산삼계탕 홈페이지

제2절 메뉴기획 방법

I. 메뉴기획의 개요

고객의 욕구는 다양하기 때문에 새로운 메뉴를 개발하여 고객의 입맛을 충족시켜 주어야 한다. 메뉴기획자는 변화하는 고객의 욕구와 요구를 파악하지 못하면 훌륭한 메뉴를 기획하기 어렵다.

만약 메뉴기획을 업장 조리장에게만 맡겨 두면 한계가 있다. 조리장은 '관리적인 측면과 마케팅적인 측면'보다는 본인이 선호하는 아이템, 생산 가능한 아이템만을 선정하는 경향이 높다. 따라서 메뉴기획은 경영자와 주방에 근무하는 직원, 그리고 서비스 요원까지도 포함하여 기획해야 한다.

메뉴기획은 고객의 욕구를 충족시키면서 식당의 이윤을 추구하는 메뉴계획을 수립하는 식당의 일련의 활동과 수립된 계획을 수행하는 연속된 활동이다.

경영 측면은 식당의 수익성 제고하기 위해 '조직의 목표, 예산, 식자재 공급시장의 조건'을 고려하여야 한다. 고객 관점은 고객만족이 최우선으로 '영양적인 요구, 음식의 특성'을 고려해야 한다.

성공적인 메뉴는 다음과 같은 목적을 만족시켜야 한다.

- 메뉴는 마케팅 콘셉트(marketing concept)의 목표를 지향한다.
- 메뉴는 경영의 지각된 이미지 확립에 기여하여야 한다.
- 메뉴는 품목에 관한 고객의 수요를 증진시키는 수단으로서 존재해야 한다.
- 메뉴는 경쟁적 이점을 성취하는 수단이다.

가. 메뉴기획 과정의 모형

메뉴기획 과정은 메뉴품목의 결정 순서를 정한다. <그림 9-2>와 같이, 경영자는 '고객, 제공될 아이템의 질, 생산원가, 생산가능성, 생산규모, 주방의 배치, 기자재 확보'을 고려하여야 한다.

그림 9-2 메뉴기획 모형

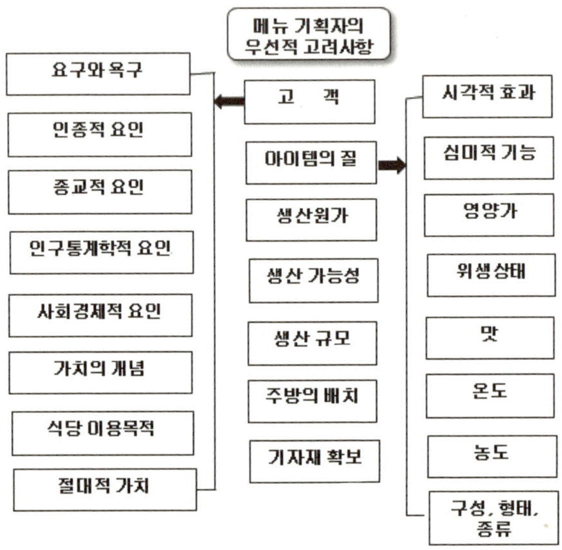

자료 : 조문수, "호텔고객의 메뉴 선택 행동과 메뉴 기획" 한양대 박사 학위, p.58.

메뉴 기획은 단조로움을 피해야 한다. 메뉴의 단조로움은 고객 변화 욕구에 신속히 대응할 수 없어 고정고객을 잃게 된다.

전략적 메뉴아이템 선택은 7단계를 거치는 것이 유리하다.

- 1단계 : 고객의 욕구가 부응할 수 있는 메뉴아이템을 100가지 정도 수집하여 시장을 관찰한다.
- 2단계 : 메뉴아이템 중에서 50~60가지 아이템으로 선정하여, 경영자는 아이디어를 창출한다.
- 3단계 : 필요 없는 아이템은 제거하고, 15~20가지 정도의 아이템으로 선별한다.

- 4단계 : 사업성(기존의 설비, 식당이미지, 장기적 목표, 기대 판매량)이 있는 메뉴 7~15가지 정도 선별한다.
- 5단계 : 5~7가지 새로운 메뉴를 기획한다. 이때 표준화된 양 목표, 원가 표, 조리방법을 결정한다.
- 6단계 : 3~5가지 정도 메뉴를 시음한다.
- 최종단계 : 1~2가지의 메뉴아이템을 선택하여 판매한다.

메뉴기획의 전략적 아이템은 식당 콘셉트에 맞게 결정하여야 한다. 이는 식당이미지를 고객에게 효과적으로 전달하여 식당의 수익성을 제고할 수 있다.

전략적 아이템을 설정함에 있어서 직관적인 판단보다는 메뉴기획 과정을 고찰한 모니터링 시스템으로 분석해야 한다.

새로운 메뉴기획은 '모방, 새로운 메뉴 개발, 개조, 혁신'과 같은 방법이 있다.

메뉴를 기획함에 있어서 고려할 사항은 다음과 같다.

- 고객의 욕구를 파악하여야 한다.
- 기존의 설비를 가지고 요리가 가능한가?
- 기존 식당의 이미지와 부합되는가?
- 장기적 목표에서 수익성이 있는가?
- 물리적 배치와 디자인, 분위기에 부합되는가?
- 식자재의 계절성, 신선도, 원가관리를 고려한다.
- 균형 잡힌 영양가를 구성하여야 한다.

메뉴기획의 고려 요소는 '메뉴 전체의 특성, 메뉴 품목에 대한 수요, 공급 가능성, 잠재력 평가, 상품으로서 어필 여부, 서비스 형태에 맞는 디자인이나 내용, 주 요리 품목 수 결정, 생산여건, 판매가격, 총이윤의 증대, 메뉴의 디자인과 양식 구성, 경영주의 개인적 창의력, 영업장' 등을 제시하고 있다.

식당 메뉴기획은 광부가 광맥을 발견하는 것과 같다. 야구선수가 10할대의 안타를 낼 수 없듯이, 메뉴기획에서 매번 히트할 수 없다. 3할 대의 야구선수는 높은 연봉을 받는 것과 같이, 식당경영자는 3할 대의 메뉴기획을 구성한다면 높은 수익성이 보장될 것이다.

아이디어를 상품화해서 계속 사업을 유지하는 것처럼 힘든 일은 없다. 실패한 사업가 대부분이 "아이디어는 좋은데 망했다."며 한탄하는 것도 이 때문이다.

전주 반야돌솥 비빔밥은 비빔밥의 본 고장에서 전주비빔밥과 다른 돌솥비빔밥을 창안하였다. 주방 안은 공장을 방불케 한다.

임 사장은 '밥과 반찬의 조화라고 자기 업소를 자랑하는데 어색함이 없는 표현'이었다. 전주비빔밥은 육수로 밥을 지어서 그릇에 담아 여러 야채를 제공하는 것에 반해, 돌솥비빔밥 그릇은 장수 돌을 깎아서 돌솥 모양으로 만들었다. 돌솥에 쌀을 넣고 육수로 밥을 짓는 것이 전주비빔밥과 차이가 있다.

이것은 임복주 사장의 창의적인 아이디어에서 발명한 것이다. 또한 뜨거운 돌솥을 손쉽게 고객에게 서비스하기 위해 만든 나무 받침대는 나를 감동시켰다.

창조적 사고란 창의적 아이디어를 생성하는데 관여하는 정신활동이다. 즉 메뉴기획은 '새롭고 독창적이고, 쓸모 있고, 가치 있는 메뉴'를 만들어야 한다. 모든 메뉴를 새롭고 다르고 재미있게 만드는 것이다. 그는 다른 사람들이 "내가 왜 저 생각을 못했지"하고, 이마를 치게 만드는 것이 중요하다.

창조적 사고를 더욱 더 생성시키는 방법은 다음과 같다.

- 먼저 그 일을 할 수 있다고 믿어라
- 과거의 전통 때문에 고정관념에 빠져서는 안 된다.
- 매일 자기 자신에 '어떻게 하면 좀 더 잘 할 수 있는가'를 물어라
- 질문을 하고 듣는 일을 실천하라
- 당신의 정신을 더욱 신장시켜라

메뉴기획은 질보다 양으로 승부하라. 메뉴기획이 한 번에 히트한다면, 그보다 좋은 일이 없다. 그것은 간단하지 않다. 그래서 개발하는 메뉴의 수가 많아야 한다. 경우에 따라서는 메뉴개발을 위한 프로젝트도 필요하다.

'나 같은 소형점포에서 무슨 프로젝트야…' 하는 분이 있겠지만 거창하게 생각할 필요 없다. 직원, 조리사, 친구, 부인, 아이들 등 몇 명이 모이면 우수한 프로젝트 팀이 만들어진다.

혼자서 20품목의 아이디어를 내기는 어렵다. 그러나 4명이 하면 혼자서 5품목의 아이디어를 내면 된다. 20개의 아이디어 중에 몇 가지 우수한 아이디어를 선정한다. 선정된 메뉴는 프로젝트 팀 전원이 그것만을 집중적하여 개발한다. 이 작업을 여러 번 반복한다면 반드시 우수한 메뉴 개발이 이루어진다.

메뉴기획은 벤치마킹(benchmarking)하여 자신의 메뉴를 개발하라. 타인의 아이디어만 가지고 메뉴를 개발하면 동메달이고, 자기의 아이디어를 가지고 메뉴가 만들어지면 은메달이다. 타인의 아이디어에 자기 아이디어를 합쳐서 메뉴가 개발하면 금메달이다.

메뉴기획은 '모방→수정→응용→창조'로 이어진다. 잡지나 서적에서 타인의 아이디어를 보면 그것을 힌트로 메뉴를 개발한다. 그대로 모방하면 도둑이지만 개량하면 된다. 그러면 창작으로 이어진다.

메뉴개발은 많이 하면 좋다고 했다. 무턱대고 개발하면 노력과 시간이 너무 걸린다. 그래서 메뉴가 히트할 가능성이 있는가를 평소 메뉴분석을 통해 파악해야 한다.

새로 개발한 메뉴가 히트하기까지는 시간이 많이 걸린다. 메뉴가 아무리 뛰어난 메뉴도 히트하려면 최소한 6개월은 걸린다. 심지어는 1년 정도 걸린다. 기간 동안에는 원가손실을 각오해야 한다.

나. 메뉴디자인의 외형적 특성

메뉴디자인은 식당분위기를 조성할 수 있도록 하여야 한다. 메뉴디자인은 경쟁식당과 차별성을 있어야 한다.

메뉴디자인의 중요한 결정사항은 아래와 같다.

- 메뉴의 순서
- 글자체, 활자의 크기
- 메뉴의 표시 색
- 종이의 재질
- 메뉴 레이아웃

메뉴디자인은 메뉴기획에서 선택된 아이템 메뉴를 통하여 고객에게 자사의 제품을 전달하는 판매촉진의 수단이다. 고객이 메뉴를 선택함에 있어서 메뉴의 외형이 절대적이지는 않지만 선택과정을 이끌 수는 있다. 경영자는 아이템의 위치분석을 통하여 기여도와 이윤이 높은 아이템을 선정하여 고객에게 어필할 수 있도록 메뉴를 디자인해야 한다.

메뉴 디자인을 위한 기본적인 사항들은 아래와 같다.

- 12포인트 아래의 글씨형태는 취하지 말 것
- 읽기 편한 소문자 형식을 취할 것
- 표제나 작은 표제는 대문자로 표기할 것
- 줄 사이는 3포인트 이상을 띄울 것
- 식당의 성격을 감안할 것
- 너무 이상하거나 이국적인 메뉴는 피할 것
- 색상의 조화에 신경 쓸 것
- 정반대 색상의 이용에 주의할 것

<그림 9-3>과 같이, 고객들은 메뉴를 볼 때, 메뉴 상단부분에 시선을 집중한다. 메뉴를 선택할 때, 역시 같다.

1) 눈의 시선

① 단면(1 page)메뉴판 경우, 1/2의 바로 위 지점

② 양면(2 page) 메뉴판 경우, 왼쪽 페이지의 좌측 상단에서 오른쪽 페이지의 위에서 3/4(아래에서 1/4)지점을 연결하는 시선의 바로 위 지점—오른쪽 페이지의 중간 바로 위 지점에 시선이 집중된다. 전략적인 메뉴를 이 지점에

위치해야 한다.

③ 삼면(3 page) 메뉴판 경우, 중앙 1/2부터 시선이 시작한다.

2) 이동순서

고객들은 메뉴를 읽을 때, 처음부터 보거나, 마지막부터 보면서 자기가 원하는 메뉴를 골랐을 경우 읽는 것을 멈춘다. 따라서 전략적 메뉴를 앞부분이나 마지막 부분에 위치해야 한다.

메뉴디자인은 마케팅 수단에서 구매시점 광고라는 것을 잊지 말아야 한다.

그림 9-3 메뉴에 대한 시선 집중 위치와 이동 순서

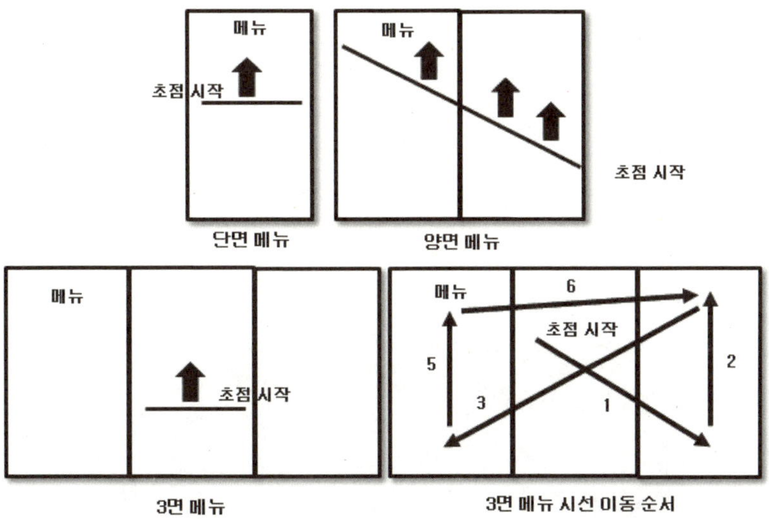

자료 : 상게서, p.63.

메뉴를 디자인할 때의 기본적인 고려사항은 다음과 같다.

- 귀여운 이름이나 기술은 피하고 쉽게 인식되고 간단하게 서술되어야 한다.
- 메뉴에 시선이 집중되는 위치를 이용하는 것이 좋다. 고수익성 메뉴

를 팔기 위해서는 시선이 집중되는 지점—페이지 중심의 바로 위 지점이 좋다.

- 단어나 문법에 어긋나지 않도록 하여야 한다.
- 장식과 어울리는 색깔을 선택하는 것이 바람직하다. 밝은 바탕에 진한 인쇄는 읽기가 쉽다.
- 메뉴상의 작은 글씨까지도 고객이 편안히 읽을 수 있도록 배려해야 한다.
- 정찬 순(전채요리, 수프, 샐러드, 생선요리, 앙트레, 디저트와 음료)으로 메뉴의 아이템을 배열시킨다.
- 지나치게 꽉 찬 메뉴를 기획하는 것은 좋지 않다. 최소한 메뉴에 40% 정도의 여유 공간이 있어야 한다.
- 비일상적으로 특이한 메뉴는 고객에게 혼란을 야기할 수 있다. 이런 제품은 재고관리가 어렵다.
- 그날그날의 특별 아이템을 구상하기 위하여 메뉴의 일정 부분을 남겨 두는 것이 좋다.

메뉴는 고객이 쉽게 이해할 수 있는 용어를 사용하여 고객의 관심과 식욕을 돋을 수 있도록 디자인되어야 한다.

그림 9-4

2. 메뉴 구매력 산정 방법

가. 원가-이윤 분석법

경영자는 최상의 메뉴품목을 개발하기 위해 철저한 분석하고 노력한다. 철저한 분석과정을 거치지 않는 식당경영자들은 계획했던 이윤목표를 달성할 수 없다.

파베식(Pavesic)은 "각 메뉴품목별 창출된 이윤을 식음료 원가와 대조함으로써 어떤 품목이 가장 많은 이윤이고, 이윤이 없는 품목이 어떤 것인지 알아낼 수 있다."고 하였다.

부진한 판매실적과 목표에 미달된 이윤실적은 분명한 원인이 있다. 원인이 '식재료를 잘못 구입, 1인분 양 관리(portion control) 미숙, 인상된 원가·비용 또는 조리과정에서의 심한 재료 낭비'에서 만 있다고 볼 수 없다. 그 원인은 종종 판매된 메뉴품목의 배합이 불합리했던 것에 기인할 수도 있다.

어떤 메뉴는 특히 강조하여 적극적으로 판매토록 하고, 어떤 메뉴는 이에 부수적으로 판매한다. 또한 수익성을 기대할 수 없는 메뉴는 애당초 품목에서 제외시켜야 한다.

원가·이윤 분석법(CMA, cost－margin analysis)은 품목별 식음료원가율을 메뉴품목 전체 원가율 평균치에 대응하여 분석한다. 그리하여 원가율의 고저에 따라 각 품목을 분류한다.

이 분석은 품목별로 인기도(판매량)와 한계이익(총이윤)의 고저에 따라 분류한다. 각 메뉴품목은 이미 기술한 3개의 계정(원가율, 한계이익, 판매량)에 기초로 하여 분류한 4개의 범주 중 하나에 속하게 된다.

한계이익을 당해 품목의 판매량과 곱해서 더욱 유용한 수치를 산출할 수 있다. 한계이익이 높아 많이 팔리지 않는 비인기품목보다는 한계이익을 좀 더 낮게 책정하여 많이 팔리는 경우가 보다 많은 수익을 가져온다.

CMA분석법은 우선 메뉴품목별 '판매량, 원가, 판매가격'을 알아야 한다. 다음에는 메뉴를 전채요리, 스낵, 주요리, 디저트, 음료로 구분한다. 다음의 계산은 손으로 해도 되고, 매트릭스를 사용하여 컴퓨터로 계산하면 더욱 간단하다.

나. 창문 매트릭스

식당 매출은 메뉴품목의 구성과 밀접한 관련을 갖고 있어 모든 품목을 4개로 구분하는 것이 매우 중요하다.

CMA분석법의 장점은 모든 품목의 '원가율, 한계이익, 인기도(판매량)'를 간단한 매트릭스로 표시할 수 있다. 창문 매트릭스는 <그림 9－5>와 같다.

그림 9-5 창문 매트릭스

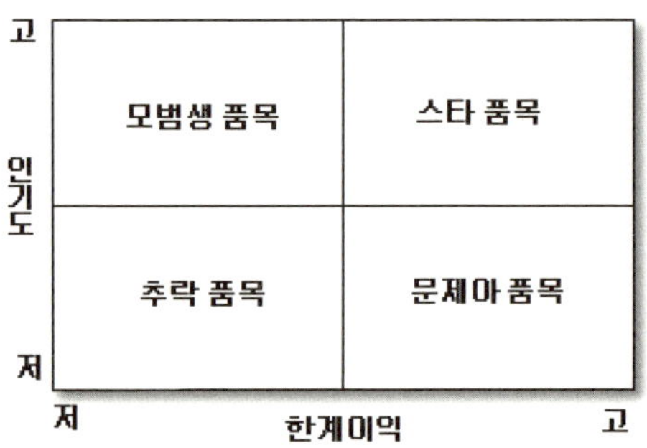

각 메뉴품목 매트릭스(스타 품목, 추락 품목, 모범생 품목, 문제아 품목)는 메뉴 품목의 한계이익과 인기도를 메뉴 전체의 평균치를 비교하여 결정할 수 있다. 수직은 인기도(판매량)를 의미하고, 수평은 한계이익(수익성)을 나타낸다.

1) 스타 품목

스타 품목은 메뉴 중 가장 인기가 있으며 수익성 또한 높은 메뉴 아이템을 의미한다. 스타 품목은 원가율이 높지만, 판매가 잘 되어 한계이윤이 높다.

스타 품목 관리방안은 다음과 같다.

- 다른 식당의 가격 수준에 맞춰 경쟁가격으로 제공한다.
- 메뉴가 눈에 잘 띄도록 사내광고에 신경을 써야 한다.
- 가격 탄력성에 유의하여야 한다.
- 종사원의 메뉴안내에도 신경을 써야 한다.

2) 문제아 품목

문제아 품목은 고객에게 인기도가 낮으나, 한계이윤이 높은 메뉴를 의미한다. 또한 원가율은 낮으나, 이익이 높다.

이 품목의 관리방안은 다음과 같다.

- 메뉴가격을 인하한다.
- 판매가 너무 낮을 경우 메뉴를 제거한다.
- 메뉴의 이름을 변경하여 새로운 메뉴로 변신시킨다.

3) 모범생 품목

모범생 품목은 고객에게 인기가 높으나, 한계이익이 낮은 메뉴 아이템이다. 원가율은 높지만, 고객 수요를 창출하는 메뉴 품목이다.

이 품목의 관리방안은 다음과 같다.

- 세트메뉴를 개발한다.
- 가격을 무작정 올리면 곤란한 메뉴이다. 그러므로 고객의 반응을 철저히 조사하여야 한다.
- 철저한 식자재 원가관리를 하여야 한다.

4) 추락 품목

추락 품목은 고객으로부터 외면당하고, 경영자 입장에서는 수익도 없는 메뉴 아이템이다. 추락 품목은 과감하게 메뉴를 삭제하여야 한다.

CMA분석법은 최소한 1년을 4분기로 나누어 4회가 적당하다. 관리자는 일람표에 기록하여 메뉴품목들의 '판매량, 원가율, 한계이익'의 변화를 파악할 수 있다.

경영자는 가장 높은 원가율과 판매 및 한계이익이 복합되어 있는 메뉴품목을 파악하여 메뉴 품목에 대한 마케팅과 원가관리 노력에 집중하여야 한다.

관리자는 메뉴구성을 합리적으로 설계하여 스타 품목을 특히 강조하여 판매촉진 하여야 한다. 메뉴전략이 실패하여 이윤을 극대화시키지 못하면 아무리 메뉴구성과 설계를 잘 하고, 값비싼 메뉴판을 만들어도 모두가 허사이다.

하지만 단순하고 개괄적인 수량 측정방식은 금물이다. 창문 매트릭스의 목표는 메뉴 품목의 위치를 가능한 스타 품목 상한에 근접되도록 판매량을 늘려 인기도를 높이고, 한계이익을 늘려 수익성을 높이고, 원가를 절감하여 품목의 위치를 하향 조정하고 우측으로 이동시키는 것이다.

제 10 장

위생, 경영자의 양심

제 1 절 식품 위생의 개요

식품과 관련된 우리나라의 주변 환경은 국내·외적으로 급격하게 변화되고 있다. 도시화·산업화 등에 따라 식품의 원재료 및 가공식품이 유해물질에 오염될 가능성이 높아지고 있다. 농약·항생물질·성장호르몬 등 다양한 화학물질의 사용이 증가하고 있다. 특히 각종 식중독 사고도 빈번히 일어나고 있어 식품안전성에 대한 소비자들의 우려도 점차 커지고 있는 실정이다.

국민 소득의 증대, 핵가족화, 맞벌이 가정의 증가 추세에 따라 국민의 식생활도 점차 변하여 즉석식품 및 편의점 식품의 소비가 늘어나고 있다. 또한 외식 문화가 발달하여 식품접객업소의 증가에 따라 식품위생·안전수칙을 철저히 지키지 않으면 대형 식중독 사고가 발생할 가능성이 매우 높아지고 있다.

실제로 이러한 추세는 이미 나타나고 있으며 식품의약품안전청에서 발표한 우리나라의 연도별 식중독 발생 현황에 따르면 식중독 발생 건수는 서서히 증가하고 있고 환자 수는 급증하고 있다.

Ⅰ. 식품위생법

가. 식품위생

WHO 환경위생전문위원회는 식품위생의 정의를 "식품의 재배, 생산, 제조로부터 최종적인 소비에 이르는 모든 단계에서 식품의 안전성(safety), 완전성(wholesomeness) 및 건전성(soundness)을 확보하기 위하여 필요한 수단과 방법"이라고 규정하였다.

식품위생의 범위와 주체는 농축수산물의 생산·수확, 저장, 제조·가공, 수입, 유통, 판매, 조리, 섭취 등의 단계를 모두 포함한다. 또한 식품위생 주체는 생산자, 가공업체, 조리자, 판매자, 소비자, 관리자 등이 된다. 따라서 식품은 식품위생주체가 식품을 안전하고 완전하며, 건전하도록 식품의 전 단계에 동원되는 모든 수단과 방법을 다루는 것으로 볼 수 있다

1) 식품의 이해

식품이란 사람이 일상 섭취하는 음식물을 말한다. 백과사전에서는 "영양소를 한 가지 또는 그 이상 함유하고 유해한 물질을 함유하지 않은 천연물 또는 가공품"을 말한다. 좁은 의미에서는 "어느 정도의 가공 공정을 거쳐 직접 먹을 수 있는 상태가 된 것을 식품"이라 하고, 이에 비하여 직접 섭취할 수 없는 상태의 것은 식품재료 또는 식료품이라 한다. 또한 식품위생법에서도 식품이라 함은 '모든 음식물'을 말한다. 다만, 의약으로서 '섭취하는 것은 제외한다.'고 정의하고 있다

2) 식품의 중요성

식품은 인간의 생명을 유지시키며 일상생활을 영위하는데 없어서는 안 될 가장 기본적으로 필요하며 얻고자 하는 것이다. 경제의 기반을 갖추고 선진사회로 도약한 우리나라에서도 이제는 식품 등의 위해로 인하여

건강을 잃는 일이 발생하지 않도록 안전한 식품, 맛과 영양이 우수한 양질의 식품, 생명유지에 부족하지 않는 충분한 식품이 공급되어야 한다. 이로 인하여 국민들은 행복을 추구할 수 있어야 한다.

3) 식품 등 취급 시 원칙

판매를 목적으로 하는 식품 또는 식품첨가물의 채취·제조·가공·사용·조리·저장·운반 및 진열은 깨끗이 하고 위생적으로 행하여야 하며, 영업상 사용하는 기구 및 용기·포장은 깨끗하고 위생적으로 다루어야 한다고 규정하고 있다.

식품 등의 위생적 취급기준에 관한 기준은 아래와 같다.

- 식품 등을 취급하는 원료보관실, 제조가공실, 포장 실 등이 내부는 항상 청결하게 관리하여야 한다.
- 식품 등의 원료 및 제품 중 부패 변질이 되기 쉬운 것은 냉동냉장시설에 보관 관리하여야 한다.
- 식품 등의 보관 운반 진열 시에는 식품 등의 기준 및 규격이 정하고 있는 보존 및 기준에 적합하도록 관리하여야 하고, 이 경우 냉동냉장시설, 운반시설은 항상 정상적으로 작동시켜야 한다.
- 식품 등의 제조 가공 가공조리 또는 포장에 직접 종사하는 자는 위생모를 착용하는 등 개인 위생관리를 철저히 하여야 한다.
- 유통기한이 경과된 식품 등을 판매하거나 판매의 목적으로 진열 보관하여서는 안 된다.

2. 식중독

가. 식중독의 정의

식중독이란 병원성 미생물이나 유독·유해한 물질로 오염된 음식물을 섭취하여 일어나는 건강상의 장해이며, 집단식중독은 역학 조사결과 식품 또는 물이 질병의 원인으로 확인되거나 의심되는 경우로서 동일한 식품이나 동일한 공급원의 물을 섭취한 후 2인 이상의 사람이 유사한 질병을 경험한 사건을 말한다.

식중독은 유해한 미생물(병원성 세균, 바이러스, 곰팡이, 원생동물)이나 유독·유해한 물질(각종 유해 화학물질, 유해금속, 유해 첨가물, 농약 등)로 오염된 음식물을 섭취하여 일어나는 건강장해를 말한다.

최근에는 식중독과 경구전염병(세균성 이질, 장티푸스, 콜레라 등)을 명확히 구분하지 않고 식품을 매개로 일어나는 질병을 총칭하여 '식품매개감염증'으로 분류하기도 한다. 식중독 증상은 일반적으로 고열, 복통, 설사, 구토, 두통 등이 대표적인 증상으로 때로는 호흡곤란, 탈수증상 등을 일으켜 생명을 위험하게 할 수도 있다.

식중독이 많이 발생하는 계절은 아래와 같다.

- 식중독은 연중 발생하지만 세균에 의해 일어나는 식중독은 더울 때 많고, 추울 때 적은 경향이 있다.
- 5월부터 9월까지 4개월간은 식중독이 가장 많이 발생하는 시기로 연간 식중독 발생의 2/3을 차지하고 있다.
- 최근에는 난방이 잘 되어 이러한 계절의 구분 없이 식중독이 발생되고 있어 겨울에도 각별한 주의가 필요하다.

식중독 발생의 주된 원인은 살펴보면,

- 식품을 충분한 온도와 시간으로 조리하지 못할 때 발생된다.

- 조리 후 음식물을 부적절한 온도에서 장시간 보관함으로서 발생된다. 오염된 기구와 용기 및 불결한 조리기구의 관리사용으로 인하여 발생된다.
- 개인의 비위생적인 습관, 손 세척 소홀, 개인 질병, 식품 취급 부주의에 의하여 발생된다.
- 비위생적이거나 안전하지 못한 식품원료의 사용으로 인하여 발생된다.

나. 식중독의 종류

식중독은 그 원인물질에 따라 <표 10－1>과 같이, 생물학적 식중독, 화학성 식중독, 자연 독 식중독 및 바이러스 식중독으로 분류할 수 있다

표 10-1 식중독의 원인 물질

종류	원인 물질
생물학적 식중독 (세균성 식중독)	일정한 수 이상으로 증식한 세균. 바이러스 또는 이들이 만들어 낸 독소를 함유하는 식품을 섭취해 발병하는 경우를 말한다. 감염 유형과 독소 유형으로 구분된다.
화학성 식중독	수은, 납, 비소 등 중금속류, 농약 등의 화학물질에 의한 식중독을 말한다.
자연독 식중독	동물성 자연 독(복어 독, 마비성 조개중독 등)과 식물성 자연 독(독버섯, 감자 싹 등)으로 구분할 수 있다.
바이러스 식중독	바이러스에 오염된 음식물을 섭취하여 일어나는 건강상의 장해를 말하며, 주요 원인 바이러스는 노로 바이러스(noro virus) 그룹으로 알려져 있다.

주요 식중독과 원인식품을 분류하면 <표 10－2>와 같다.

표 10-2 주요 식중독과 원인 식품

구분	유형	원인 균(물질)	감염원	주요 원인 식품
생물학적 식중독	감염 유형	장염비브리오균	어패류, 해산물	생선회, 초밥, 그 가공품 등
		살모넬라균	가축, 쥐	계란, 식육, 그 가공품 등
		캠필로박터균	닭, 가축	닭고기, 그 가공품 등

생물학적 식중독	독소 유형	황색포도상구균	상처 난 손, 식품 중에 생성된 독소	김밥, 도시락, 떡, 과자류 등 전분질을 주성분으로 하는 곡류와 그 가공품, 두부가 원인 식품
		보툴리누스균	토양	통조림 식품 등
	기타	클로스트리디움균	섭취 시 사람, 동물의 장관 내에서 균이 생산하는 독소	식육이나 그 가공품, 어류 및 그 가공품 등의 동물성 고단백질 함유식품을 조리 후 장시간 실온에 방치했을 때 발생
		웰치균		어패류, 그 가공품 등
		병원성 대장균		식육, 야채, 물 등
자연독 식중독	동물성	테트로도톡신	동물성 식품	복어
		베네루핀	조개	
	식물성	무스카린	식물성 식품	독버섯
		솔라닌	싹이 난 감자	
화학성 식중독	급성, 만성	유독, 유해물질	각종 식품, 어류	농약, 식품 첨가물, 중금속류 및 기타 화학물질에 오염된 식품
	알레르기성	알레르기 유발물질		꽁치, 고등어 등 붉은 색의 어류

다. 세균의 증가 속도

세균의 증가 속도는 <그림 10－1>과 같이, 한 마리가 10분이 지나면 2마리가 되고, 1시간이 지나면 64마리이고, 4시간이 되면 16,000,000마리가 되어 식중독이 발병하게 된다.

그림 10-1 세균의 증가 속도

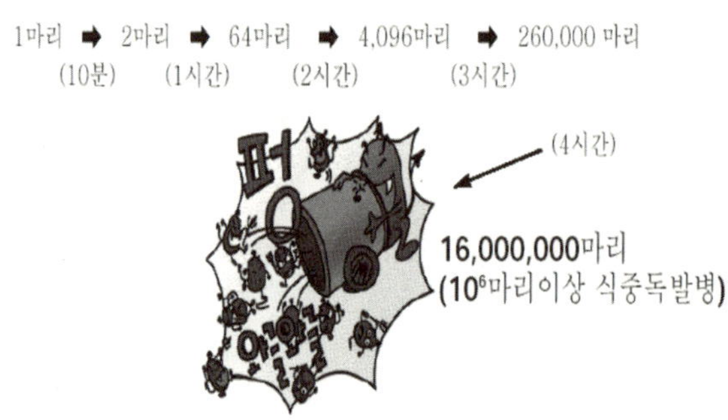

3. 식중독 예방

식중독이 발병하면. 식품위생법령 및 관련 규정에 의거하여 행정제재를 받을 수 있다. 행정제제에는 시정명령, 폐기처분, 시설의 개수명령, 허가 취소, 품목의 제조정지, 영업허가 등의 취소요청, 폐쇄조치, 면허 취소가 있으며, 행정제제는 승계 시킬 수 있다. 또한 영업정지 또는 품목제조정지 처분을 갈음하는 과징금을 징구할 수 있고, 과태료 처분이 있다.

행정처분 중 영업허가 취소 등의 행정처분을 시행하기 전 진술의 기회를 부여하는 청문회는 있지만, 식중독이 발병하기 전에 미리 예방하는 것이 무엇보다 중요하다.

식중독 예방 요령은 세균을 묻히지 않고, 세균을 증식시키지 않고, 세균을 없앤다. 식중독 예방을 위한 3대 원칙은 <그림 10-2>와 같다.

그림 10-2 식중독 예방 3대 원칙

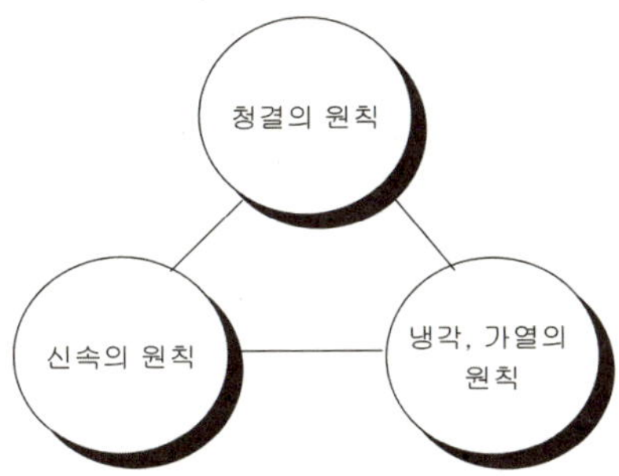

가. 청결의 원칙

세균이 붙지 않도록 청결에 만전을 기한다.

- 주방 내의 청결관리
- 개인위생을 철저히 준수
- 식품의 위생적 취급
- 구충, 구제

나. 냉각과 가열의 원칙

세균은 그 종류에 따라 증식의 최적 온도가 다르지만 식중독균, 부패균은 일반적으로 사람의 체온(36~37°C) 범위에서 잘 자라며, 5°C부터 60°C까지 광범위한 온도 범위에서 증식이 가능하므로 보관 시 이 범위를 벗어난 온도에서 보관하도록 하여야 한다.

표 10-3 세균 사멸 온도

-10℃	0℃ 5℃ 10℃	37℃	60℃	65℃
거의 발육하지 않음	발육하는 세균도 있음	모든 세균 활발히 증식	어떤 종류의 세균은 사멸치 않음	대부분 세균 사멸

표 10-4 식품 저장 온도

냉각 온도	식품	냉각 온도	식품
7~10°C	과실류	1~3°C	식육
4~7°C	채소류, 계란, 조리식품	0~3°C	어패류, 닭고기
3~4°C	우유, 유제품	-18°C	냉동식품(냉동 식육 포함)
가열	조리의 중심 온도는 74°C로 가열된다.		

다. 신속의 원칙

신속성은 세균의 증식을 막는다.

- 원료를 구매하였을 경우 신속히 조리한다.
- 식품을 조리하였을 경우 신속히 섭취한다.
- 조리 후 2시간 이내 소비하고, 식품을 4시간 이상 방치하지 않는다.

제2절 효율적인 위생관리

I. 개인 위생관리

가. 건강관리

1) 종사원의 채용 결격 기준

- 전염병예방법 제2조 제1항의 규정에 의한 제1종 전염병중 소화기계 전염병 있는 자(콜레라, 장티푸스, 파라티푸스, 세균성이질)
- 제3종 전염병 중 결핵 및 성병 있는 자
- 피부병 및 화농성 질환자
- B형 간염(전염 우려가 없는 비 활동성 간염은 제외)환자
- AIDS(후천성 면역 결핍증) 환자

2) 종사원이 조리에 참여하지 말아야 하는 경우

- 목이 간지러울 때
- 설사할 때
- 피부가 가려울 때
- 콧물이 흐를 때
- 발진이 날 때
- 복통
- 구토나 황달 증상이 있을 때

이와 같은 경우는 식품위생법령에 준하여 허가. 취소 등에 의거 식품

등의 위생적 취급에 관한 기준에 적합하지 아니하게 영업을 하는 자와 기타 이 법을 지키지 아니하는 자에 대하여 6개월 이내의 영업정지 혹은 영업소 폐쇄를 명할 수 있다.

나. 복장관리

1) 두발 및 용모

조리실 내에서 일하는 종업원은 위생모를 착용하여야 한다. 위생모는 외부에 모발이 노출되지 않도록 정확히 착용하여야 한다. 남자 종업원은 깨끗이 면도를 하여야 한다.

2) 위생복

- 조리 시에는 항상 청결한 위생복을 착용한다.
- 매일 세탁과 다림질을 깨끗이 한다.
- 앞치마는 조리용, 배식용, 세척용으로 구분하여 사용한다.

3) 액세서리 및 화장

- 조리실 종사자는 시계, 반지, 목걸이, 귀걸이, 팔찌 등의 장신구를 착용해서는 안 되며, 손톱은 짧고 청결히 유지한다.
- 손톱에 매니큐어나 광택제를 칠하거나 인조 손톱을 착용하여서는 안 된다.
- 화장은 진하게 하지 않으며 향이 강한 향수는 사용하지 않는다.

4) 작업 중 화장실 출입

- 화장실은 전용 신발을 비치하여 이용한다.

- 종업원이 조리 중 화장실에 갈 경우 사복으로 갈아입고 용무 후, 손과 신발을 소독한 다음 다시 위생복으로 갈아입고 작업에 임하여야 한다.

5) 종업원 행동금지 사항

- 조리실에서 머리를 빗거나 세면, 세탁을 하여서는 안 된다.
- 맨손으로 식품을 만지거나 손가락으로 맛을 보는 행위를 하여서는 안 된다.
- 세척 후 혹은 원재료 등을 다듬은 후 직접 식품을 취급하여서는 안 된다.
- 조리실에서 식사, 흡연, 껌을 씹어서는 안 된다.
- 땀을 옷으로 닦는 행동을 하여서는 안 된다.
- 식품 쪽으로 기침이나 침, 재채기를 하여서는 안 된다.
- 식품을 씻는 싱크대에서 손을 씻으면 안 되고, 전용 세면대를 이용하여야 한다.

다. 손 씻는 방법

1) 손 씻는 시기

- 화장실 이용 후
- 코를 풀거나 재채기 등 신체의 일부를 만지고 나서
- 애완동물을 만지고 난 후
- 흡연 후
- 쓰레기 등 오물을 만졌을 때
- 외출에서 돌아왔을 때
- 조리실에 들어가기 전
- 재료를 다듬거나 세척작업 후
- 손을 오염시킬 수 있는 것을 만졌을 경우

- 귀, 입, 코, 머리와 같은 신체부위를 만지거나 긁은 경우

2) 손 씻는 방법

- 손 씻는 방법은 비누거품을 충분히 내어 손과 팔을 꼼꼼히 문질러 닦고 미지근하고 깨끗한 물로 헹군다. 손가락 끝, 손가락 사이도 유의해서 깨끗이 씻어야 하며, 손톱 밑을 씻을 때는 손톱용 브러시를 사용하는 것이 바람직하다. 일회용 종이나 손 건조기를 이용하여 물기를 건조시켜야 한다.
- 손 씻기에 따른 세균의 제거효과는 아래 표와 같이 흐르는 물로만 씻어도 상당한 제거 효과가 있으며 비누나 상업용 소독비누를 사용하는 경우 효과가 더욱 좋다.

그림 10-3 손 세척

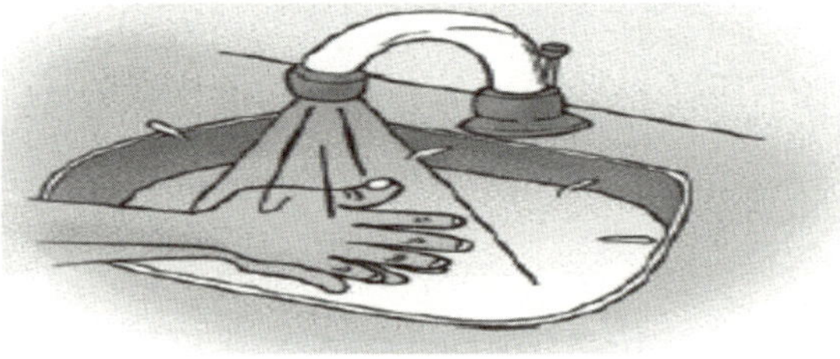

2. 주방 위생관리

가. 식자재 물품수급

1) 물품 주문 방법과 배달 시 확인 사항

물품 주문 방법은 책임자는 평소에 창고 및 냉장 냉동고에 물품이 얼마만큼 남아있는지 꼼꼼하게 재고조사를 실시하고 기록하여야 한다. 음

식의 재료는 지나치게 많은 양을 주문하지 말고 다음날 필요한 적정한 물량을 예측하여 주문한다.

물품 배달시 확인 사항은 배달된 물품의 도착 즉시 검수를 실시하며 주문한 것과 일치하는지를 확인하여야 하고, 검수 대를 설치하여 식자재가 직접 바닥에 닿지 않도록 하며 배달된 물품 박스 및 포장상태가 온전한지 확인한다.

검수 자는 매 검수 시 마다 운송차량의 청결상태 및 온도유지 여부를 확인하여 검수 일지에 기록하여 관리하고, 육류, 어패류, 콩나물, 묵, 두부 등의 요주의식품은 정기적으로 납품업체의 검사 견적서를 수령한다.

냉동 또는 냉장 상태로 배달되어야 할 육류가 그냥 박스에 담겨 실온에서 배달되지는 않았는지 확인하고, 채소나 과일 등은 심하게 손상이 되었는지 혹은 흙 등의 이물이 많이 묻어 있는지, 채소의 잎이나 과일의 꼭지 등이 신선한지, 통조림은 상·하면에 손상이 없고 외관에 이상이 없는지 등을 자세하게 살펴보도록 한다.

상하기 쉬운 우유, 두부 등 유통기한이 짧은 식품은 물론 모든 가공식품 유통기한을 반드시 확인한다. 또한 유통기한이 표시된 부분은 제품 폐기 시까지 알아볼 수 있도록 보존하여 어느 조리자라도 알아볼 수 있게 한다.

냉장·냉동이 안 된 패류, 식육 및 생선이나 포장이 조잡하거나 제조원이 불분명한 불량한 물품은 꼭 반품 조치하도록 한다.

2) 보관 및 저장

배달된 물품의 보관 요령은 배달된 물품은 식자재와 일반 소모품을 분리하여 깨끗한 창고나 진열장에 보관하고, 저장실은 깨끗하고 건조하며 다른 오염원이 없어야 하고 보관된 식자재가 해충과 쥐 등으로부터 오염이 되지 않도록 주의하여야 한다.

모든 식품은 반드시 소독된 보관 용기에 뚜껑을 덮어 두거나 위생적으로 잘 포장하여 내용물이 노출되지 않도록 한다.

창고의 온도는 10~20℃, 습도는 50~60%가 되도록 유지하며 통풍과 채광조절이 용이하도록 하고, 식품별 보관상 주의사항 및 보관기간을 철저히 이행해야 한다.

수시 또는 정기점검을 실시하여 정돈된 상태를 유지하며, 유통기한이 지난 물품은 폐기한다. 배달된 식자재는 <표 10－5>와 같이 보관한다.

표 10-5 물품 보관 요령

종류	보관법
육 류	냉장고에 장기간 저장할 때는 냉동시켜 보관
두 부	찬물에 담가 냉장보관
생 선	내장을 제거하고 흐르는 수돗물(비브리오 예방)로 깨끗이 씻어 물기를 없앤 후 다른 식품과 접촉하지 않도록 하여 냉장보관
패류	내용물을 모아서 흐르는 수돗물(비브리오 예방)로 깨끗이 씻은 후 냉장 · 냉동 보관
어 묵	냉장상태로 보관
계 란	씻지 않은 상태로 냉장 보관(살모넬라 예방)
우 유	10℃이하로 냉장 보관하며 가능한 신속히 사용
채 소	물기를 제거한 후 포장지로 싸서 냉장 보관하며 씻지 않은 채소와 씻은 채소가 섞이지 않도록 분리 보관
젓 갈	서늘하고 그늘진 곳에 뚜껑을 잘 닫아 보관
양념류	물, 이물이 들어가지 않도록 주의하여 보관
통조림	개봉 후 깡통 채로 보관하지 말고 별도의 깨끗한 플라스틱 용기에 보관하며 개봉일시를 기록하고 가능한 빨리 사용

냉장 및 냉동 보관 시에 다음 사항을 유의하여 보관한다.

- 냉장고의 온도는 10℃ 이하, 냉동고의 온도는 －18℃ 이하가 바람직하다. 또한 내부의 온도를 정확히 측정할 수 있는 온도계를 설치하여 정상적으로 작동이 되고 있는지 확인한다.
- 냉장·냉동고에 지나치게 물품을 가득 채울 경우에는 찬 공기가 잘 순환되지 않기 때문에 용량의 70% 정도로 식품을 보관한다.
- 냉장·냉동고에 식품을 보관할 경우에는 반드시 그 제품의 식품 표시사항(보관방법)을 확인한 후, 보관한다.
- 뜨거운 것은 식힌 후 냉장·냉동고에 보관하여야 하며, 뚜껑 또는 투명비닐을 씌운 후 음식물을 보관한다.

- 냄새가 나는 식품(생선 등)은 냄새를 흡수하는 식품(우유, 달걀 등)과는 분리하여 저장하여야 하며, 달걀은 일정장소에 별도의 투명비닐을 씌워 보관한다.

3) 재료준비

음식조리 전 재료들을 어떻게 준비하여야 하는가?

① 먼저 보관한 재료를 먼저 꺼내 쓸 수 있도록 한다.
- 배달된 물품은 유성 펜 등 지워지지 않는 필기도구를 사용하여 내용물이 오염되지 않도록 배달된 날짜를 포장에 적어두도록 한다.
- 새로 배달된 물품을 보관할 경우 먼저 보관되어 있는 것을 앞으로 배치하여 먼저 들어온 물품이 먼저 소비될 수 있도록 (선입선출) 한다.

② 채소를 씻을 때는 흙 .먼지 등의 이물을 제거하고 흐르는 물에깨끗하게 세척하여야 하며 필요한 경우 세척제를 사용하여 씻어야 한다.

③ 육류의 핏물을 빼기 위해 담가 둔 물에 다른 재료 또는 조리 기구를 담그지 않도록 한다.

④ 깨끗이 씻은 재료는 다음 사용을 위하여 용기에 잘 담은 후 밀봉하고 냉장 또는 냉동고에 보관한다.

⑤ 포장된 재료의 일부만 사용하여 조리하는 경우 <그림 10-4>와 같이 유통기한이 표시되어 있지 않은 쪽을 먼저 사용하고 유통기한이 표시되어 있는 쪽을 나중에 사용한다.

그림 10-4 보관 요령

안전한 식품의 조리 및 보관을 살펴보면 아래와 같다.

- 신선하고 안전한 식재료 선택
- 조리 시 충분히 가열하여 신속히 섭취
- 조리 된 식품은 60℃ 이상이나 10℃ 이하로 보관하고, 75℃ 이상에서 3분 이상 가열 후 섭취
- 다른 용무를 본 후에는 반드시 손을 깨끗이 씻는다.
- 행주, 도마 등 조리 기구는 반드시 살균
- 먹는 물 수지기준에 적합한 음료수를 손님에게 제공하고 조리에 사용
- 조리된 식품과 날 식품이 섞이지 않도록 하고, 쥐나 곤충 등의 접근 금지

4) 재료의 유통기한 확인 시 주의사항

유통기한이 지난 제품의 경우 조리는 물론 보관도 할 수 없으므로 즉시 폐기한다. 자주 사용하지 않는 품목으로서 유통기한이 긴 식품(통조림, 향신료, 소스 류 등)과 유통기한이 짧은 요주의식품(빵 류, 유제품 등)은 따로 보관하여 유통기한이 넘지 않도록 특별히 관리를 잘 하여야 한다.

특히 지정된 장소에 보관하지 않을 경우, 유통기한이 지난 채로 방치되기 쉽기 때문에 항상 창고, 냉장고, 냉동고 등 지정된 장소에 식자재를 보관하여야 한다. 유통기한을 쉽게 알아 볼 수 없는 경우는 다시 확인한 후, 다음에도 알아보기 쉽게 매직 등으로 겉에 크게 유통기한 표시를 하도록 한다.

5) 조리

조리 전에 주의하여야 할 사항은 오염된 식품이나 기구와 접촉하여 발생하는 교차오염을 방지하기 위하여 채소, 어류, 육류는 도마와 칼을 별도로 지정하여 사용한다. 또한 익힌 음식과 조리하지 않은 음식도 별도의 도마와 칼을 사용한다.

조리를 준비하기 위하여 냉동고에서 꺼낸 재료는 냉장고 또는 찬물에서 해동하여야 하고 급할 경우는 전자레인지에서 해동한다. 해동된 식품은 실온에 방치하지 않도록 하고 바로 조리에 사용한다. 또한 무치기, 버무리기 등 조리사가 식품을 혼합하는 경우, 반드시 위생장갑을 착용한다.

가열 조리과정에서 유의사항은 식중독 균을 없애기 위해서는 가능한 한 음식 내부를 완전히 익혀야 한다. 따라서 음식의 내부온도가 70℃ 이상으로 최소한 2분 이상 유지되도록 조리를 한다.

가열 조리 후에는 조리용 온도계를 사용하여 내부온도를 확인하고 잘 익었는지 확인하고, 음식은 가능한 소량씩 나누어 조리하며 자주 저어서 음식의 온도가 균일하게 되도록 한다. 양념은 가급적 처음 조리 시 첨가한 후, 적절히 가열하여 양념으로부터의 오염을 방지한다.

조리가 끝난 음식물을 보관할 때는 조리된 음식은 가능한 빠른 시간 내에 손님에게 공급되도록 하고 다음 조리를 위하여 냉장보관이 필요한 경우, 빠르게 식혀 냉장고에 보관한다.

조리된 음식은 반드시 보관용기에 담아 덮개를 덮어 낙하세균에 의한 오염을 방지하고, 냉장·냉동 보관 되었던 음식을 가열하여 손님에게 제공하는 경우 75℃에서 15초 이상 골고루 가열하여 제공한다.

나. 주방의 청결유지 요령

1) 주방 청소 요령

- 음식물의 기름기나 찌꺼기가 남지 않도록 중성세제로 문질러 깨끗이 세척하고, 세척이 종료된 후 70~75% 에탄올이나 살균제를 분무한다.
- 빈 상자, 포장지, 쓰레기를 방치하지 않고 수시로 치우며 하루 오전과 오후 2회 이상 청소한다.
- 청소 후 깨끗한 대걸레를 이용하여 바닥의 물기를 제거하며 환기와 통풍을 시켜 빨리 건조한다.

2) 조리기구 위생적인 관리

기구, 용구, 칼 등을 사용한 후에는 흐르는 물(음용 적합한 것)로 깨끗이 세척하고 건조시켜 청결한 장소에서 위생적으로 보관하고, 칼은 전용 칼집에 넣어 위생적으로 관리하며 자외선 살균 기에 넣어 보관한다.

도마, 조리대 등 작업대 옆에는 소독세제와 살균효과가 있는 소독비누를 비치하고, 도마, 조리, 목제 기구는 세균이 잔존할 가능성이 높으므로 충분히 건조하여 위생적으로 사용한다.

항균기능을 가진 제품도 반드시 살균하여 사용한다. 마른행주와 젖은 행주를 구분하여 사용하며 행주는 사용 후 끓여 소독하거나, 염소 소독한 뒤 햇빛에 말려 사용한다. 행주는 많이 준비하여 조리 중 반복 사용하지 않는다. 식품절단기, 야채절단기 등의 조리 기구는 자주 분해하여 세척, 살균 후 사용한다. 살균소독 방법은 <표 10-6>과 같다.

표 10-6 살균 소독의 종류 및 방법

종류	대상	소독 방법
열탕소독	행주, 식기	100℃에서 5분 이상 충분히 삶는다.
일광소독	칼, 도마, 행주	바람이 잘 통하고 햇볕이 잘 드는 곳에서 소독
건열소독	식기	100℃이상으로 2시간 이상 충분히 건조
자외선소독	칼, 도마, 기타 식기류	포개거나 뒤집어 놓지 말고 자외선이 바로 닿도록 30~60분간 소독
화학소독	작업대, 기기, 도마, 생채소, 과일, 손(장갑)	염소용액 소독 : 채소 및 과일을 100ppm에서 5분간 담그고 세척 후 사용 70% 에틸알코올 소독 : 손 및 용기에 분무한 후 건조될 때 까지 문지른다.

3) 급/배수 시설의 위생관리

- 물탱크를 이용한 급수시설이나 지하수인 경우, 정기적으로 수질검사를 받아 오염여부를 확인한다.
- 배수라인과 배수구에 쌓인 음식물찌꺼기를 수시로 제거하고 틈새에 낀 이물질을 완전히 제거한다.

- 배수라인과 배수구는 덮개시설을 설치한다.

4) 쓰레기 관리

쓰레기는 반드시 주방용 쓰레기통, 잔반 수거 통, 일반쓰레기통으로 분리사용하고, 쓰레기통 및 잔반 수거 통은 반드시 뚜껑을 사용하며 발로서 자동 개폐되는 구조(페달 식)로 하여야 한다.

곤충이 침입 할 수 없는 내수성 자재로 하여야 하며 더러운 냄새가 나거나 액체가 새지 않도록 파손된 부분이 없는지 관리하고, 쓰레기가 놓였던 장소는 수거한 후에 세척 및 소독을 실시한다. 쓰레기통 및 잔반은 지정된 장소에 보관하며, 2/3 이상 채워지지 않도록 수시로 비운다.

3. 영업장 위생관리

가. 손님에게 제공되는 먹는 물의 관리

수돗물은 가능한 끓여서 사용하고 직접 마시는 용도로 사용하는 것은 삼가는 것이 바람직하다. 정수기 관리는 필터교환이 아주 중요하고, 필터를 관리해 주지 않으면 더 해로운 물을 마시는 결과를 초래하므로 정수기의 기종, 필터의 모양과 규격을 파악하여 정기적으로 필터를 교환해 준다. 또 정수된 물이라도 일반세균이 번식할 우려가 있으므로 1달에 2~3회 청소 및 소독을 반드시 해주는 것이 좋다.

일반적으로 약수터에는 안내판을 설치하고, 매월 1회씩 수질 검사한 결과를 표시하고 있으므로 음용적부 여부를 확인하고 이용하여야 한다. 약수를 이용할 때는 깨끗이 세척한 소형용기를 이용하여 채수우 냉장고에 보관하면서 가능한 빠른 시간 내에 소비하여야 한다.

나. 영업장 시설의 관리

1) 영업장 관리

영업장은 충분한 공간이 확보되어야 하며, 음식차림표 및 가격표를 비치하여야 한다. 식탁 및 의자는 청결하고 품위 있게 설치하고, 탁자 2개당 1개 정도의 휴지통을 반드시 배치한다.

영업장은 적당한 조명시설 및 환기시설을 갖추어 연기 또는 오염된 공기를 충분히 배출할 수 있도록 한다. 소지품 관리를 위해 옷걸이, 선반 등의 편의시설을 갖추도록 한다. 창문에는 방충망 시설이 필요하며, 비상구는 찾기 쉬운 곳에 설치하도록 한다.

2) 해충의 관리 방법

쥐는 식물이나 농작물을 갉아 피해를 주며 보통 대변을 통해 식품을 오염시키고, 체내 외에 여러 가지 기생충이 있어 사람에게 쉽게 전파된다. 쥐의 둥지나 먹이 통로를 차단하는 것이 가장 효율적인 해결방법이다.

파리는 도처에 날아다니며 불결한 것과 자주 접촉하고, 각종 음식물이나 식기류 등에 쉽게 접촉한다. 병원균을 체 표면에 묻혀 옮기거나, 한번 먹었던 것을 도로 뱉어내거나 분비물을 배설하면서 병원균을 전파한다. 쓰레기는 정기적으로 신속 수집처리하고, 쓰레기통은 반드시 뚜껑을 닫아서 관리하면 파리의 발생을 방지할 수 있다.

바퀴벌레는 집단거주 습성이 있어 많이 모여 있으며 악취를 낸다. 인분이나 오물을 먹고 몸이나 발에 묻혀 전파시킨다. 먹이가 되는 음식물의 관리를 철저히 하고, 바퀴벌레가 쉽게 발생하는 곳이나 숨기 쉬운 곳을 제거하여 발생을 억제하도록 한다.

다. 화장실 위생관리

- 작업장에 영향이 미치지 않는 위치 및 구조로 종업원 수 등 업소의 규모를 고려하여 설치한다.
- 종업원 전용 화장실을 설치하여 타인은 사용하지 못하게 해서 전염병이나 그 밖의 외부로부터의 사고를 방지하도록 하면 더욱 좋다.
- 화장실 내부는 타일 등의 내수성 자재로 되어 있으며, 정화조 설치를 갖춘 수세식화장실이어야 한다.
- 자동 감응 손 씻는 설비와 일회용 냅킨 또는 에어 수건을 설치하는 것이 바람직하다.
- 출입문과 창은 완전히 밀폐 식으로 만들되, 출입문은 자동개폐식으로 설치하는 것이 좋다.
- 방충, 방서 및 환기시설을 갖추어야 한다.

제11장

번성점포 만들기

음식점 번성점포 만들기는 좋은 점포설계에서 만들어 내는 것이다. 이세끼 스미오(井關純夫)는 번성점포 만들기의 4대 원칙을 '상품력·인간력·입지력·점포력'이라고 하였다. 번성점포를 만들기 위한 설계의 3기둥은 '오퍼레이션, 기능, 이미지'이다.

번성점포는 '콘셉트(concept)'가 가장 중요하다. 기본 콘셉트는 아래와 같다.

- 입지와의 타당성
- 목표 고객의 명확화
- 메뉴의 구성
- 고객 당 평균 단가의 설정
- 필요 매출액으로부터 나온 점포 투자액을 고려

음식점 점포설계는 특별한 지식을 가진 전문가에 맡기는 경향이 많다. 전문가에게 전부를 맡겨 버리면, 창업자가 원하는 점포를 설계할 수 없고 예산도 초과될 수 있다.

점포설계 전문가에게 부탁하는 것은 당연하다. 의뢰하는 창업자는 확실한 점포설계의 방침을 가지고 구체적으로 지시하여야 한다. 물론 점포설계의 세부적인 실무지식까지는 필요 없으나, 점포의 목적을 명확하게 표현하여 인식시키는 것이 중요한 일이다.

제1절 주방설계

주방계획의 3대 원칙은 '위생확보, 작업능률, 경제성'이다.

위생을 우선적으로 생각해 사람은 건강을 지키는 것과 동시에 업소의 시설이 청결하다. 또한 주방은 생산성을 주목적이기 때문에 적은 일손으로 조리가 될 수 있도록 배치하여야 한다. 아울러 경제적으로 낭비가 없는 계획을 설정하여야 한다. 그러기 위해서는 아래와 같은 기초 지식이 있어야 한다.

1. 업종의 명확성 및 매상 예측성

가. 업종의 명확성

당연한 일이지만 점포설계는 먼저 업종을 명확히 하여야 한다. 종래는 '일본요리', '프랑스 요리' 등 장르가 결정되면 설계 단계에 착수하여 조리 기기의 선택이 가능했다. 현재는 그렇게 간단하지 않다.

'어떠한 요리를 낼 것인가?', '그 양은 어떠한가?'를 생각한 뒤에 착수하지 않으면, 이미 완성된 상태에서는 주방에서 만들 수 있는 요리의 범위가 한정되어 버린다.

최근 지금까지 없었던 새로운 식재료나 냉동 식재료 사용이 증가하고 있다. 따라서 종래와 같은 레이아웃이나 조리 기기를 사용하면 효율성이 떨어지는 문제가 생긴다. 주방에 따라 제공되는 요리가 결정되며 제공하는 요리에 따라 주방이 결정된다.

가령 동일업종이라도 경쟁이 심할 때는 요리의 단가를 변경하여 경쟁 식당과의 차별화 시키는 경우도 있다. 판매가격의 변화에 따라 필요한 식탁의 고객수가 변하고, 그 결과 주방의 디자인도 변하게 된다. 가격도 변하면, 접시의 크기나 고객 1인당 접시의 수도 변하고, 조리 방법도 변한다.

많은 손님을 일시에 접대하기 위해 사전에 조리하고 가열 보관하는 시설도 필요하다. 고객 1인당 단가는 주방 디자인만이 아니고 객석의 레이아웃 또한 큰 영향을 준다. 고급요리점이면 여유 있는 공간의 레이아웃으로 하고 옆 손님과의 간격도 충분히 취할 필요가 있다. 또한 일반대중을 상대하는 점포라면, 최소한의 간격으로 하고 많은 손님이 들어올 수 있도록 해야 한다.

나. 매상예측성

새롭게 설계하는 점포라면, 우선 매출예측을 해야 한다.

매출은 '기차역으로부터 가까운가, 주택지인가, 번화한 곳인가, 주변에 학교, 관공서, 영화관, 쇼핑센터' 등 고객이 많이 모여드는 시설이나 입지에 따라 좌우된다.

또한 '평일에 바쁜가, 주말이나 공휴일에 바쁜가' 등 주변 환경적 조건에 따라 주방의 수용 능력이나 객석의 크기도 변한다. 상업 활동이 활발한 거리라면, 평일은 항상 일정하게 바쁘지만, 주말이나 공휴일은 한가하다.

교외 점포는 그와 반대라고 할 수 있다. 그렇기 때문에 통행량의 조사가 필요하다. 통행량은 예상영업 시간대에 행하고 단순히 통행인원수만이 아니며 남녀별, 나이, 목적별 데이터가 있어야 한다.

일반적인 음식점은 1층 점포에 입점하면, 아무 손을 쓰지 않아도 0.5~1%(점포에 내점하는 객수를 통행인으로 나눈 숫자) 정도가 방문할 것이다.

물론 점포의 출입문이 넓고 들어가기 쉬우나 귀퉁이에 위치하여 눈에 잘 띄느냐의 문제도 있으며 그것도 업종에 따라 다를 수가 있다. 한정식처럼 고정 고객이 많은 점포라면, 통행량과 관계없이 고객을 확보할 수 있다.

그러므로 상가나 역전 같은 입지를 필요로 하지 않으나 그 대신 주차장이 가깝다든지 주요 도로에서 접근하기 쉬운 곳에 위치해 있으면 좋을 것이다.

통행량 자료수치를 볼 때, 주의해야 할 일은 계절에 따라 변동이 심하다. 초봄이라면 신입생이 많아 통행량이 많아진다. 여름 휴가철이나 연말도 마찬가지이다. 계절 변동에 대한 고려 하에 데이터를 작성해야 한다.

현재 음식점을 경영하고 있다면, 그 점포의 통행량과 입점 고객 비율 계산을 해보면 참고가 된다. 그러나 고정고객을 계산에 넣지 말아야 한다. 자유롭게 오는 고객이 어느 정도 입점이 중요하다. 그렇게 하면 의외로 입점 비율이 적은 것을 알게 될 것이다.

고정고객의 입점 비율이 높을 경우라도 다른 목적으로 방문하는 경우도 있기 때문이다. 그러므로 고객들을 구분하지 말고 통행량을 측정해야 한다.

이렇게 해서 점포 매출을 예상하면 손익분기점을 계산하여 채산이 맞는지 검토한다. 만약 채산이 맞지 않으면 주방에 소요된 금액을 포함한 투자액을 다시 보고 재검토한다.

대부분 최초 손익에 대한 전망을 가볍게 여기는 경향이 있다. 매출액은 적게 보고 투자액 경비를 낮추면 나중에 예상치 않는 경비가 나와 놀라게 된다.

2. 점포규모의 타당성

점포설계를 의뢰하고 설계가 진행되고 나서는 큰 변경을 해서는 안 된다. 설계변경으로 인해 어정쩡하게 될 뿐 아니라 예산이 초과된다. 물론 도중에 다소의 사용상 편의를 위한 변경은 상관없다. 또한 평소부터 우수한 설계사와 친분을 두텁게 해두는 것도 중요하다.

번성점포를 견학하고 마음에 들면, 누가 설계했는가를 알아두어야 한다. 또한 같은 설계자가 설계한 다른 점포들도 이야기를 들어야 한다. 준비가 없는 상태에서 점포를 만들면 나중에 후회한다.

처음 설계자에게 전하는 내용은 '업종, 점포면적, 장소, 예산, 매출예측, 희망하는 점포 설계, 구체적인 점포 명' 등이다. 먼저 무엇을 하고 싶은가 구체적으로 명확하게 전할 필요가 있다.

설계 의뢰비가 별도로 소요되지만 후일 만족할 수 있는 점포를 완성하기 위해서는 이를 감수해야 한다. 설계가 끝나면 점포 시공업자와 주방 시공업자를 입찰 방식으로 선정하거나 복수의 업자와 교섭하여 결정한다. 점포의 시공은 설계자에게 시공관리를 의뢰하면 실수 없이 착실한 공사를 할 수 있다.

업종별 주방설계 검토 사항은 <표 11-1>과 같다.

표 11-1 업종별 주방설계 검토사항

업종	항목 및 검토사항
양식당	▸ 인원 : 객석수와 시간대 조사 ▸ 회전율 : 1인당 손님의 단가 조사. 객단가에 따른 회전율의 차이 및 입지 지역에 따른 차이 조사 ▸ 메뉴 : 메뉴와 주방기기의 관계 검토 ▸ 연회장 : 연회장의 유무 확인 및 제공방법과 스토카를 검토 ▸ 세척기 : 객석 수 70석 이상의 경우 세척기 도입 고려 ▸ 냉장실 : 객석 수 70석 이상의 경우 냉장실의 설치 고려
한식당	▸ 인원 : 수용인원, 객석, 연회석 등 검토 ▸ 메뉴 : 영업방침과 정식요리, 일품요리의 비율 확인과 객단가 조사 ▸ 서비스 방법 : 객석에서의 조리 메뉴를 검토 ▸ 좌석 수 : 배식대의 크기는 주문분의 음식이 나열될 수 있는 크기로 준비 ▸ 특징 • 숯이나 불판 등의 운반과 객석에서의 즉석조리 메뉴 등 검토 • 조리사가 주방 전체를 관리·감독할 수 있도록 설계 • 탕 그릇의 크기와 렌지의 수, 버너 피치 등에 주의 • 전처리작업이 많으므로 작업공간을 충분하게 제공하도록 유의 ▸ 세척 : 주로 직접 세척방식. 대규모 업소의 경우 랙 또는 플레이트 타입의 식기세척기 도입검토(세척기 이용이 불편한 식기가 많으므로 작업 연결이 용이토록 설계) ▸ 취사 : • 객석 수 × 100g (일반적 정식) • 객석 수 × 70g (연회 중심)

중식당	▶ 인원 : 객석 수 확인 ▶ 회전수 : 객석 회전율 3~4회 예상. 고급업소는 1.5~2.3회전 정도 ▶ 연회장 : 연회장 규모 및 객석수로 중화렌지의 크기 결정 ▶ 특징 : 중화렌지의 크기 및 구경은 경영자 및 조리사와 함께 검토하고 냉장고는 복수로 시설(콜드테이블 포함) ▶ 세척 : • 식기세척기 도입여부 결정 • 기름요리가 많으므로 직접 세척 시 반드시 3조 이상의 씽크 도입(세제사용과 유지제거용 온수사용) • 대형식기가 많으므로 싱크 도입 시 수조의 크기 고려 • 증기 및 화로의 필요성 확인. 디저트용 설비 및 차공급기 등 검토 • 조리방법 등의 개인차를 고려 레이아웃시 함께 논의
일식당	▶ 인원 : 수용인원, 객석, 연회석 등의 검토 ▶ 메뉴 : 영업방침과 정식요리, 일품요리의 비율 확인과 객단가 조사 ▶ 좌석 수 : 배식대의 크기를 고려, 주문분의 음식이 배식 대에 나열되도록 준비 ▶ 특징 : 튀김, 구이, 삶기 등 각 조리부분이 작업대에서 장식되어 제공되므로 조리사가 주방 전체를 관리 감독할 수 있도록 설계하고, 냄비의 크기와 냄비용 렌지의 수, 버너 피치에 주의(600mm)하며 전처리용 생선 처리 싱크와 일반 싱크는 분리 ▶ 세척 : 주로 직접 세척방식. 대규모 업소의 경우 랙 또는 플레이트 타입. 식기세척기 도입(세척기 이용이 불편한 식기를 사전에 확인) ▶ 취사 : • 객석 수 × 70g (일반적 정식) • 객석 수 × 40g (연회 중심) ▶ 선반 : • 50인 기준 : 1,500~2,000×600×1,800 • 100인 기준 : 3,000~4,000×600×1,800

매출예측을 하고난 다음 설계자와 타협하면서 필요한 주방의 규모, 객석의 크기를 결정한다. 기존 건물을 임차할 때, 전체 공간의 크기를 어떻게 할 수는 없지만 주방과 객석의 공간을 재조정할 필요는 있다.

주방은 작업의 편리함만을 생각해서 객석의 공간을 충분히 확보하지 않을 경우 아무리 주방의 효율성이 좋아도 충분한 공간의 객석을 취하지 않으면 매상이 오르지 않는다.

예를 들면 업소의 위치가 비교적 큰 도로에 접하고 있으면 임대료가 고액이므로 주방을 크게 만들면 좋지 않다. 이러한 경우 식재료를 손질하는 장소나 창고, 사무실, 휴게실 등 시설은 별도로 조금 거리가 떨어진 곳에 집세가 싼 장소를 선택하여 갖추는 방법도 있다.

먼저 예상 매출액을 확보할 수 있는 객석 공간의 규모를 생각하고 여기에 걸맞은 주방을 만들겠다는 균형 감각이 필요하다.

더욱이 설계에 당면해서는 식재료를 충분히 정리 보관할 수 있는 창고, 냉장고, 냉동고 그리고 종업원이 쉴 수 있는 휴게실을 잊어서는 안 된다.

제2절 점포설계

I. 점포설계 계획

가. 점포 계획의 기본

점포설계 계획은 업태·조리·서비스의 각기 독특한 기능을 충분히 인식한 다음 결정해야 한다.

- 맛있는 요리의 제공
- 마음으로부터의 서비스가 가능할 것
- 청결하고 즐거운 분위기일 것

이 3가지 요소가 균형을 이룰 때, 고객은 만족한다. 점포운영은 종사원이 10명 필요한 점포에 7명의 종사원으로 이익을 낼 수 있는 설계가 필요하고, 수도광열비를 줄일 수 있는 점포, 5~10년이 지나도 변하지 않는 점포를 만들어야 한다.

푸드 서비스는 여러 가지 종류가 있고 설비의 선정에는 다음과 같은 점이 영향을 주고 있다.

- 계획하는 사람의 지식, 취미, 사상
- 관련 법규나 설치 기준
- 경영 방침(판매 시스템이나 생산 내용)
- 위에서 말한 것 이외에 고객들의 계층, 메뉴의 패턴, 서비스의 방법, 분량, 식재료, 노동력의 공급, 사용기기, 조리방법 등이다.

이것들의 조건에 따라 주방 계획이 추진된다. 최근 푸드 서비스는 대량 조리용 식품의 형태, 조리 및 서비스 방법 등 변화가 보인다.

따라서 장래 계획을 충분히 검토하여야 한다. '새로운 식품, 새로운 조리 기술, 조리 기기의 개발, 방침의 변경' 등 연구할 문제는 많이 있다. 특히 요리사 파트 등 종업원 공급이나 인건비 등에 관해서는 이제부터 더 어려운 문제가 걸려 있는 점에서 운영 계획도 동시에 생각할 필요가 있다.

나. 점포 계획의 프로세스

논리적인 순서에 따르면 계획 작성은 낭비 없이 최소의 노력으로 하지 않으면 안 된다.

점포 설비 계획의 순서를 들면, 다음과 같이 된다.

① 푸드 서비스의 내용과 규모, 서비스의 방법
② 완전한 서비스를 위한 기준 및 방법
③ 재정상의 필요조건
④ 장소의 선정 및 그 관련 사항
⑤ 시설내의 작업 흐름
⑥ 특수 부문과 공간의 관계
⑦ 업무를 수행하기 위한 필요 설비와 비품
⑧ 안전하고 능률적인 작업동선, 기기의 배열

창업자는 설계자에게 협의를 할 때, 업종, 업태의 결정(어떠한 점포를),

입지조건(어떠한 장소), 정책의 확립(어떠한 목적)의 3항목에 관하여 충분히 이야기하고, 서로 확인할 필요가 있다.

창업자 중에는 인기 업종이나 번성점포를 계획하고 싶다고 의뢰하는 경우가 많다.

<표 11-2>는 업태구분에 따른 영업방식을 설명한 것이다.

표 11-2 업태의 분류

업태	패스트푸트	커피숍	패밀리 레스토랑	스페셜리티 레스토랑
제공시간	1분 이내	5~10분 이내	10~15분 이내	15~30분 이내
서비스 방식	테이크아웃	테이블 서비스 카운터	테이블 서비스	테이블 서비스
구매동기	간식으로	조 · 중 · 석식	중 · 석식	석식
내점빈도	매일	주 수회	주 1회	월 1~2회

다. 메뉴계획 작성

입지 조건 및 업종·업태가 결정되면, 다음에 필요한 일은 메뉴계획 작성이다. 경영자 측에서 제시된 메뉴의 분석 검토, 확인이 필요하다.

- 주요 메뉴의 아이템 수
- 드링크·디저트류(사이드 메뉴)의 아이템 수와 서비스 형태
- 식기의 내용

메뉴계획 중에서 어떻게 적은 소재로 보다 많은 메뉴 품목을 만들어 내는가가, 설비상의 합리화를 밀고 나가는데 중요한 요점이다. 또한 조리 작업의 단순화를 동시에 생각하지 않으면 안 된다.

라. 각 부문의 기능과 계획

식당설계를 계획할 때, 창업자는 아래 사항을 확인하여야 한다.

- 영업시간
- 인원 계획(절정 시 및 한가한 시간의 인원배치)
- 자리 수(한가한 시간에 구획 석)
- 목표 월 매상(주말 및 휴일의 매상 예측·대책)

효율적인 식재료 관리를 위해서는 우선 다음과 같은 사항이 고려되어야 한다.

- 계절에 따른 식재료의 생산지에 관한 정보
- 재료가 지니고 있는 바람직한 성질과 문제점
- 저장을 위한 조건
- 식재료의 신선한 맛이 나는 시기와 식재료의 저장 온도에 대한 지식
- 생산지의 생산원가에 대한 정보
- 조리시의 낭비 요인
- 필요한 세부 명세

효율적 식재료 관리를 위해서는 식재료가 부패하거나 변질되지 말아야 한다. 이러한 식재료의 부패 및 변질요인은 다음과 같다.

- 부적절한 저장온도
- 저장기간의 효과
- 통풍의 부족
- 식재료 간격의 부적절한 공간
- 적당한 시설의 결여
- 식재료 구매부터 보관까지의 시간 지연

요리를 제공하는 주방은 점포의 심장부이다. 기본 계획 중에서 최초로

생각하지 않으면 안 되는 것은 순서도의 검토이다. 이것은 식품이 조리되고 나서 고객들에게 제공되는 것까지 일관된 조리 공정, 작업 공정을 나타내지 않으면 안 된다.

흐름을 확정시키는 일은 각 부문의 위치를 결정하는 요소가 된다. 낭비가 없는 흐름을 확정 시키는데 중요한 요점은 아래와 같다.

- 동선은 十자 교차나 같은 길을 통하여 역행하는 일은 최소한으로 억누를 것.
- 작업자의 시간과 에너지의 소모를 최소한으로 하여, 천천히 그리고 신속한 작업 서비스를 꾀할 것.
- 원재료의 체류는 있는 힘을 다하여 피할 것.
- 작업자나 원재료는 최소한의 거리를 두고 움직이도록 할 것.
- 원재료나 도구류의 종류를 최소한으로, 또한 설비에는 작업자가 되도록 단순히 취급할 수 있는 것을 선정할 것.
- 공간과 설비의 기능을 최대한으로 활용할 것.
- 각 부분의 작업이 필요해지는 시간대와 그것에 필요한 인원수를 충분히 파악할 것.

창업자는 <표 11－3>와 같은 부분을 항상 점검하여야 한다.

표 11-3 식당 체크리스트

구분	내용
공식	의자 석 수의 확인
회전율	1인당의 손님 단가를 확인한다. 손님 단가에 따라 회전율에 차이가 있고, 또한 지방에 따라 다소 차이가 있음.
메뉴	메뉴와 주방 기기의 관계를 충분히 협의할 것.
연회장	연회장의 유무를 확인하고, 다음은 콜드 요리, 콜드 스토커를 고려한다.
세정기	중급 레스토랑 이상의 점포에서 자리 수 70이라면 프리패브 세정기의 설치를 고려한다.
냉장실	중급 레스토랑 이상의 자리 수 100이라면 냉장실의 설치를 고려한다.

2. 조닝 계획

'점포의 업종·업태·규모·메뉴의 구성' 등이 정해지고, 전체의 프로그램이 정해진 시점에서, 주방의 상세한 계획에 들어가기 전에 조닝 계획을 작성한다. 점포 전체에서 본 주방의 위치, 면적, 각 부분간의 관련성을 점검한다.

음식점의 조닝(zoning)이란 식당의 주방 부분과 객석 부분을 어떤 비율로 설계하는 것이다. 점포는 객석의 수용 능력과 주방 생산 능력을 균형있게 만들어야 한다. 중요한 것은 고객이 객석에 만석이 되었을 때, 종업원들이 20~30분을 기다리지 않고 서비스를 제공하어야 한다.

이 조닝 계획은 실제로 주방 계획을 협의할 때 기본이고, 아주 중요한 작업이 된다. 조닝의 점검 요점은 아래와 같다.

- 전체가 건너다보이는 위치에 있고, 손님이 호출할 때 바로 대응 가능하고 입구 근처에서 손님이 들어올 때 바로 행동을 일으키는 위치에 있고, 대기하고 있는 상태가 파악되는 위치일 것.
- 손님의 식사 상태를 파악할 수 있고, 서비스 계산대 근처에서 주문 전표를 이동하기 쉬운 위치에 있을 것.
- 다이닝 홀과의 동선 거리가 길고, 출입의 중복 동선이 짧고, 식기, 비품의 교체가 짧을 것.
- 가로의 동선이 적고 전후의 동선에서 모든 조리가 가능하고 조리장의 정 위치에서 주방 전체가 파악되고, 지시가 내기 쉬운 배치일 것.
- 저장·반 조리 재료는 직결하고 있을 것.
- 키친 전체를 전 작업원이 자유로이 움직이는 배치일 것.
- 각 부분이 각각 독립하고 있어, 기능을 채우고 있을 것.

주방의 능력을 높이기 위한 조닝을 생각하여야 한다.

우리나라 조닝계획은 일반 레스토랑(객석면적 60%, 주방면적 40%), 소규모 전문점(객실면적 50%, 주방면적 50%), 선술집(객석면적 65~70%, 주방면적 30~35%), 다방·바(객석면적80~85%, 주방면적 15~20%) 기타 등등으로 구성하고 있다.

이와 같이 조닝은 주방과 객석비율이 적절할 때, 비로소 고객을 만족시키고 일하는 사람들을 즐겁게 일할 수 있게 하는 점포가 된다.

주방 설계는 업종업태에 따라 차이가 있지만 요리를 제공한다는 관점에 있어서는 같다. 외식사업은 크게 변모하고 있다. 주방은 직접적인 영업활동에 필요한 부분이 아니기 때문에 업소 내 객석의 위치를 우선적으로 결정한 후 남은 공간을 중심으로 설계되는 경우가 대부분의 관례가 되어왔다.

그러나 서구에서 발달한 패스트푸드점, 패밀리 레스토랑, 커피숍 같은 외식사업이 도입되어 크게 발전함으로써 비로소 '주방은 외식업소의 심장부'라는 의식을 경영자들이 가지게 되었다. 심장부라 말하는 주방은 각각의 기능을 가진 몇 개의 구획으로 성립되는데 각각의 구획이 충분한 기능을 발휘할 때 우수한 주방이라고 말할 수 있다.

또한 시각적 부분은 기능성을 발휘할 수 있는 주방업체도 필요하다.

주방의 기본 설계를 작성 시 고려사항은 아래와 같다.

- 메뉴의 종류(업종), 인원, 대상자, 메뉴구성 등 기초 자료가 있어야 한다.
- 재료의 종류, 형태, 조리인원의 구성, 식사시간, 세척방법, 서비스 방법, 식기의 종류, 형태 등의 세부 검토를 해야 한다.
- 작업동선, 크기, 기기의 위치 등을 레이아웃을 결정해야 한다.
- 기기의 크기, 형태, 설치위치, 설비공사의 종류

이와 같은 사항을 작성하여, 최종 확인을 하고, 승인을 얻어서 주방설계 업무가 종료된다.

참고문헌

고재용 외 2, 사례로 배우는 마케팅, 파워북, 2014.

김갑용, 소자본창업, 김영사, 2005.

김난도 외 6, 트렌드 코리아 2016. 2017. 2018, 미래의 창.

김경태 외 1, 대박음식점, 미래의 경영.

김병국, 프랜차이즈 창업컨설팅, 지정, 1998.

김영각, 외식사업 메뉴경영론, 교문사, 2017.

김준기, 창의성, 중앙북스.

김종화, 장사 중에 먹는 장사가 최고, 더난.

김헌희, 식당 창업 이렇게 하면 성공한다, 한국외식정보.

박진환 외 6, 대구음식견문록, 미래기획.

박주관, 돈 버는 데는 프랜차이즈 사업이 최고다, 넥서스.

박현준, 손자병법과 전략경영, 석정, 1994.

백남길·김장호, 외식창업경영, 지식인, 2014.

윤혁수·조문수, 외식사업경영론, 기문사.

알 리스·잭 트라우트, 마케팅 불변의 법칙, 비즈니스맵, 2008.

은종성, 우리점포 알리기, 에이드 북, 2013.

이경태, 줄 서는 식당창업의 7가지 비밀, 이른아침.

이대봉, 먹는 장사에 실패란 없다, 다산북스.

이영직, 세상을 움직이는 100가지 법칙, 스마트 비즈니스, 2009.

이훈영·박기용, 외식산업마케팅, 청람, 2012.

임현철 외 2, 외식창업실무지침서, 한올출판사, 2012.

유혜선, 당당한 서비스, 엑스퍼트컨설팅, 2004.

사까끼 요시오(강태봉 역), 식당경영론 上·下, 문지사.
정봉원·정재원, 관광과 호텔을 위한 마케팅, 형설출판사, 2017.
정연승, 49가지 마케팅의 법칙, 한스미디오, 2014.
주영하, 음식전쟁 문화전쟁, 사계절, 2005.
최경석, 음식점 창업 무작정 따라 하기, 도서출판 길벗, 2009.
최학수 외 3, 외식사업경영론, 한올, 2014.
한국외식정보, 기적을 낳는 외식업 경영, 한국외식정보,
신서호, "변화하는 외식산업에서의 신경영전략", 대한영양사협회.
조문수, "호텔고객의 메뉴 선택행동과 메뉴기획", 한양대학교대학원 박사학위 논문, 1995.
정성휘, "지역 제과업체들의 현황 및 전략 분석", 경기대학교 관광전문대학원 석사학위, 2017.
천승호, "청년창업아카데미 : 기업가정신", 중소기업진흥공단, 2018.
(사)대구음식문화포럼, 달구벌 음식문화, 2017.
곽도영, "쉐이크쉑 성공비결은 손님 환대", 동아일보, 2017.
경향신문, 놀부, 2011. 11. 7.
박규완, 명불허전, 영남일보, 2018
백승운, 음식의 스토리텔링, 영남일보.
영남일보, "사라정의 마케팅스토리", 2019. 4.13.
서울신문, "24시간 맥도날드에서 클래식 음악 트는 이유", 2017. 7. 5.
윤대헌, "커피왕 강훈 대표", 스포츠경향, 2017. 07. 25.
이춘호, "단팥빵 패밀리이야기", 영남일보, 2017. 8. 25.
이훈의 쿠키뉴스, "카페베네를 통해 본 프랜차이즈 창업의 자화상", 2018. 1. 18
초이스경제, 창업, '어디서' 해야 성공하나, 2017. 9. 19.
A. Humphrey, SWOT Analysis for Management Consulting, SRI Alumni Newsletter, 2005, p. 1.
Jone R. Walker, Restaurant from concept to operation, 2008.
Philip Kotler, Johe Bowen, James Makens, Marketing for Hospitality and Tourism, 3rd ed., Prentice Hall, N.J., 2014.

색인

ㅁ

ㅂ

ㅅ

ㅇ

ㅈ

ㅊ

ㅋ

ㅌ

ㅍ

ㅎ

저/자/소/개

정봉원

현재 : 경영학박사
영진전문대학교 국제관광조리계열 교수
(직)영진산업인력개발원 원장
대한수제맥주학회 회장
대구음식문화포럼 부회장

저(역)서 : 관광과 호텔을 위한 마케팅(형설출판사)
대인관계 성공전략(영진전문대학교 출판부)
감성리더십(영진전문대학교 출판부)
고객만족 벤치마킹 리엔지니어링 S곡선(두리비즈니스컨설팅)
설득을 위한 대화의 기술(한국경제신문사)
행복한 일터의 커뮤니케이션(한언)
피플 스마트 프로그램(감성리더십, 감성커뮤니케이션) 보유

기업 교육 강의 : 원불교, 하이닉스반도체, 현대중공업, LG전자, LG필립스LCD, 코오롱, 이수페타시스, 평화발레오, 희성전자, 동부하이텍, 경북대학교, 대구경북여성과학기술인지원센터, 경북새일지원센터, 대구백화점, 동아백화점, SK-에론, 노동부, 대구(경인)노동청, 조폐공사, 동국대학교, 안동대학교, 연세대학교, 계명대학교정책대학원, 동의대학교, 한국도로공사, 부산교육청, 충남교육청, 대구교육청, 현대자동차, 고용노동연수원, 대한영양사협회, 전라북도영양사협회, 경북(대구)지방경찰청, 대구시인재개발원, 의령교육청, 대구시 공무원, 경산시청, 영주시청, 광주시청, 진해교육청, 창원교육청, 창녕교육청, 안동시청, 광주시청, 대구가톨릭병원, 대구간호사협회, 대구경북의사협회, (주)3B SYSTEM, 박정희리더십연구소 외 다수

정성휘

현재 : ㈜ 홍두당 대표이사
대구근대골목단팥빵 대표
홍두당꽈배기 대표
근대골목도나스 대표
푸디아 부대표
호오탕탕 프랜차이즈 대표
Hawaii LION Coffee 직수입 대표
커피인 바리스타 학원(KCMS 인증기관) 대표

학력 : 경기대학교대학원 호텔경영학과 박사과정
경기대학교대학원 외식산업경영 석사
미시간주립대학교 외식산업학과 학사

경력 : (사)한국커피전문가협회 바리스타 시험 실기평가 위원
Hawaii Lion Coffee 메뉴 및 Barista 과정 이수
영진전문대학교 국제관광조리계열 외래교수
신한카드 빅데이터 연구소 썸머 특강
부산대학교 호텔경영학과 특강
KBS 아침마당 출연
세종대학교 창업지원 특강
매일경제 팟캐스트, 창업직설 패널

수상 : 한국 마케팅 협회, 'The Prize of Entrepreneurship' 2018. 6th, 대한민국 마케팅 대상
대한상공회의소 회장상 수상, '대한민국 창업 대상', 2018
동대구KTX역 대구근대골목단팥빵, SLA(서비스 수준 협약) 우수 매장 선정, 2017
소상공인시장진흥공단, '프랜차이즈 우수 점포 선정', 2015

본 교재는 원고 집필 후 산업체의 협조로 실무와의 연관성을 검토한 후 출판되었습니다.

(주)푸드스타 총무인사팀
(주)두산 생활산업 경영지원팀
(주)코오롱스포렉스 호텔사업본부
(주)경주조선호텔 마케팅부
한국피자헛(주) 교육팀

도움을 주신 업체에 감사드립니다.

외식사업과 창업론

초 판 1쇄 발행 / 2000년 2월 25일
개 정 판 1쇄 발행 / 2011년 2월 10일
개정 2판 1쇄 발행 / 2018년 8월 31일
개정 2판 2쇄 발행 / 2020년 2월 3일

공저 정봉원 · 정성휘
발행처 형설출판사
경기도 파주시 회동길 37-23 · 전화 (031) 955-2361 ~ 4 · 팩시밀리 (031) 955-2341
발행인 장진혁
등록 라 - 제9호 · 1962년 5월 1일
홈페이지 http://www.hyungseul.co.kr
e-mail hs@hyungseul.co.kr

정가 20,000원

ISBN 978-89-472-8280-2 93320

영진전문대학 주문식교육 교재

이 도서의 국립중앙도서관 출판시도서목록(CIP)은 서지정보유통지원시스템 홈페이지(http://seoji.nl.go.kr)와 국가자료공동목록시스템(http://www.nl.go.kr/kolisnet)에서 이용하실 수 있습니다.(CIP제어번호 : CIP2018025077)

외식사업과 창업론